일본 문학와 기독교

일본 문학와 기독교
日本文化とキリスト教

박영원 · 김영남

UBF 대학생성경읽기선교회

추천의 글

　박영원·김영남 이 두 사람과 나와는 벌써 십 여년이 넘는 오랜 사귐이 있다. 나 자신은 유년기에는 기독교의 영향 하에 있었지만, 청년기부터는 일본 및 동양의 사상 및 종교를 깊이 연구할 필요가 있다고 느꼈다. 그래서 대학·대학원에서는 이 분야를 전공했으며, 삼십대 말엽에는 동경대학에 취직해서, 코마바 캠퍼스에서 연구 및 교육의 일에 종사하고 있다. 동경대학 코마바 캠퍼스에서 유학중이던 김영남씨는 내가 첫 번째로 지도한 대학원생이며, 또 최초의 박사학위 취득자가 되었다. 또 박영원씨도 그녀와 결혼한 후 동경대학 유학생으로서 일본에 온 뒤, 그도 코마바에서 다른 전공 분야의 대학원에 들어가 박사 학위를 받았다. 이 과정에서 젊은 크리스챤인 두 사람과 잦은 만남을 통해서 교류가 깊어졌다.

　두 사람과의 만남은 나의 중년기의 사상 및 종교라는 학문에 있어서 아주 중요한 의미를 가지고 있다. 동경대학 코마바 캠퍼스는 원래「제국대학」이 1949년에 새롭게「동경대학」으로 바뀔 때, 독립된「교양 학부」로서 설립된 곳이다. 이곳에서는「언제까지나 성장해 나가는 진리 탐구의 정신, 그 정신이야말로 교양학부의 생명이다」라고 주장한 야나이하라 다다오 교수가 초대 학장이 되었다. 야나이하라의 배후 및 주위에는 혼고 캠퍼스에서 활약한 난바라 시게루, 니토베 이나조, 그리고 하타노 세이이치, 다나카 미치타로, 미타니 다카마사, 우치무라 간조 등의 크리스챤이 있다. 근대 일본에는 이들처럼「체제」질서 속에 편입시킬 수 없는 지식인이나 종교자들이 있었다. 전후 창설된 코마바 캠퍼스의「교양」「대학」은 원래 이러한 사람들에 의해 이루어졌다고 말할 수 있다. 이러한 학문·종교·문화의 흐름을 김영남·박영원 이 두 사람은 90년대에 일본에 온 이후 계승하고 있으며, 더나아가 성취를 향해서 계속 활동하고 있다고 나에게는 생각된다.

그러나 기독교를 배경으로 하고 있는 이념이나 정신의 흐름은 표면적으로는 근세 및 근대의 일본 사상사 연구에서는 실제로 거의 충분히 다루어지지는 않았다. 이는 연구자들의 시야가 포협함에도 기인할 것이다. 하지만 이유는 그것 만이 아니다. 역시 일본의 기독교 자체가 근・현대에 걸쳐서 결국 큰 기능을 수행하지 않았고, 혹은 하지 못 했고, 많은 사람에게 그 존재를 깊이 인식시키는데 거의 실패했기 때문일 것이다. 그리고 이러한 경향은 학문조차도 내동댕이쳐지면서, 시장이나 권력 만이 강해지는 현 상황에서는 더욱 심해지고 있다. 그렇다고 한다면, 여기에는 어떤 경위와 문제가 있는 것일까? 이러한 크고 중요한 물음에 김영남・박영원 이 두 사람은 연구는 물론 실천에 있어서도 언제나 깊이 관여하고 있다. 이번에 발간되는 이 책은 그 문제에 정면으로부터 파고 들었다고 볼 수 있다.

물론 여기서 간단한 해답이 곧 나오는 것은 아니다. 그러나 이 문제에 깊이 파고드는 과정을 통해서, 어떤 방향이 보여지는 것 그 자체가 중요하다. 본서에서는 구체적으로는, 야나이하라 이외에도 우에무라 마사히사 등 많은 크리스챤들, 그들의 사상 및 종교, 그 사회성 및 역사성 등을 언급하고 있다. 그리고 거기에 그들이 찾아낸 「선교방향」이 보여지고 있다. 본서가 제시하는 여러가지 국면, 그리고 그들에 의해서 도출된 선교방향— 만약 문제를 생각하려고 한다면, 독자는 이 문제와 깊이 대화하는 것이 요구되고 있다.

현대 일본에서는 기독교 뿐만 아니라 신도 및 불교를 포함해, 본래 존재하던 종교성이 완전히 공백화되는 경향이 있다. 국가는 경제적으로나 군사적으로 성장 및 발전해 나가고 있는 것 같지만, 그 배후에는 실은 많은 삶과 죽음, 수난이 동반되어 있다. 이 문제는 「국가 종교」로 결코 해결될 수가 없다.

나는 한국 및 중국 등 주변 이웃 국가들을 비롯해, 국가를 뛰어넘는 모든 지역 사람들의 종교성의 발휘, 그 상호관계에 의해서 만「길」이 발견될 수 있다고 생각한다. 본서는 거기에 매우 중요한 돌파구를 제시하고 있다. 본서 및 두 사람과 주위의 분들이 앞으로도「선한 길」을 추구하며, 더욱 더 깊고 넓게 전진해 나갈 것을 나는 진심으로 바라고 있다.

동경대학 교수 쿠로즈미 마코토

2 일본에서 부부 선교사로서 수고하시는 박영원,·김영남 부부 박사들께서『일본문화와 기독교』를 공저로 출판하게 된 것을 진심으로 축하합니다. 박영원 선교사와 김영남 선교사는 선교사이면서도 동경대학에서 박사학위를 받았습니다. 따라서 본서는 어느 선교사들이 쓴 일본교회사나 선교에 관한 책보다 깊이와 다양성에서 대단히 유익한 정보와 지식을 제공합니다.

지금 일본에는 무려 700여명 이상의 한국 선교사들이 활동하지만 학문적 연구에 많은 시간을 할애하는 선교사들은 유감스럽게도 적습니다. 일본 고서점의 기독교 책방을 가 보면 어떻게 일본이 과연 선교지냐는 생각이 듭니다. 높은 수준의 신학 서적들이 엄청납니다. 한국 선교는 학문적으로 일본 신학자들과 목회자들의 수준을 따라 잡아야 선교할 자격이 있다고 생각합니다. 일본 선교는 많은 연구와 기도가 요구됩니다. 비기독교 국가이면서도 선진국이 되었기에 더 선교를 어렵게 합니다. 일본에서 활동하는 서양 선교사들은 일본 교회와 신학과 혹은 사회에 대하여 예리한 통찰력으로 분석하고 비평하는 책들을 내었습니다. 유감스럽게도 한국 선교사들에게서 아직 많은 저서들이 나오지 못하였습니다. 물론 일본에 대한 저서들은 아마도 200여종은 넘을 것입니다. 그러나 일본교회와 선교를 역사, 문화, 사회, 정치, 등 다양하게 접근하고 분석한 것은 적었습니다. 특히 두 분은 저의 일본 선교론을 논한 것을 감사하게 생각합니다. 솔직한 충고를 부탁합니다. 현재 독도문제로 소수의 일본 민족주의자들은 한국을 자극합니다. 한국은 불필요하게 민감하게 반응합니다. 그러나 민족주의도 이 세상에만 존속하고, 하나님의 백성은 영원합니다. 두 나라의 기독교 교회는 "신국 백성"으로 협력해야 합니다. 이 책이 부디 일본 선교에 관심을 가진 모든 분들에게 크게 유익 되기를 바랍니다.

한반도국제대학원 교수 전호진

3

본서를 연구 집필한 박영원, 김영남 부부 박사들은 일본에서 10년 이상 대학생선교활동을 하고 있는 현직 UBF 평신도 전문인 자비량 선교사들입니다. 이들은 대학생선교활동을 하면서 동경대학에서 학문을 하여 박사 학위를 받았고, 부부가 공저로『일본문화와 기독교』를 출판하게 되었습니다. 진심으로 축하합니다. 이 책은 먼저 일본어로 출판되었습니다. 이번에 한국어 판이 출판됨으로서 일본 기독교와 일본선교에 관심을 가진 분들에게 큰 도움을 줄 수 있게 되었습니다. 이 부부 박사 선교사들은 대학생선교를 섬기면서 일본선교에 대한 깊은 문제의식을 갖고 수년간의 학문적 노력과 기도를 통해서 이 책을 쓰게 되었기 때문에 본서는 일본교회역사와 문화를 알고 일본선교의 지혜를 얻고자 하는 분들에게 다양한 정보와 도움을 줄 것입니다.

아무쪼록 이 책이 일본 선교에 관심을 가진 모든 분들에게 크게 유익 될 것을 기대합니다. 무엇보다 일본에서 사역하는 모든 사역자들과 선교사들을 귀하게 사용하셔서 일본에 예수 그리스도 복음을 통한 하나님의 나라가 확장되고, 하나님께서 영광을 받으시기를 기도합니다

대학생성경읽기선교회 한국대표 이현정

본서 집필의 동기

본서를 집필한 우리는 평신도 선교사 부부이다. 일본의 젊은이들에게 성서를 전하고 싶다는 같은 비전을 갖고 1996년 결혼한 이후, 우리는 서로 기도하고, 격려하며 서로 사랑하면서 현재에 이르렀다. 지금은 두 아이와 더불어 행복한 시간들을 보내고 있다.

초기에 우리 두 사람은 모두 사비 일본유학생이라고 하는 어려운 경제적 상황 때문에 힘든 시기를 보낼 때도 있었다. 그러나 그 때 마다 우리는 성서를 통해서 힘을 덧입고 많은 위로와 평안을 얻을 수 있었다. 우리가 믿고 있는 하나님은 언제나 우리와 함께 계셨다. 우리는 일본에서의 생활을 한 번도 후회한 적이 없으며, 현재는 일본 사람들에게 더 친밀감을 느끼며, 일본인을 진심으로 사랑하게도 되었다.

본서 집필의 계기는 저자 중 한 사람인 박에스라(박영원) 선교사가 일본 UBF의 지부장 수양회에서, 「일본 기독교의 현황과 전망」이라고 하는 심포지엄을 발표한 것이 계기가 되었다. 마침 그 모임에 참석하신 한국 UBF 대표이 사무엘 목사님이 발표한 것을 들으시고, 이를 정리해서 출판할 것을 강하게 권면하셨다.

그런데 우리는 여기에 거창하게 타이틀로 내건 『일본문화와 기독교』를 쓸 수 있는 전문 연구자는 아니다. 그래서 집필 의뢰가 있었을 때, 솔직히 주저하는 마음이 있었다. 또한 출판 시기에 대해서도 「과연 이렇게 출판해도 좋을까」라고 하는 걱정이 앞설 뿐이었다. 그것은 2-3년 더 시간을 투자해서, 좀 더 차분히 정리해야 하는 것은 아닐까? 라고 하는 불안의 소리였던 것이다.

그러나 일본 기독교사 연구자들의 기존 연구 성과를 소개하는데 그 목적을 두고, 그러한 성과 위에서 평신도 선교사로서 일본 기독교를 바라보는 우리의 생각을 정리하고자 했을 때 겨우 출판할 수 있는 용기를 가질 수 있었다. 본서가 일본 기독교의 내적·외적 성장을 위해서 기도하며 섬기고 있는 분들에게 조금이라도 도움이 될 수 있는 참고서로서 활용되기를 바랄 뿐이다.

일본 선교사로서 오로지 「왜, 일본 기독교는 정체되었는가? 어떻게 하면 성서를 일본인에게 전할 수 있을까?」라고 하는 테마는 한 순간도 우리의 뇌리에서 벗어난 적이 없었다. 그 문제의식이 여기에 소개하는 『일본문화와 기독교』라고 하는 형태로 나타난 것이다. 이 테마에 대한 추구는 앞으로도 계속 될 것이다.

본서의 출판에 즈음하여, 한국 UBF 대표이신 이사무엘 목사님을 비롯해 이바울 목자님, 일본 UBF 대표이신 정다니엘 선교사님, 언제나 기도해 주신 전 세계 및 일본 UBF 동역자님들에게도 감사를 표하고 싶다. 또한 편집 과정에서 코멘트해 주신 고보리 케이코씨, 일본어 교정을 담당해 주신 나가마사 미카씨에게도 깊은 감사를 표하고 싶다.

무엇보다도 저자들을 바쁜 가운데서도 현재에 이르기까지 지도해 주신 쿠로즈미 마코토 교수님과, 일본선교에 대해 늘 조언해 주신 전호진 박사님, 조영상 목사님께 진심으로 감사말씀을 드리고 싶다

2008년 12월

박영원(에스라)·김영남(에스더)

목차

들어가며 **12**

I. 일본 사회의 정신 구조

1. 일본의 자연과 문화의 수용 **19**
2. 일본인이 보는 일본인론과 사회구조와의 관계 **24**
3. 천황제와 사상·종교의 중층성 **30**
    1) 에도시대까지 **31**
    2) 메이지 정부 이후 **34**
4. 일본인의 종교관과 기독교 **37**

II. 일본 기독교의 역사

1. 카톨릭의 일본 전래와 탄압 **44**
    1) 카톨릭의 일본 전래 **44**
    2) 카톨릭에 대한 박해 **48**
    3) 카톨릭 탄압의 동기와 그 영향 **54**
2. 개국과 개신교의 전래(1853-1873년) **60**
    1) 개국과 개신교 선교사들의 일본 방문 **60**
    2) 초기의 개신교 선교사의 활동 **64**
        (1) 리긴스와 윌리암스의 활동
        (2) 헵번의 생애와 일본 선교 활동
        (3) 요코하마 밴드의 브라운과
            메이지 유신의 지도자 후르벡키
        (4) 바라와 일본 최초의 교회

3. 메이지 초기의 기독교의 발전(1874 – 1890년) **80**
   1) 일본의 개신교 교회의 탄생과 각 교파의 원류 **81**
   2) 일본기독교의 제1차 부흥 **86**
   3) 구미주의의 시대와 근대적 교육 **88**
   4) 순회 평신도 전도와 농촌 전도 **92**

4. 국가주의에 의한 일본 기독교의 정체(1890 – 1909년) **94**
   1) 교육과 종교의 충돌 **94**
   2) 교회 성장의 침체 원인과 신신학의 이입 **98**
   3) 일본교회의 제2차 부흥-20 세기 대거전도 **100**

5. 타이쇼(大正) 데모크러시의 영향에 의한 일본 교회의 성장 **102**
   (1909 – 1930년)
   1) 일본정부의 종교 정책과「3교 회동」**102**
   2) 전국 협동 전도와 일본 교회의 조선 진출 **104**
   3) 기독교와 사회참가 **107**
   4) 타이쇼기(大正期)의 대표적 전도자 **111**
      (1) 성결교단 나카타 시게하루(中田重治)의 일본 전도
      (2) 우치무라 간조(內村鑑三)의 재림 운동
      (3) 카가와 토요히코(賀川豊彥)의 하나늠나라운동에 의한 대중 전도
      (4) 야마무로 군페이(山室軍平)의 평민의 복음

6. 15년 전쟁과 국가신도(1930 – 1945년) **118**
   1) 종교단체법과 일본기독교단의 탄생 **118**
   2) 교회의 박해와 기독교인의 저항 **120**

11

7. 전후의 일본 기독교 **124**
   1) 점령군 지배하에서의 「기독교 붐」(1945-1950) **124**
   2) 정체를 계속하는 일본 기독교(1950년대 이후) **127**
   3) 일본의 복음주의와 부흥의 가능성 **133**

III 근대 일본 기독교의 통합 모델과 사상가

1. 일본 기독교에 대한 통합 모델 **140**
   1) 사와 마사히코(澤正彦)의 시대적 분류 모델 **140**
   2) 일본기독교사의 분류 모델 **142**
      (1)문화와 기독교에 대한 분류 모델들
      (2)상황에 대한 재모델화
      (3)본서의 모델에서 본 일본 기독교의 역사

2. 근대 일본 기독교 사상가들 **154**
   1) 타무라 나오오미(田村直臣)(일본의 신부 사건) **155**
   2) 고자키 히로미치(小崎弘道) **162**
   3) 에비나 단죠(海老名弾正) **167**
   4) 우에무라 마사히사(植村正久) **171**
   5) 우치무라 간조(内村鑑三) **177**
   6) 카가와 토요히코(賀川豊彦) **184**
   7) 본서의 모델에 의한 기독교 사상가들의 분류 **189**

IV 일본 기독교의 현황과 전망

1. 일본 기독교의 현황 **192**
   1) 통계상의 일본 기독교 **192**
   2) 왜 일본기독교는 정체되었는가? **198**
      (1) 츠카모토 나츠코(塚本夏子)의 관점
      (2) 야마오리 테츠오(山折哲夫)의 관점
      (3) 콘도 카츠히코(近藤勝彦)의 관점
      (4) 전호진의 관점
      (5) 공통적 요소

2. 일본 선교의 전망과 전략 207

1) 일본사회의 변화 207
2) 일본의 기독교 역사로부터의 교훈 211
    (1) 부흥으로부터의 교훈
    (2) 제자 양성의 중요성
    (3) 초기 선교사들로부터의 교훈
3) 성서 속에서 본 일본선교 218
    (1) 인간에게 진정한 자유와 휴식을 주는 하나님의 사랑
    (2) 섬김을 받으려 함이 아니라 도리어 섬기러 오신 그리스도
4) 한국 기독교와의 비교를 통한 시사 224
    (1) 전호진의 시점
    (2) 서정민의 시점
    (3) 후루야 야스오(古屋安雄)의 시점
    (4) 오야마 레이지(尾山令仁)의 시점
    (5) 오가타 마모루(尾形守)의 시점
5) 구체적인 선교 전략 233
    (1) 접촉점의 발견
    (2) 일본인의 정신구조나 풍토, 사회시스템에 대한 이해
    (3) 일본인에 토착화된 기독교
    (4) 일본 전도를 위한 교회 만들기
    (5) 평신도 운동의 전개
    (6) 전도 방법의 고안

글을 마치면서 246
문헌 리스트 252

들어가며

　동아시아에서 성립한 기독교 중에서, 한국은 교세가 가장 크게 성장하고 있는 나라 중 하나이다. 이와 반대로 동아시아에서 기독교의 교세가 가장 약하다고 하는 나라가 일본이다. 동아시아의 이웃나라인 양국의 현재의 기독교 포교의 상황은 양 극단의 길을 걷고 있다고 말할 수 있다.

　일본과 한국은 인종적·문화적으로 상당히 유사하며, 기독교 전래의 역사를 봐도 일본 쪽이 한국보다 앞서 있다. 일본의 카톨릭 전래는 일본의 전국시대인 1549년(사비엘 선교사의 일본 방문)이지만, 한국의 경우를 1784년(이승훈이 북경에서 세례를 받는 시점)으로 본다면, 일본 쪽이 235년 정도 앞서 있다. 개신교 전래는 일본은 개신교 선교사 등이 일본에 온 1858년이지만, 한국의 경우를 알렌이 조선을 방문한 1884년으로 본다면 카톨릭과 마찬가지로 개신교도 일본이 25년 정도 앞선다.

　그러나 양국의 크리스챤을 비교해 보면, 한국의 기독교 신자는 개신교가 1100만, 카톨릭이 300만으로 합계 1400만이나 되기 때문에 인구의 3분의 1 이상이지만, 일본에서는 개신교가 55만, 카톨릭이 45만으로 합쳐서 100만 정도이기 때문에 전체 인구의 1%에도 못 미친다. 구체적으로 2005년 기독교 연감 통계에 의하면 113만 8000명으로, 전체 인구의 0.892% 밖에 되지 않는다.

　그러면, 왜 이러한 차이가 나타나는 것일까? 저자의 이러한 소박한 의문이 본서 집필의 계기가 되었던 것이다. 다만, 이번에는 한일 기독교의 비교를 통해서 양국의 차이 중심으로 고찰하기보다는 특히 일본 기독교에 한정시켜 고찰하고자 한다. 이러한 의문을 푸는 실마리로서 일본 사회의 문화와 기독교의 역사에 대해서 몇 가지 측면에서 분석을 시도함으로써 기독교가 일본에서 확산되기 위한 길을 모색해 나가고자 한다. 이 과제에 접근하기 위해서는 기독교가 일본 사회 속에 전개되어 나가는 과정을 살펴보지 않으면 안 된다. 미국의 현대 종교학자인 니니안 스마트(Ninian Smart)는 종교와 사회의 관계를 역동적인 상호 관계로서 묘사하고 있다. 그에 의하면, 종교는「다양한 방법을 통해서 사회에 의존적이면서도 역동적인 자세를 취한다」고 한다. 따라서, 종교는 사회가 공유하고 있는 가치관의 영향을 받기도 하지만, 역으로 자신의 가치관을 사회에 부과하기도 한다고 지적한다. 또한 종교사회학은 종교 현상을 사회학적으로 분석하지만, 그 관심의 초점은 종교와 사회의 관계성에 맞추어져 있다. 그런데 하나의 사회라고 하는 포괄적인 개념도 구체화시키면, 사회구조, 사회변동, 사회제도, 문화 등으로 구분할 수 있다. 즉, 종교와 사회의 관계가 니니안 스마트가 말한 것처럼, 양자 사이에 역동적인 관계성이 존재한다면 양자의 관계를 조명하는데 다양한 매개 변수를 사용할 수 있게 되는 것이다.

　본서는 이 중에서 주로 기독교와 일본 사회의 문화와의 관계에 주목하고 있다. 왜냐하면, 많은 종교학자들이 언급한 것처럼, 종교와 문화는 불가분의 관계에 놓여 있으며, 사회의 기저에서 보이지 않는 정신적인 힘을 제공하고 있기 때문이다. 이러한 기독교와 문화에 관한 모든 연구 중에서, 고전적 연구라고 말할 수 있는 니버의 그리스도와 문화의 모델화, 그리고 로버트・웨바의 니버의 모델을 재유형화한 유형은 시사하는 바가 크다. 기독교와 문화의 관계에서 나타나는 반응, 즉 분리・대립, 혼합・타협, 변혁하는 과정에서 나타나는 상황차이의 발견은 지역의 사회문화적인 상황차이를 이해하는데 상당한 역할을 할 수 있는 것이다. 기독교의 일본사회로의 이식은 이러한 틀 안에서 새롭게 재조명될 수 있다고 생각한다.

본서에서는 일본 기독교와 문화와의 관계를 조명하기 위해서, Ⅰ부에서는 우선 일본 기독교가 전개된 일본 사회의 정신 구조에 대해서 기존 연구를 정리한다. 이러한 작업을 통해서 어떠한 역사적 상황·정신구조·종교사상 위에 기독교가 전개되었는지 분명해질 것이다. Ⅱ부에서는 기독교가 일본에 전래된 역사를, 1549년 사비엘 선교사의 전래부터 시작해서 시대 순서에 따라 서술해 나간다. Ⅲ부에서는 저자의 논문에서 제시한 독자적인 모델에 근거해서, 근대 일본 기독교의 분류를 시도한다. 그리고 일본 개신교의 대표적인 사상가들의 생애와 성서사상을 정리함으로써, 그들이 일본 기독교에 미친 영향에 대해서 고찰한다. 이어서 Ⅲ부의 1장에서 제시한 모델에 근거해서 이들 사상가들도 분류한다. 마지막으로 Ⅳ부에서 일본 기독교의 현황과 전망을 제시하기로 한다.

제 I 부

일본 사회의 정신구조 日本社会の精神構造

1. 일본의 자연과 문화의 수용

2. 일본인이 보는 일본인론과 사회구조와의 관계

3. 천황제와 사상·종교의 중층성

4. 일본인의 종교관과 기독교

일본에서의 기독교 전개를 고찰할 때, 일본 사회를 지탱하는 정신적 구조·문화·국민성·종교의식 등의 토양은 반드시 취급되는 테마일 것이다. 성서 속에서도 기독교와 토양의 문제가 언급되어 있다. 소위 씨뿌리는 자의 비유이다(마태복음 13 : 1 - 23). 예수 그리스도는 비유 속에서 씨앗이 뿌려지는 네 종류의 밭에 대해서 설명하고 있다. 씨앗은 길가밭, 흙이 깊지 않은 돌밭, 가시떨기밭, 좋은 땅에 각각 떨어졌다. 이처럼 같은 씨앗이 뿌려졌지만, 앞의 세 밭에 뿌려진 씨앗은 결실을 맺을 수 없었다. 그러나 좋은 땅에 뿌려진 씨앗은 유일하게 30배, 60배, 100배의 수확을 거둘 수 있었다. 씨앗이 어디에 뿌려졌느냐에 따라서, 결실을 맺느냐 못 맺느냐가 정해지는 것이다. 여기서 말하는 씨앗은 기독교(복음)를 가리킨다면, 4종류의 밭은 기독교(복음)가 전해지는 각각의 토양을 가리킨다. 양자의 관계는 결코 떼어낼 수 없는 불가분의 관계인 것이다. 이 때문에, 본서의 테마인 일본 기독교의 역사를 개관 하기에 앞서, 기독교와 기독교를 받아 들이는 일본 사회와의 관계를 고찰하지 않으면 안 된다.

그런데 일본사회의 토양인 일본인의 정신구조를 고찰하는 것은 결코 쉬운 일이 아니다. 일본인의 정신구조는 이러하다고 딱부러지게 단정하기는 매우 어려우며, 위험성도 내포하고 있다. 또한 이렇다고 정의해도, 그것은 역사 속에서 변해가는 부분도 존재한다. 특히, 일본인은 흔히 스스로의 자화상이나 정신구조 등에 대해서 논하는 것을 좋아한다고 알려져 있다. 이로 인해, 일본인론에 관한 아주 많은 연구결과가 출판되어 있기에, 본서에서는 그 많은 기존 연구로부터 일본인의 의식구조, 거기에 영향을 주고 있는 자연환경이나 국민성, 일본인의 발상 양식, 사고와 행동의 특징에 관한 몇 개의 공통점을 중심으로 간단하게 소개하고자 한다.

1. 일본의 자연과 문화의 수용

일본인의 정신 구조의 형성은 일본을 둘러싼 환경에 의한 영향이 크다고 생각된다. 이 문제를 일찍부터 인지한 이가 와츠지 테츠로(和辻哲;1889 - 1960)이다. 와츠지는 인간과 자연 환경과의 관계를「풍토」라고 부르면서, 풍토를 문화의 하나의 관점으로 인식했다. 그에 따르면, 풍토에는 자연적인 면도 있지만, 역사적인 면도 있기에 말하자면 자연과 역사가 서로 중첩되어 있는 것이 풍토라고 보았다. 와쯔지는『풍토』제2장의 풍토유형론에서 풍토적 역사적 유형으로서 ① 몬순형, ② 사막형, ③ 목장형의 세 가지를 들었다.

몬순이라는 말은 아라비아어의 mausim(계절)에서 왔다고 한다. 와츠지는 특히 여름의 몬순에 주목하고 있다. 여름의 몬순은 열대의 대양에서「극도로 습기를 포함한 공기를 강한 풍력에 의해서 육지에 내뿜기 때문에, 세계에서도 하나의 특수한 풍토를 만들어 내고 있다」. 이 지대 속에는 동아시아의 연안 일대에서부터 중국, 일본이 포함된다. 와쯔지는「몬순적 풍토의 특수형태」라고 하는 곳에서 일본인의 특수한 존재형태를, 기본적으로는 몬순적 즉「수용적·인종적(忍從的)」이라고 했다. 그러나, 인도와는 다르게, 많은 비와 폭설이라는 이중 현상이 일어나는 풍토이기도 하기에,「열대적·한대적」이라는 이중성격과 태풍의「계절적·돌발적」이라고 하는 이중성격이 겹쳐진다고 보았다. 이러한 세 가지 이중성격이 복합되어, 일본인의 역사적생활에 있어서 이중적 성격이 형성되었을 것이라고 보았던 것이다. 여기서, 일본인의 수용성은 열대적·한대적이기 때문에,「상태의 빠른 변천을 요구」하며,「지치기 쉬우며 지구력은 없다」라고 보았다. 게다가 인종적(忍從的)이라고 하는 것도 열대적·한대적인 성격을 가지고 있기 때문에,「체념하면서도 반항적인 변화를 통해서 조급하게 참고 견디는 인종(忍從)」임과 동시에, 계절적·돌발적이기 때문에, 「반복되는 인종(忍從)의 각 순간에 돌발적인 인종(忍從)을 지니고 있다」라고 한다. 여기에서 와쯔지는 일본의 「국민적 성격」을 「조용한 격정, 전투적무욕(무집착)」으로 규정했다. 또한, 「인간 존재의 역사적, 풍토적 구조」에서는, 「조용한 격정, 전투적인 무욕(무집착)」은 성적(性的) 결합, 가족적 결합, 황실을 종교로 하는 가족 국가의 특성이며, 그러한 곳에서는 「인륜적인 사랑에 대한 합일의 실현」이 국민적 특성에 의해서 가능하게 된다고 주장했다. 그러나, 와쯔지는 동시에, 이 특성의 장점 뿐 만 아니라 단점도 지적하고 있다. 그것은 자발성이 약하고, 「자발적·전투적인 성격이 희박하다」는 점이다. 따라서, 「생활 전반의 합리적 처리」가 현저하게 늦다는 점, 전투적인 성격이 약하고, 「의사(意思)의 지속적이며 끈질긴 힘을 존중하지 않고, 「타협해서 서로 양보하는 습성」이 생겼다고 보았다.

그러나, 와츠지의 풍토론의 모순을 지적하는 논의도 있다. 농업 경제학자 이누마 지로우(飯沼二郎;1918 - 2005)는 『풍토와 역사』에서 종래의 풍토론은 풍토의 영향을 정태적으로 파악하고 있다고 지적하고 있다. 즉, 풍토는 인간의 힘으로 거의 바꿀 수 없는 자연이지만, 그 이용은 인간의 주체적인 조건(자본과 노동의 조합)의 차이로 바뀐다고 반론한다. 와츠지의 풍토론에 의한다면, 인간은 자신을 둘러싸고 있는 환경에 의해서 지배되어 버리는 존재에 지나지 않기에, 환경 운명론, 지역 운명론에 봉착해 버릴 우려도 있지만, 자연의 강대한 힘 앞에서도 인간의 주체적 선택의 가능성을 제시한 이누마의 지적은 일정한 평가를 받을 만하다고 생각된다. 이처럼 와쯔지의 풍토론에는 논리적 모순과 함께 실증이 빠져 있기 때문에, 학문적 형태는 취하고는 있지만 일시적인 착상에서 더 나가지 못 했다는 약점을 지니고 있는 것도 사실이다.

그러나, 후대의 많은 연구자들은 와쯔지의 풍토론 위에 각자의 논조를 전개하고 있다. 예를 들면, 지리학자인 스즈키 히데오(鈴木秀夫;1932 -)는 일본인은 죠몽 시대부터 계속해서, 삼림 시대의 사고에 익숙해 있어 현실 중심적이기 때문에, 사막적인 색채를 가지는 유일신의 이해가 가장 늦다고 했다. 또한, 삼림에 둘러쌓인 일본인은 정착적이어서,「천지창조」나 「종말」과 같은 사막적 기원을 가지는 종교 관념은 거의 이해하기 어렵다고 지적하고 있다. 다만 상대적으로 볼 때, 서양인이 일본사상을 이해하는 것보다 일본인들이 서양사상을 이해하는 편이 더 빠르다고 보았다. 즉, 서양의 로고스 사상에 대해서, 일본인들은 대략 120년 정도에 거의 이해했지만, 일본기업과 호주의 설탕판매기업과의 계약을 예로 들면서, 서양인들이 일본의 애매한 렌마(㊅) 사상을 이해하는 것은 앞으로도 쉽지 않을 것으로 전망했다. 한편, 나카무라 하지메(中村元;1911 - 1999)도 와쯔지와 같은 입장에서,「주어진 현상 세계에 입각해서 절대자를 파악한다든가, 혹은 자연을 애호한다고 말하는 사유 방법의 특징이 나타난 원인은 무엇일까?」라고 하는 물음에 답하는 형태로, 일본의 풍토에 대해 말하고 있다. 그에 의하면, 일본의 풍토는 대체로 기후가 온화하고 풍경이 아름답다. 다습한 기후는 몬순 지대 안에서도 특별히 초목을 많이 생성시켜, 그것이 인간에게 있어서 위압적이기보다는 오히려 인간에게 친화감을 준다고 여겨졌다고 한다. 나카무라는 이러한 풍토에서는 자연은 인간에게 적대적이지 않고, 또 위압적이지도 않으며, 오히려 친화감을 가진 채 인간을 맞이하는 것으로 느껴졌다고 한다. 이로 인해서, 자연은 인간에게 있어서 비교적 은혜를 베푸는 것으로 받아들여졌다. 물론 천재지변이 많은 것은 일본 국토의 하나의 큰 특징이지만, 그것들은 일시적인 현상이며, 매일 24시간 인간을 대하고 있는 자연은 심리적으로는 분명하게 다른 인상을 준다고 보았다. 그래서 일본인은 일반적으로 자연을 싫어하기보다는 오히려 애호하며, 자연을 무서워하거나 위압적인 것으로 생각하기보다는 오히려 친근한 것으로 간주했다. 따라서 자연은 인간에게 대립하는 것이 아니라, 오히려 인간과 일체가 되는 것이라고 생각했다. 그러나 미나미 히로시(南博;1914-2001)는 지금까지의 풍토론에 관한 연구는 대부분 실증적인 역사에 대한 분석이 충분하지 않다고 지적하고 있다. 이처럼 풍토론에 대한 연구가 이론적인 연구에 치우친 면을 부인할 수는 없지만, 이러한 풍토론을 토대로 해서, 문화 수용에 있어서의 일본인의 사고를 생각할 때, 섬나라로서의 특징도 무시할 수 없다. 섬나라라고 하는 특수한 특징 때문에, 일본에게 전달된 외국의 문물은 일본의 전통 문화에 접목된 후, 곧 흡수·변용되어서, 독자적인 일본 문화를 만들어 내는 것이 용이했다고 볼 수 있다.

일본의 대표적인 근대 사상가인 마루야마 마사오(丸山真男;1914 - 1996)는 일본 문화의 수입형태에 대해서 한국은 「홍수형」, 일본은 「누수형」에 비유하면서 비교하고 있다. 한국의 「홍수형」은 고도의 문명의 압력에 의해서 벽이 무너지면서 같은 문화권에 들어가 버린다. 그런데, 일본의 「누수형」은 한방울 한방울 천정으로부터 비가 새어 들어와 거기에 완전히 빠져드는 것도 아니면서, 그렇다고 전혀 관계를 맺지 않는 것도 아닌 채로, 외부문물에 「자주적」으로 대응해서 개조 조치를 강구할 여유를 갖게 된다고 보았다. 이러한 문화 수입형태가 「외부」로부터 들어 오는 문화에 대해서는 매우 민감하고 호기심이 강하다고 하는 측면과, 반면에 「내부」적으로는 자기 동일성을 강하게 유지하는 일본 문화의 이중 측면의 「원인」은 아닐지 몰라도, 적어도 그것과 매우 관계가 있는 지정학적 요인이라고 말하고 있다. 그리고 그 예로써, 유교가 가장 번성한 에도시대마저도 유교에 대한 강력한 반격이 중기 이후부터 나타난 사실을 들고 있다. 즉, "외래" 대 "내부의 자연발생"이 계속되는 것이다. 빨리 근대화할 수 있었던 요인은 구태의연한 유교체제로부터 탈피하고자 했던 점이 있다. 이러한 현상은 메이지유신 이후에, "유럽문화" 대 "동양문화"라는 형태로 대비된다.

　나카무라도 일본인의 외국 문화나 종교 사상의 수용에 대해서, 「문화의 중층성과 대결 비판 정신의 박약」이라고 하는 테마에서 다음과 같이 지적하고 있다. 일본인은 너그러운 포용적 성격 때문에, 다양한 외래 문화를 그다지 마찰을 일으키지 않고 섭취해 포용했다고 한다. 그렇게 해서 여러 가지 문화적 요소에 그 존재 의의를 인정해 과거부터 전승되어 온 것을 가능한 한 보존하려고 한다. 여러 가지의 이질적인 요소를 병존시키면서도, 그 사이에 통일을 찾아내려고 한다. 이러한 경향은 다양한 문화 영역에 대해서도 인정할 수 있다고 한다.

　게다가 일본인이 외국문화를 섭취하는 태도에 있어서도, 일본인들은 외국문화의 섭취 수용에 관해서 극히 민감하다고 한다. 그러나 그 실태를 보게 되면 외국문화는 일본문화의 하나의 구성요소로서 섭취되었다. 외래문물을 수용 섭취하는 당사자가 비록 어떻게 의식하며 어떻게 표방하고 있었든간에, 현실의 사회적·문화적 사실로서는 그것의 수단적·소재적 의의가 인정되는 한에서만 섭취된 것에 지나지 않는다. 여기에 「화혼한재(和魂漢才)」등이라고 볼 수 있는 생각이 성립될 수 있는 사상적 터전을 볼 수 있다고 하며, 그렇게 해서 일본문화의 중층성이라고 하는 것도 일본인의 전통적인 이러한 입장에 유의해야만 이해할 수 있게 되는 것이라고 주장했다. 여기서, 일본인의 종교·사상 수용에 있어서의 중층성과 습합(褶合;두 가지 이상의 다른 종교사상을 절충하는 것), 혹은 혼합성(복수성)을 볼 수 있다. 이러한 중층성의 문제는 종교사상문제와 관련시켜서 나중에 좀 더 논의하기로 하겠다.

2. 일본인이 보는 일본인론과 사회구조와의 관계

이어서 일본인이 보는 일본인론과 사회구조와의 관계에 대해 검토한다. 위에서 언급한 나카무라(中村元)는 몇 가지 시점에서 일본인론을 제시하고 있다. 우선, 나카무라는 일본인이 현세주의 경향을 취한다고 보았다. 일본민족은 모두 신들의 자손이라고 생각하고 있으며, 또 원시신도에서는 영혼에 관한 깊은 반성이 존재하지 않았다. 죽음에 대해서도 깊이 있는 고찰이 이루어지지 않았다. 고대 일본인은 영혼을 「타마」라고 부르고 있었다. 사람들의 타마는 육체를 떨어져 활동할 수 있으며, 사람들의 사업을 완성시키는 데에 도움을 준다. 타마에 관한 다양한 관념은 실은 현세의 사업에 대한 활동을 공식적으로 사용한 것에 지나지 않는다. 타마는 사후에도 남아서 기능하지만, 생전의 타마와 본질적으로 전혀 다르지 않다. 또한, 나카무라(中村元)는 일본인에게는 인간의 자연스런 천성을 용인하는 경향이 있다고 한다. 현상계 또는 현실적인 것에 대해 절대자를 파악하려고 하는 사유 방법이 일반 일본인 안에 존재하고 있는 것을 지적한 다음, 모든 주어진 현실적 자연 중에서 가장 인간에게 직접적인 것은 인간적인 자연이라고 보았다. 그래서 또한 인간의 자연스런 천성을 극히 존중한다고 하는 경향이 나타난다고 한다. 일본인은 외적 · 객관적인 자연계에 대해서 그 있는 그대로의 의의를 인정하려고 하는 것처럼, 인간의 자연스런 욕망이나 감정도 그대로 승인해서 억지로 그것을 억제하거나 혹은 그것과 싸우려고 하는 노력을 하지 않는 경향이 있다고 한다. 오야마(尾山令仁)도 일본인의 도덕관, 가치판단의 근저에 흐르는 것은 미의식이라고 하는 후쿠다 츠네아리(福田恒存;1912 - 1994)의 주장을 인용하면서, 일본인의 역사 속에서 일관성이 있는 것은 모든 것을 미적 · 정서적인 것으로 보는 경향이 있다고 하였다. 즉, 일본인들의 사고방식이 논리적이라기보다는 정서적이라고 하는 데에 주목하고 있는 것이다. 일본인은 추상적인 논리를 그다지 좋아하지 않는다. 예를 들면, 추상적인 사상을 표현할 때, 일본어의 히라가나가 아니라 중국에서 온 한자를 사용해 표현하는 것을 들 수 있다. 또한, 일본에 전래된 불교도 본래는 종교·예술·철학 등을 포괄하는 종교로서 전해졌지만, 그것을 받아 들인 일본인 측에서는 철학과 같은 논리적인 것보다는 불상과 같이 미적인 것에 빠져들었다고 한다. 이로 인해서 일본인은 이 세상에 살아가면서도 정토(극락)에 있다는 생각에 잠겨 있다고 단정짓고 있다. 또한, 대부분의 일본인이 스스로 시나 단가(和歌)나 하이쿠(俳句)를 만들 수 있다고 한다. 이러한 일본적인 특징이 있기 때문에, 제2차세계대전후 일본인들 속에서 가장 많이 침투한 신흥 종교가 거의 대부분 논리정연한 교의라는 것을 가지고 있지 않으며, 체계 자체도 지극히 허술하지만, 일본 사람들의 감성에 호소하는 포교를 했기 때문에 성공했다고 주장하고 있다

한편, 나카무라는 계속되는 일본인론에서, 일본인은 인간에 대한 애정을 강조하고 있음을 주목하고 있다. 일본에서 애정이 강조되고 있다고 하는 경향은 본래 일본 민족에게만 고유하게 존재하는 것일까 하는 것에 대해서는 솔직히 문제가 있다는 사실을 인정하고 있다. 그러나, 일본의 신도에는 사랑의 신이 없다고 하는 것을 일찍이 어떤 유명한 불교 학자가 주장했기 때문에, 신도 측에 강한 충격을 주어 큰 문제가 되었던 적이 있다는 사실을 지적하고 있다. 그 때에 신도측으로부터 반증이 제시되었지만, 반증으로서는 박약하다고 그는 평가하고 있다. 그러나 신도의 의례에는 고대 그리스나 유태에서 보여지는 것과 같이 산 것을 희생제물로 제공하기 위해 피를 흘리게 하는 것과 같은 잔혹한 의례는 행해지지 않았다. 화합(和)의 정신은 고대 일본의 촌락공동체에서는 어느 정도 실현되고 있었음이 틀림없다고 주장한다. 이 문

제는 더 연구를 필요로 하지만, 아마 자비의 정신이라고 하는 것이 불교와 함께 일본에 들어온 뒤에 일본인의 심적 태도 일반에 대해서 강하게 변혁적인 영향을 미쳤다고 추측하고 있다. 이러한 이유들로 인해 일본 민중의 사유(思惟)방식에는 적지 않게 인본적(휴머니즘)인 경향이 흐르고 있다고 볼 수 있다고 보았다. 인간에 대한 애정은 일본인들 사이에 과거부터 간직해 온 아름다운 자연에 대한 애착, 아름다운 경치에 대한 애정과 밀접한 관계가 있다고 생각했던 것이다.

이어서 가장 객관적인 입장에서 일본인론을 전개한 사상가 중 한 명인 후쿠자와(福沢諭吉)의 견해를 소개한다. 후쿠자와는 인간교제론에서 일본에서는 권력의 편중이 심하고, 그 권력의 편향은 모든 방면에서 보여진다고 지적하고 있다. 그 뿐만 아니라 일본 사회 전체가 권력 편중의 인간 관계로 성립되어 있다고 주장한다. 이러한 권력 편중의 이유로서 후쿠자와는 우선 나라 전체가「국력이나 왕실에 치우친다」라고 하는 점을 들었다. 즉, 나중에 설명하는 것처럼, 일본에서는 상하, 주객, 내외의 구별이 매우 뚜렷하지만, 그 원인을 역사적으로 더듬어 가면 왕실(천황)에 귀착한다는 것이다. 후쿠자와의 지적은 현재 일본의 사상 및 사회구조의 형성에 대해 천황제도와 깊은 관계가 있다는 사실을 암시하고 있어, 매우 시사적인 일본인론에 대한 인식이다. 쿠로즈미 마코토(黒住真;1950 -)도 동일한 견해를 전개하고 있다. 일본의 경우, 천황의 왕위나 관직의 등급은 중국에서처럼 천명에 의해서 유덕한 자는 왕위에 등극하지만, 부덕한 자는 오히려 폐위되어 다른 종족이 그 지위를 대신한다고 하는 논리를 갖고 있지 않다고 지적한다. 오히려 일본 천황의 왕위(타카미쿠라)는 하늘 위(高天原)에 있는「천신」(아마쯔카미)의 계보를 잇는 신이 하늘에서 내려온 뒤, 그 자손으로부터 조예관계(祖裔関係)를 계승한다고 여겨져, 오로지「태어나는」존재 만이 천황이 된다고 하는「종(種)의 원리」구조가 기능하고 있다고 한다.

　　마루야마(丸山眞男)는 이러한 천황제의 구조 속에 그것을 이용하는 사람들이 가세해, 메이지 시대에 이르러서는 일본국민으로부터 무한책임의 무책임의 논리를 낳았다고 주장한다. 메이지 헌법의 예를 들어,「대부분 다른 나라의 헌법에서는 유례를 찾아볼 수 없는」대권 중심주의나 황실자율주의를 취하면서 원로·중신 등 초헌법적 존재의 매개에 의하지 않고는 국가의 사(國家意思)가 일원화되지 않는 듯한 체제가 만들어진 것도 결단하는 주체(책임의 귀속)를 명확히 하는 것을 피해「얽키고 섥힌」애매한 행위를 좋아하는 행동양식이 암묵적으로 작용하고 있다고 보았다. 그 결과, 무한 책임의 엄격한 윤리는 이러한 메카니즘 속에서 거대한 무책임으로 전락할 가능성을 항상 내포하고 있다고 지적했다. 또한, 그와 더불어 사회구조도 근대화되면서도 폐쇄적이 되었다고 보았다. 메이지 이후, 근대화가 진행되면서 봉건시대의 전통적인 길드같은 조직을 대신해서 근대적인 기능집단이 발달하지만, 그러한 조직체는 회사든, 관청이든, 교육기관이든, 산업조합이든 어느 곳에서나 정도의 차이는 있지만 각각 한 개의 폐쇄적인 낙지 단지(낙지 주머니 형태의 그릇)가 되어 버리는 경향이 있다고 한다. 즉, 거대한 조직체가 옛날의 번(藩)과 같이 할거하고 있다고 지적한다. 그 폐쇄적 특징도 국제화됨에 따라서 일본 내부(inside)에서는 폐쇄화(closed society)가 한층 더 강화되면서, 각각의 집단이 각각의 루트로 외부(outside)의 국제사회의 루트와 연결되어 있다고 하는 매우 기묘한 상황이 보여지고 있다고 생각했던 것이다. 이러한 결과, 일본 사회는「한다」라고 하기보다「이다」라고 하는 것이 가치 판단의 중요한 기준이 되어 버렸다고 한다. 예를 들면, 토쿠가와시대와 같은 사회를 보게 될 때, 그곳에서는 출생이라든지 집안이라든지 연령이라든지 하는 요소가 사회 관계에 있어서 결정적인 역할을 미치고 있어, 이런 사회에서는 권력관계나 도덕적 모럴, 일반적인 사고방식에 있어서 무엇을 할까라고 하는 것보다, 무엇인가라고 하는 것이 가치 판단의 중요한 기준이 되었다고 지적하고 있다.

이어서, 전후의 대표적인 일본인론을 쓴 나카네 치에(中根千枝;1926 -)의 『종적사회의 인간관계』를 소개한다. 이 저서에서, 나카네는 일본 사회와 일본인의 특수성을 상하의 인간 관계 측면에서 파악하려고 했다. 말하자면 사회 전체 속에서 보여지는 인간관계의 본연의 자세로부터 일본의 사회구조를 분석한 것이지만, 그 결과 먼저 분석의 프레임워크로서「자격」(예를 들면, 일에 있어서의 역할 등)과「장소」(예를 들면, 성씨・태생과 같이 선천적으로 갖추어지고 있는 것에서부터, 학력, 직업, 지위라고 하는 사회적 속성, 또한 남, 녀, 노인, 약자라고 하는 생물학적 속성까지의 소속집단)를 제시하고 있다. 이 자격과 장소, 즉 역할과 소속집단을 설정할 때, 일본인은 어느 쪽에 중점을 두는가 하는 물음에 대해서, 나카네는 소속집단, 장소를 매우 중요하게 보는 것이 일본인이라고 주장했다. 이러한「장소의 편중」에 의해서,「안」과「밖」, 즉 우리 사람과 남의 사람이라고 하는 생각이 나온다. 이 말에서 알 수 있듯이, 자신의 소속집단을 자격에 대한 장소라고 하는 관점에서 보지 않기에, 더 강한 귀속의식을 갖게 되는 법이다. 그것이 심각해지면, 우리 사람 이외는 사람이 아니라고 하는 극단적인 인간관계의 문제(contrast)를 볼 수 있게 된다. 또한, 나카네는 일본의 종적 사회에 대비되는 횡적 사회로는 영국이나 미국 등의 구미 사회를 들고 있다. 게다가 이러한 나카네의 주장 이후, 아이다 유우지(会田雄次;1916-1997)는 일본과 미국의 사회구조를 비교하면서, 일본의 종적 관계, 상사와 부하의 관계는 유럽, 미국 등처럼 하나가 아니라, 놀랍게도 표면의 종적 관계와 이면의 종적 관계가 양립하고 있다고 지적하고 있다. 구미가 종적관계와 횡적관계의 균형이 잘 잡힌 직물과 같은 사회라고 한다면, 일본은 종적관계 만의 세계이지만 그것이 근대사회 속에서 충분히 기능하고 있는 비결은 표면의 종적관계를 커버할 수 있도록 이면의 종적관계에 접착제를 붙이고 있기 때문이라고 보았다. 그 결과, 만약 사장 등 톱이 되면, 메이지헌법 속에 보여지는 천황의 이상적인 모습(像)처럼, 자신(프라이버시)은 완전히 사라지고 다른 사람만을 생각한다고 하는 인간이 이상적이라고 여겨지기에 이르렀다고 한다.

그러나, 미나미(南博)는 이와 같이 일본 사회를 종적 사회로서 취급하고 있는 나카네의 연구에 대해서, 조금 무리가 있다고 비판하고 있다. 종적 사회 이론은 상하의 서열관계가 아주 엄격한 사회, 예를 들면 대기업이라든지 관료 조직이라든지 대학 등에는 들어맞는 점이 많지만, 일본의 사회구조 전체에서 보면 반드시 종적 사회라고 단언할 수 만은 없는 점이 많다고 생각했던 것이다. 또 연공서열제 · 종신고용제라고 해도, 서양인이 보면 매우 이해하기 어렵지만, 나카네가 말하듯이 일본인이 자격의 차이를 억압하고 틀을 강조한 결과, 일본인은 무차별적인 불평등에도 통한다고 하는 인간평등주의, 능력평등주의의 미온수이 잠겨 있다고 단언할 수 있을지 의문이다고 지적했다. 더나아가 요네야마(米山俊直)도「일본인의 집단의식」이라고 하는 저서에서 나카네의 이론을 반박하고 있다. 종적 사회적 집단 편성은 서민들을 위한 것이 아니라 대기업이나 중앙 관청, 강좌제도가 확연히 남아 있는 대학과 같은, 말하자면 엘리트에 있어서는 보다 잘 보여진다고 인정하면서, 나카네 이론은 엘리트 계층에 한정되어 있다고 보았다. 특히 요네야마는 관서(関西) 중심의 조사를 통해서 계층에 따라서 종적, 횡적 관계가 달라지는 것을 지적하면서, 무엇보다도 지역별 차이 문제를 들었다. 예를 들면, 동경이 종적 사회형, 관서가 횡적 사회형으로 편성되어 있다고 보았다. 근세의 에도, 근대의 동경은 정치 권력의 중심으로, 권력의 배분이 상하, 종적 관계였다. 거기에서 권력을 유지해 온 권위주의자와 거기에 약한 서민층이 탄생했다고 한다. 이에 비해, 관서에서는 횡적 연계로 되어 있으며, 옛날에는 자리라든지 상공업자나 동업조합이라든지 하는 마을 조직들이 있었다. 축제(祇園際) 등도 횡적 사회 요소가 매우 강하다. 따라서 종적 사회, 횡적 사회는 지역차이에 의해서 달라진다고 본 것이다. 그러나, 이러한 지역별, 계층별 차이는 존재할 가능성은 있지만, 이미 앞에서 설명한 것처럼 일본의 전통적인 천황제를 기반으로 하는 상하 관계, 종적 사회의 구조는 일본에서는 뿌리 깊다고 볼 수 있다.

3. 천황제와 사상·종교의 중층성

신사의 토리이(신사를 상징하는 문)와 불교의 관음

신사와 불교의 혼합(신불 습합)

위에서 검토한 것처럼, 일본의 문화와 외래로부터 전래된 종교는 서로 뒤섞여서(褶合), 외래에서 온 모든 종교는 본래의 특징을 잃고, 모든 종교가 혼합되어 있는 중층성·복수성의 성격을 갖는다고 알려지고 있다. 예를 들면, 일본문화의 「중층성(重層性)」이라는 용어(개념)는 와쯔지가 1934년에 논문 「일본정신」에서 처음으로 언급하고 있다. 그 후에도 야마모토(山本和), 엔도(遠藤義光), 쿠로즈미(黒住真) 등도 유사한 개념을 사용하고 있다. 야마모토는 원시시대 이래, 일본 자생의 주술적 요소를 다분히 가지는 민족 종교로서의 신도, 중국으로부터 이입 되어 사회제도나 국가 질서에 응용된 도덕 철학으로서의 유교, 더나아가 인도에서 중국을 거쳐 전래된 구제종교로서의 불교는 일본문화를 만들면서, 오히려 그 안에서 만들어지면서 변형되어 창조되었던 것이다. 무엇보다 이러한 세 가지 종교는 대개 경합하지 않고, 서로 뒤섞이거나(習合) 혼합되어 사이 좋게 병존하고 있는 것도 오늘의 현상이다. 그러므로, 여기에서는 이처럼 일본의 사상·종교의 형성에 결정적인 영향을 미친 천황제의 기원과 모든 종교와의 관계에 대해 정리하기로 하겠다.

1) 에도시대까지

2천 년 전의 옛날, 일본은 대륙(조선)을 거쳐서 벼농사에 의한 농업을 수입하였으며, 철을 중심으로 하는 농업기술을 수입했다. 농업의 보급은 일본인에게 일본 민족으로서의 자각을 부여했을 것이다. 그것은 메이지시대까지 유지된다. 농업은 처음부터 공동체에 의한 협력과 유력하고 혁신적인 지도자를 필요로 했다. 그 과정에서 자연발생적으로 태어난 것이 동족집단과 같은 농업 공동체이다. 부락은 통상 1개 또는 2, 3개의 동족집단으로 구성되어 있다고 한다. 동족집단은 같은 조상을 갖는다고 하는 신앙에 입각해서 조상을 신으로 제사 지냈다. 이것이 본래의 의미에서의 씨족신이다. 그리고 이 경우 동족집단의 가장이 제사장의 역할을 맡았던 것이다. 일본 신도의 기원은 아마도 농업 사회의 발전과 함께 조상숭배가 그 중심을 차지해 온 것은 부정할 수 없다. 또한, 일본의 국토가 키타큐슈에서 시작된 이래, 4세기 후반이나 5세기 초 무렵 천황족을 중심으로 통일 국가가 형성되어 그것이 급속히 발전해서, 토호쿠 지역을 제외한 전 일본을 서서히 지배했다고 한다. 또 4세기 야마토(大和) 시절의 일본에서는 천황족이 대왕(大王)을 내는 집안으로 추대되어 그 아래에 몇 개의 유력한 귀족층이 존재하는 형태를 갖추고 있어, 각각의 지방에서는 왕으로서 군림하면서 중앙 야마토국가에서는 대왕의 아래에서 연합 정권을 구성하고 있었다고 여겨지고 있다. 엔도(遠藤義光)는 이렇게 일본의 농업사회에서 천황제의 기원을 찾아내고 있지만, 쿠로즈미(黒住真)는 『고사기』(古事記)에서 그 기원을 찾고 있다. 쿠로즈미는 앞에서 언급한 와쯔지의 「몬순적 풍토」론을 인용하면서, 「고사기」의 최초의 장면에서 신들의 생성에 주목하고 있다. 고사기의 최초의 장면은 천지 혹은 천상계(高天原;타카마가하라)라고 하는 공간이 이미 존재하고 있어, 거기로부터 여러 신들이 사물과 함께 「생겨난다」「발생한다」, 혹은 그 신들이나 여러 형태의 사물들이 더더욱 많이 생겨 혹은 「출생」하는 상태가 그려져 있다. 신들은 「매우 많은 신들(八百万神)」등으로 불리고 있다. 그러한 범신과 그 공간 속에서 질서의 귀천(貴賎)이나 정당성이 생각되어지고 있으며, 그러한 존귀한 것이 천상계(高天原)와 천신의 계통이 되어, 그것이 황통-천황이라고 하는 왕위와 관련되어 있다고 한다. 그리고 5-6세기 무렵부터 유교·도교·불교 등이 유입되면서, 7세기부터 8세기에 걸쳐 고대의 율령제 국가가 만들어져 나간다. 그러나, 쿠로즈미(黒住真)는 율령제를 둘러싼 일본국가의 성립에 대하여 재미있는 견해를 소개하고 있다. 일본의 율령제는 당시의 수·당나라의 것을 모델로 해서 만들어졌지만, 그 구조측면에서는 차이가 있다고 한다. 즉, 당의 국제적 프레임워크는 일원적인 구조를 가지고 있지만, 일본의 경우 크게 다른 것은 태정관과 신기관의 두 개로 나누어져 있어 2원제 구조를 갖고 있다고 하는 점이다. 이 관제의 배후 혹은 상위에는 천황이 있지만, 그 천황의 위치는 정치체제나 행정적인 측면에서는 매우 애매하다고 한다. 그 결과, 혁명이 일어나면 일본의 경우에는 천황의 왕위나 관직의 등급은 유지되며, 중국처럼 천명에 의해서 덕이 있는 자(有徳者)가 왕위에 오르고, 부덕한 자는 폐위되어 다른 족속이 그 자리에 오른다고 하는 논리를 가지고 있지 않다. 오히려 천황의 왕위는 천상계(타카마가하라)에서 발생한「천신」의 계보를 잇는 신이 하늘에서 내려와 그 자손을 통해서 선대와 후대 관계(祖裔関係)를 계승한다고 하는 오로지「타 거나는」존재 만이 천황이 된다고 하는 것이다. 여기서, 쿠로즈미는 정통성과 질서가 초월자의 명을 받드는 것이 아니라, 초월적 근원적 생명이 역사를 잉태하고 생성·계속되는 원리에 있다고 하면서 일본 천황시스템의「종의 원리」를 설명하고 있다.

또한, 그 사상의 확립에는 일본은 신국이라고 하는 역사적 배경도 있다고 한다. 신국(神国)이라고 하는 사상이 일본의 각 지방에 퍼져 간 것은 카마쿠라(鎌倉), 무로마치(室町) 시대인 것 같다. 신국(神国)이라고 하는 말은 미나모토(源頼朝; 1147-1199, 카마쿠라막부 초대장군)가 사용하고 있으며, 일본의 유명한 불교승려인 신란(親鸞)의 5대 자손에 해당하는 존카쿠(存覚=1290~1373)가「대일본국은 원래 신국으로서 영험이 새롭다」라고 표현했다고 한다. 이러한 신도사상은「아마테라스 오오미카미(天照大神)」를 소위 일본의 원조로 하는 이세 신도(伊勢神道)에 의해서 체계화되었다. 신국사상(神国思想)이란 일본이란 나라가「아마테라스 오오미카미」등 천황가의 조상신에 의해서 창조되어 지켜지고 있다고 하는 일본 고유의 민족신앙이다. 그리고 이 사상은 이세신앙(伊勢信仰)-이세징구(伊勢神宮)의 숭배-을 기반으로 가마쿠라 시대말부터 무로마치 시대에 걸쳐서 서서히 일본 내의 무사층, 땅을 소유하는 영주층에 정착되어 갔던 것이다.

또한, 쿠로즈미(黒住真)에 의하면, 일본 율령제의 이원제(二元制)란 그 질서에 있어서 신들이 불가결했기 때문에, 필연적으로 요구되는 형태였다고 생각했다. 천황의 질서가 신들을 항상 동반하기 때문에, 일본 율령은 정치를 독립시켜서 중심화할 수 없으며, 제·정(祭·政)을 함께 포함하는 이원성(二元性)을 기초로 해서 성립되지 않으면 안 되었다고 한다.

이상 검토한 것처럼, 일본에서는 이미 당(唐)의 문화를 수입하기 이전에 벼농사에 의한 농업, 동족집단을 핵심으로 하는 가족제도, 이러한 가족제도와 농업 속에서 발생한 신도(神道), 이러한 세 가지 요인을 통일시킨「핵심」으로서의 천황제 고대국가라고 하는 기본구조를 가지고 있었던 것이다. 이러한 구조는 에도시대를 거치면서 에도막부 장군들의 영향 때문에 잠재적으로 가라앉아 있었지만, 메이지시대가 되면서 강력하게 부활하게 된 것이다.

2) 메이지 정부 이후

에도시대가 끝나고 메이지 정부가 나타나면서 기존의 모든 사상・종교와 천황제는 보다 강력하게 결합되어 제도화되게 된다. 구노(久野收)도 메이지 이후 천황을 중심으로 하는 국가주의는 토착화됨으로써 국가주의로서 성공했다고 지적하고 있다. 여기에서는 메이지 유신 이후의 천황제의 제도화 과정을 살펴보고자 한다. 이에 대한 대표적인 사건으로서 메이지 헌법(대일본제국헌법)의 제정과 교육칙어(敎育勅語)를 들어 보자. 메이지 정부는 메이지22년(1889년)에 흠정헌법을 제정해서 발표하면서, 이 헌법의 추진자 이토히로부미(伊藤博文)는 일본 헌법의 정신적 지주는 신도도 불교도 유교도 아니고, 천황 그 자체라고 선언했다. 이토의 이러한 선언은 일본 고대국가 이래의 일본 지배층의 신앙을 국민적 수준에 있어서 확대 강화한 것이라고 볼 수 있다. 게다가 메이지23년(1890년) 교육칙어가 제정되어 일본의 모든 대학에서부터 초등학교에 이르기까지 천황 윤리로 교육되기 시작했지만, 근대 일본의 천황제의 최대의 지주(支柱)는 일본 농촌의 동족집단적 가족제도와 부락 단위의 신사(神社)이며, 농촌에서 징병된 천황의 군대였다고 알려지고 있다.

그러면 천황제가 국가주의로서 모든 사상 위에 제도화되는 과정을 살펴

보기로 하겠다. 메이지 이래의 전통적 국가주의는 사상이라고 하기 보다는 제도이며, 사상은 이 제도를 지키고 움직이기 위한 해석 시스템 이상으로 돌출된 적은 없었다고 한다. 그리고 이 제도를 만들어 낸 것은 이토히로부미(伊藤博文)를 지도자로 하는 메이지의 원로들이라고 한다. 이토가 메이지 헌법과 교육칙어를 2개의 기둥으로 삼아 메이지시대 내내 고심에 고심을 거듭해서 만들어낸 국가는 한마디로 말하면, 천황의 국민, 천황의 일본이다. 천황은 정치적 권력과 정신적 권의의 양쪽 모두를 겸비함으로써, 독일 황제와 로마 교황의 자격을 동시에 한 몸에 갖추게 되어 국민은 정치적 천황의 신민(臣民)일 뿐 만 아니라, 정신적으로도 천황의 신자가 되었다. 이렇게 해서 천황은 법률을 제정하는 것과 동시에, 다른 한편으로 교육에 관한 칙어, 정신작흥(精神作興)에 관한 조서 등을 제정해서 시행한다. 국민은 외면적 행동에 대해서 법률을 지키도록 명령받을 뿐 만 아니라, 내면적 의식에 대해서도 칙어나 조서에 따르는 것이 요구되어졌다. 게다가 천황은 교황처럼 신의 권위를 가진 채로 이 세상에서의 대행자로 머무른 것이 아니라, 바로 신의 아들이자 현인신(現人神)으로 취급되었다. 천황은 황제=교황일 뿐 만이 아니라 실로 민족 신앙에서의 하나님의 아들 예수 그리스도의 역할도 연기하지 않으면 안 되었던 것이다. 권력, 진, 선, 미 뿐만 아니라 실로 성(聖)스러운 영역에서조차 카리스마적 권위를 휘둘렀던 것이다. 게다가 천황은 국민 전체를 향해서는 절대적 권위, 절대적 주체로 나타나 초등・중등의 국민 교육, 특히 군대 교육은 천황의 이러한 성격을 국민 속에 철저하게 스며들게 해서 거의 모든 국민의 제2의 천성으로 완성될 정도로 강력하게 작용했던 것이다. 여기에서 구노(久野収)는 천황제의 다테마에(외적표현=professed intention)와 혼네(본심=real intention)의 이원적인 구조를 지적하고 있다. 천황은 국민에 대한 「다테마에」로는 어디까지나 절대 군주이며, 지배층간의 「합의」에서는 입헌 군주, 즉 국정의 최고기관이었다. 이토 등 메이지시대의 권력자들은 천황제를 이용하면서 그것을 교묘하게 이용했다. 이 시스템을 확고히 하기 위해서 이토 등은 다양한 조치를 강구했다고 한다. 즉, 천황을 역사와 세계의 중심으로 세워 천황 중심으로 국민과 일본을 통일한 이토 시스템은 천황에 대한 회의나 비판이나 반대가 아무리 선의에서 이루어졌다고 해도 시스템의 근간을 위협할지 모르기 때문에, 이에 대한 예방조치나 금지법률은 주도면밀하게 준비되어졌다고 한다.

마루야마(丸山真男)도 메이지 정부의 권력자들이 이 제도화 과정을 이용한 것을 지적하고 있다. 즉, 메이지 헌법이 흠정헌법이 아니면 안되는 근거로서 결코 단지 헌법 제정까지의 수속 문제가 아니라, 군사권력을 기축으로 하는 모든 국가기구의 활동을 향후에 걸쳐서 규정하는 부동의 표면상의 원칙이 있었기 때문이라고 한다. 일본국민은 외적 행동면에서 천황의 법률이 명하고 있는 의무를 위반하지 않는다고 하는 것 만으로는 아직 일본 국민의 자격이 될 수 없었다. 실로 내적 의식적인 면이나 무의식적인 면에서조차 천황의 권위와 가치를 제일 소중히 하지 않으면, 일본의 국민이라고는 할 수 없었다. 국민은 거의 요람시절에서부터 가정과 학교를 통해 이러한 생각에 기초해서 자랐던 것이다. 교육제도, 특히 초등·중등의 교육제도는 국민이 이 생각에서 벗어나지 않도록 하기 위한 예방 조치의 역할을 담당하면서 국민의 한사람 한사람을 그 네트워크 안에서 교화시켜 나갔으며, 만일 교화되지 않는 자가 발생하면 불경죄, 대역죄, 내란죄, 치안경찰법(후에는 치안유지법)을 동원하거나 그 밖의 셀 수 없을 정도로 많은 법률을 통해서 어느 누구라도 빠져나갈 수 없도록 태세를 갖추고 있었던 것이다. 천황을 인간이라고 느껴도 그것을 공공연하게 말하는 것, 혹은 건국신화는 만들어진 이야기라는 것을 알아도 그것을 발설하는 것, 천황 사진에 예배하지 않는 것, 이러한 자그마한 행동들 거의 모든 것이 분명히 법률의 네트워크에 걸리는 범죄 행위가 되었다. 이렇게 해서 천황신앙은 과학은 물론 상식하고도 명백하게 충돌하는 측면을 가지면서, 게다가 그 신앙이 위로부터 국민들에게 압력을 강하게 가하면 가할수록 천황 신앙은 「다테마에」가 되어서, 「다테마에」와 「혼네」를 구분해서 사용하는 위선적 태도가 일본 국민들을 지배하게 된 것이다. 이로 인해 결국 천황 신앙은 「다테마에」로서 극도로 형식화되어, 마침내 반대파나 타인을 이 「다테마에」로 박살내는 흉기로 악용되어 이토의 의지 여하에 관계없이 엄청난 결과를 야기시키게 된 것이다. 이러한 천황제를 배경으로 한 내셔널리즘이 한국과는 달리 일본에서는 일본 기독교에 어떠한 영향을 주었는지에 대해서, 후루야(古屋安雄)는 다음과 같이 말한다. 「한국과 일본의 기독교의 큰 차이는 내셔널리즘과의 관계이다. 한국에서는 일본이 침입해 왔기 때문에 내셔널리즘과 기독교가 결합되었지만, 일본에서는 기독교는 침입해 올지도 모르는 서양 제국의 종교이며, 내셔널리즘과 적대 관계에 있는 것으로 보여졌기 때문이다. 그리고 사실 일본 교회에 있어서 내셔널리즘은 전도하는데 있어서 최대의 장벽이었다」. 후루야의 언급처럼 천황제를 중심으로 한 내셔널리즘은 현대일본사회에서도 여전히 일본인들의 사상구조의 배경을 이루고 있으며, 이는 일본선교에 있어서 최대의 장애라고 해도 과언은 아닐 것이다. 다음은 일본인의 종교관과 기독교와의 관계에 초점을 맞추어 이야기를 진행시켜 나가고자 한다.

4. 일본인의 종교관과 기독교

일본인에 있어서의 종교관은 어떠한 것일까? 먼저, 나카무라(中村元)에서 보여지는 일본인의 신관(神觀)에 대해 소개한다. 나카무라에 의하면, 일본인 사이에서는 인간결합조직을 중시하는 반면에, 일반적으로 개별적 조직을 넘어서 그 위에 존재하는 것에 대한 자각이 분명히 나타나고 있지 않다고 한다. 그것은 벌써 옛날 신도(神道)에서 신적인 것과 인간적인 것 사이의 거리가 명확하지 않다는 사실에서 유래할지도 모른다고 추측하고 있다. 그리고, 신도에서는 집·마을·향토 등 하나의 인간결합조직에 있어서 공로가 있던 사람을 신으로서 제사 지내는 것이 이전부터의 통례라고 한다. 때문에 일본인들 사이에서는 옛날부터 인간과 구별된 신(God)의 관념이 분명히 성립되지 않았던 것이다. 일본에서 신들의 지위는 인간에 의해서 정해지며, 인간과의 관계에 의해서 지위의 상하가 결정되었다. 나카무라(中村元)는 이와 같은 신관에 있어서는 초월적이든, 내재적이든 개별적인 인간결합조직에 규범을 주는 신은 생각할 수 없다고 한다. 그러니까 불교가 이입되어도, 개별적인 인간결합조직을 기준으로 해서 가치비판을 하는 것과 같은 사유방법(思惟方法)이 현저했던 것이다. 즉, 과거의 일본인은 조상·부모·주군·나라·천황 등의 권위를 절대시하면서, 종교를 그것에 종속시켜 봉사시켰던 것이다. 따라서, 일본에서는 본래의 의미에서의 종교 교단이 충분히 성립되지 않았다고 보아야 한다. 일본인에게 있어서는 절대적인 존재로서의 신에 대한 의식이 없고 종교를 신성한 것으로 생각하지 않는 경향이 일반적이다.

또한, 쿠로즈미(黑住眞)도 지적한 것처럼, 일본 신화에는 절대적인 초월신은 등장하지 않는다. 신이란 분명히 보통인간의 척도를 뛰어넘는 능력을 갖춘 존재이지만, 어디를 보아도 결코 전지전능한 절대신은 아닌 것이다. 즉, 인간이 신이 되며, 신이 사람이 되는 신관이 지배하는 정신적 토양에서 초월자(신)를 이해한다는 것은 일본인으로서는 불가능한 것이며, 따라서 기독교는 외래종교가 될 수 밖에 없었던 것이다.

그리고 고대부터 일본인에게는 모든 것에 혼이 있다고 생각하는 「八百万

神(수 많은 신들)」이라는 사고방식이 존재하고 있다. 카츠모토(勝本正實)는 일본의 신들을 신도의 특징인「수 많은 신들(八百万神)」로 표현하면서, 다음과 같이 분류하고 있다. 첫 번째로, 아마테라스 오오미카미(天照大神) 등 고사기(古事記)나 일본서기(日本書記)에 나오는 신이다. 신도의 가르침에서 신은 인간과 같이 결혼하고 아이를 낳아 그 아이도 신이 된다고 보았다. 이렇게 해서 신은 자꾸자꾸 증가하고, 그 자손으로부터 인간이 태어났다고 한다. 이와 같이, 인간과 신은 친척인 것이다. 두 번째로, 조상신이나 씨족신으로 불리는 것으로, 선조들을 제사지내는 신이다. 세 번째로, 자연신이다. 예를 들면, 나무, 돌, 꽃에도 신이 머물고 있다고 생각하는 것이다. 한편, 호리코시(堀越暢治)도 카츠모토(勝本正實)와 거의 동일하게 일본에 있어서의 신의 종류를 분류하고 있다. 첫 번째로, 자연신으로서 자연을 신으로 한 것이다. 예를 들면, 일신・월신・성신・풍신・우신 산신・해신 등을 들 수 있다. 두 번째로, 인간신이며, 남자신・여자신・부모신・선조신・영웅신 등이 있다. 세 번째로, 직업신으로서 각각의 직업을 맡는 신이 있다. 예를 들면, 농업의 신・어업의 신・교통을 맡는 신들을 들고 있다.

다음에는 일본인의 종교관은 어떠한가에 대해서 간단히 소개해 보자. 아만(阿滿利麿)은 일본인의 종교관을「자연종교(自然宗教)」와「교단종교(創唱宗教)」로 나누어 분류하고 있다.「교단종교(創唱宗教)」란 특정 인물이 특정한 교의를 주창하고 그것을 믿는 사람들이 있는 종교이다. 교조와 경전, 거기에 교단이라는 삼자에 의해서 성립되고 있는 종교, 즉 기독교나 불교, 이슬람교, 신흥종교가 여기에 해당한다고 보았다. 그리고「자연종교」란 언제, 누구에 의해서 시작되었는지도 모르는 자연발생적인 종교이며,「교단종교(創唱宗教)」와 같은 교조나 경전, 교단을 갖지 않는다고 한다. 아만(阿滿利麿)은「자연종교」라고 하면, 흔히 대자연을 신앙의 대상으로 삼는 종교로 오해받기 쉬운데 그렇지 않다고 지적한다. 어디까지나 「교단종교(創唱宗敎)」에 대비된 용어이며, 그 발생이 자연적이며 특정 교조에 의하지 않는다는 점이 특징이다. 어디까지나 자연스럽게 발생해서, 무의식 중에 선조들에 의해서 계승되어, 현재도 계속 되고 있는 종교를 말한다. 그리고, 아만은 대부분의 일본인은 「무종교」라고 하는 이름의 종교심을 가지고 있다고 지적하고 있다. 실제로, 일본의 총인구보다 종교 인구가 많은 것도 사실이다. 한 사람이 두 가지 이상의 종교를 갖고 있는 셈이 된다. 예를 들면, 집에 불교의 불단과 신도의 카미다나를 동시에 갖고 있는 경우가 많은데, 이를 이상히 여기는 일본사람들은 거의 없다. 이렇듯 일본인에게 「당신의 종교는 무엇입니까?」라고 물으면 70% 이상이 「무종교」라고 말하지만, 실제는 「자연종교」 측면이 강하고, 그것이 현대 일본인들에게 있어서 종교심의 내용인 것이다. 예를 들면, 일본의 연중행사인 하쯔모우데(한국의 설날에 신사에 가서 참배하는 것), 오봉(한국의 추석), 피안(彼岸) 등에는 종교적 의미가 있다고 본 것이다. 그 때문에 카츠모토(勝本正實)는 일본사회에서는 신앙생활을 하는 것이 어렵다고 한다.

또한, 현대 일본인들은 종교에 대한 경계심이 강하다. 즉, 「종교」는 무섭다고 하는 생각이 뿌리깊다고 한다. 아만(阿滿利麿)은 그 이유로서 세 가지를 제시하고 있다. 첫째로, 90년대 큰 사회 문제가 된 옴진리교와 같은 신흥종교의 영향으로 종교는 사람의 약점을 이용해서, 자주 돈을 뜯어 내거나 모든 재산을 착취하기 때문에 무섭다고 생각하고 있는 것이다. 두 번째로, 교단이라고 하는 특별한 세계에 끌려가서 일상생활을 할 수 없게 되지는 않을까? 하는 두려움을 가지고 있다. 세 번째로, 교조라고 칭하는 인물에게 세뇌되어 조종된다고 하는 공포가 있는 것이다. 즉, 종교란 상식으로는 판단하기 어려운 정체불명의 세계이므로 가능한 한 가까이 가지 않으려고 한다. 일단 한 번 특정

교단에 휩쓸리게 되면, 자유를 잃어버리게 되는 것은 아닌지라고 지나칠 정도로 자기 방위를 하고 있다. 한편, 야마오리(山折哲夫)는 일본인들이 종교를 꺼려하는 이유는 제2차세계대전에 기인한다고 보고 있다. 메이지헌법은 신교의 자유를 보장하면서, 한편으론 천황의 신격화, 천황숭배의 의무화 등을 통해서 국가신도(国家神道)를 만들어내었다. 이것이 제2차 세계대전의 위험한 원동력이 되었으며, 그러한 어두운 기억 때문에, 전후 일본인은 공적인 영역에서 종교색을 배제하고 있다. 그런데 이러한 사회 분위기 속에서 자기 혼자만 특정 종교에 관여하게 되면, 주위 사람들에게 이상한 사람으로 비쳐지지 않을까 하는 막연한 불안에서 종교에 관여하는 것을 싫어하게 된 것으로 분석하고 있다. 이상을 통해서 볼 때, 일본인의 종교관은 종교를 전혀 가지고 있지 않은 「무종교」라고 하기 보다는 「비종교」라고 하는 측면이 더 강하다고 볼 수 있다. 즉, 일본인들은 무의식 속에서 종교를 갖고 있지만, 의식적인 세계에서는 기존 종교와 신흥종교에 대한 선입관 때문에 종교에 관여하는 것을 꺼려한다고 볼 수 있다. 이로 인해서 기독교도 일본사회 속에 뿌리내리는 것이 쉽지 않았다고 할 수 있을 것이다.

이상으로 제1부에서 일본사회의 정신구조를 살펴보았지만, 일본의 종교적, 사상적 정신구조를 지배하는 원리는 중층성, 달리 말해 모든 사상을 절충해서 자기 나름대로 변질시켜 버리는 사상의 절충주의와 같은 원리가 일본인들의 내면 깊이 자리잡고 있음을 확인할 수 있었다. 그러한 종교적, 사상적 원리는 일본 역사의 초기부터 현재까지 지속되고 있다고 볼 수 있을 것이다. 제2부에서는 이러한 정신적 토양 위에서, 일본기독교가 어떻게 전래되어 현재에 이르렀는가?를 기존 연구자들의 연구를 기초로 해서 일본기독교 역사를 소개하고자 한다.

제 II 부

일본 기독교의 역사　日本キリスト教の歷史

1. 카톨릭의 일본 전래와 탄압
2. 개국과 개신교의 전래(1853 - 1873년)
3. 메이지 초기의 기독교의 발전(1874 - 1890년)
4. 국가주의에 의한 일본 기독교의 정체(1890 - 1909년)
5. 타이쇼(大正) 데모크러시의 영향에 의한 일본 교회의 성장
   (1909 - 1930년)
6. 15년 전쟁과 국가신도(1930 - 1945년)
7. 전후의 일본 기독교

기독교의 일본 전래는 1549년에 일본에 온 프란시스코 사비엘 신부에 의한 카톨릭 활동에서부터 시작된다. 카톨릭은 유럽 문화와 결합되어 전국에 퍼져 나가면서, 신자는 키리시탄으로 불렸다. 키리시탄은 포르투갈어로 크리스챤를 의미한다. 이하, 카톨릭의 역사부터 시기별로 서술해 나가기로 한다.

1. 카톨릭의 일본 전래와 탄압

1) 카톨릭의 일본 전래

16, 17세기 일본에 기독교를 포교하기 위해서 도래한 선교사는 대략 300명 정도이었다. 그 중 대부분은 종교개혁에 의해 잃어버린 땅을 회복하고자 하는 사명감에 불타는 카톨릭의 예수회 선교사로 스페인, 포르투갈의 국력을 배경으로 동양 등에서 해외선교를 목표로 하고 있었다.

일본에서의 최초의 포교는 1549년에 카고시마에 상륙한 예수회 선교사 프란시스코·사비엘의 활동에서 시작한다. 사비엘이 일본에 상륙한 것은 1549년 8월 15일이다. 이 날은 카톨릭교회에서는 「성모승천의 축일」이며, 또한 사비엘이 소속해 있던 예수회가 설립되어 정확히 15년이라고 하는 역사적인 날이기도 했던 것이다. 또한, 당시는 250여 영주에 의해서 나라가 분열된 전국시대의 혼란기였

사비엘 신부

으며, 나중에 나라를 통일하게 되는 오다 노부나가가 아직 15세 때였다. 어떤 피치못할 사정 때문에 일본에서 인도로 도망갔던 야지로는 샤비엘이 일본에 상륙하기 2년 전인 1547년 12월 말라카에서 사비엘과 만나게 된다. 이후, 야지로와 사비엘의 문답은 계속 된다. 야지로는 피치못할 사정 때문에,「신」이나「긍휼」,「용서」나「구제」에 관심이 있었음에 틀림없다. 그 다음 해인 1548년 5월 20일, 야지로가 남동생과 하인과 함께 기독교 세례를 받은 곳은 인도 고어시에 있는 대성당이라고 한다. 야지로는 그 후 사비엘의 요청을 받아들여 포교를 위해서 필요한 성서의 일부와 교회 규츠 등을 일본어로 번역하는 일을 했다고 한다. 그리고, 그 다음 해 사비엘이 일본에 상륙했을 때 함께 조국의 땅을 밟았던 것이다. 피치못할 사정에 의해 드망나온지 3년 후였던 것이다. 여기에서 말하는 야지로의 피치못할 사정이란 실은 살인이었다고 한다. 당시 상인이었던 야지로는 업무상의 싸움으로 한 명의 동료를 죽였다고 한다. 잡히면 사형에 처해지므로, 그는 공범인 남동생 및 하인과 함께 외국으로 향하는 배를 타고 해외로 도망을 갔던 것이다. 그 후에 사비엘을 만나 그는 새로운 길을 걷기 시작했다. 사비엘은 1549년 4월 출범을 앞두고 비장한 결의를 했다고 한다.「우리의 앞에는 죽음의 위험이 있으며, 악천후가 있으며, 거센 바람이 있으며, 암초가 있으며, 므수한 해적의 위협이 있다. 4척의 배 중 2척이라도 저 편의 항구에 도착할 수 있다면, 이것은 특별한 행운이라고 말할 수 있을 정도이다」라고 적은 사비엘은「나는 일본에 가는 것을 결코 멈추지 않을 것이다. 또 오늘까지 내가 조우한 어떤 위험보다도 훨씬 더 큰 고난이 우리를 기다리고 있다는 사실을 확실히 알고 있다고 해도, 나는 갈 것이다.」일본 최초의 선교사 사비엘은 1549년 4월 일븐선교의 출븀을 앞두고, 폭풍우 속에 뛰어들려고 하는 자신에 대해서 두 손 들었다고 하는 사람들을 향해, 그는 전능하신 하나님 이외에 아무것도 두렵지 않다는 것을 강조해 마지 않았던 것이다. 그의 일본 항해는 역시 예상대로 평온하지 않았다. 하나님께 모든 것을 맡긴다고 하는 용기를 갖는다는 것이, 말로는 쉽지만 실제 현실에서는 비참한 인간의 자부심때문에 그것이 화를 초래하는 경우가 얼마나 많은가?를 생각할 때, 하나님 앞에서 겸손한 마음을 갖는 것이 얼마나 중요한가를 새삼 깨닫게 되는 대목이다. 결국, 신의 취지에 따르지 않는 악은 악마로부터 오는 악보다 무서운 것이라고 사비엘은 자신에게 말하고 있다.

최초의 포교자 사비엘은 3개월 체재의 경험을 통해서 이미 일본 포교를 지식계급으로부터 시작해야 할 것이라고 생각한 것 같다. 나중에 무리를 이루어 도래하는 포교자를 데리고 더나아가 중국에도 가보고 싶은 꿈까지 그리고 있다. 그는 카고시마에 약 1년, 그 다음에 히라도에도 2개월 체재한 후, 이윽고 1551년 1월에는 야마구치(山口)를 통해서 교토에 올라가지만, 마침 오닌(応仁)의 난(乱)으로 정세는 대폭풍우의 혼란기 속에 있었다. 야마구치(山口)와 분고(豊後)에서 잠깐 동안 포교활동을 거듭하면서 일본에 온지 2년 3개월만인 1551년 11월 중순에 약 천 명의 신자를 뒤로 남긴 채 인도를 향해 떠났다. 그러나 사비엘은 야마구치에서도 5개월간 500명의 신자를 얻었다고 하는 기적적인 포교활동을 보여주었다. 나중에 사비엘은 「설교에서도 토론에도 가장 격렬한 반대자였던 사람이 제일 먼저 신자가 되었다」고 적고 있다. 그러나, 사비엘 자신이 일본 포교에서 얻은 것은 깊은 죄의식이며, 앞으로 일본에서는 외국인에게 촌각의 휴식도 주지 않을 것을 지적하고 있다. 그것과 싸워나가기 위해서는 「학문이 필요하다」고 그는 단언하고 있다. 그러나, 사비엘은 일본선교에 대한 가능성을 다음과 같이 높게 평가하고 있다. 「지금까지 알려진 나라들 중에서, 일본만이 그리스도의 성스러운 가르침을 영구히 전하는데 적절한 나라이다.」 그 후 사비엘은 미개척지로의 진출, 폭풍과 성난 파도를 뚫는 결사적인 전도, 결코 간단치 않은 그리스도의 지상명령에 순종하기 위해서 다시금 중국전도의 항해에 나선다. 중국을 향해서 여행을 떠난 사비엘은 1552년 12월 3일 중국 상륙을 눈 앞에 두고, 광동 가까이의 카미카와섬(산쵸운)이라고 하는 작은 섬에서 병사한다. 그 때 나이 46세였다고 한다.

초기 카톨릭 선고는「유럽문화」와 결부되어 전국에 퍼져나가면서, 기독교도는「키리시탄」이라고 불리웠다. 오다 노부나가는 키리시탄을 보호해서 전성시에는 교토의 남만사(南蛮寺)를 비롯해서 각지에 교회, 수도원, 신학교 등을 지었다. 포고방법은 우선 지배자를 개종시킨 후, 그 수하에 있는 사람들을 대량으로 개종시킨다고 하는 것이었다. 그 때문에, 다이묘(大名)나 영주에게 접근이 시도되어 오오토모(大友宗麟), 으오무라(大村純忠), 아리마(有馬晴信) 등의 키리시탄 다이묘의 탄생과 함께, 포교는 가속도적으로 진전했다. 당시, 포교에 종사한 선교사들의 보고에 의하면, 1549년부터 1630년대까지의 키리시탄은 60만명 혹은 70만명이라고 알려지고 있으며, 에도시대 이후에만 250개 전후의 교회가 존재했다고 한다. 에비사와(海老沢亮)에 따르면, 기독교의 전래 이래 50년 지난 1600년 즈음에는 60만명 이상의 신자가 있었다고 한다. 그것도 서일본 만의 신자수이기 때문에, 당시의 인구를 고려했을 때 3퍼센트 정도의 신자가 있었다고 여겨진다. 그 중에는 고니시유키나가(小西行長), 다카야마 우콘(高山右近), 쿠로다 나가마사(黒田長政), 가모우지사토(蒲生氏郷), 으다 노부오(織田信雄), 오오토모 소린(大友宗麟), 호소카와 가라시야(細川ガラシヤ) 등 많은 키리시탄 다이묘・성주, 그 외의 동조자도 있어, 사회적으로 문화적으로 큰 영향력을 끼쳤다고 알려지고 있다.

또한, 1582년 큐슈의 키리시탄 다이묘들의 소년 4명이「텐쇼 유럽파견 소년사절」로서 유럽에 파견되어 교황 그레고리우스 13세(재위1572-85)를 알현했다고 한다. 이 소년 사절은 유럽을 방문한 최초의 일본인이었다. 사비

엘로부터 시작된 일본선교는 쇄국정책하인 1644년에 마지막 사제 코니시 만시요(小西マンショ)가 포박될 때까지 약 100년간 계속 되었다.

2) 카톨릭에 대한 박해

앞에서 언급한 것처럼 기독교 전파에 의해서 위로는 정치부터, 아래로는 서민의 생활에 이르기까지 기독교사상이 침투해 들어가면서 근세적 움직임이 일어나자, 봉건 정치가나 보수적인 사람들은 이를 더 이상 방치해서는 안 된다고 생각하게 되었다. 게다가 국민을 봉건적 압력하에 억압하면서, 자신만의 독재체제를 구축하고자 했던 토요토미 히데요시(豊臣秀吉)에 의해서 1587년(덴쇼 15년) 선교사 추방령이 발동되고, 이를 계승한 도쿠가와 이에야스에 의해서 1614년 1월(게이쵸 18년 12월) 전국적으로 금교령이 발포되게 된다. 토요토미 히데요시(豊臣秀吉)도 당초에는 오다 노부나가처럼 기독교 포교에는 호의를 나타내고 있었다. 그러나 1587년 큐슈의 평정을 끝낸 직후에, 토요토미는「반천련(포르투갈어로 선교사) 추방령」에 의해서 선교사를 추방했다. 일본 전역의 통일 뿐 만 아니라 종교를 포함한 사상의 통일을 도모했던 것이다. 특히 큐슈지방에는 키리시탄 다이묘가 많았으며, 나가사키에는 교회령(教会領)까지 존재하였다는 사실이 토요토미의 경계심을 부추겼다고 한다. 추방령 실시 직후에, 토요토미가 나가사키항을 직할령으로 한 것은 그 때문이라고 한다. 게다가 1596년에는 이른바 [산펠리페호 사건]이 일어났다. 즉 우라도에 정박중이던 스페인 선박 산펠리페호 선원들이 세계지도를 펴놓고 스페인의 위력을 자랑하며 일본인들을 위협한 일이 토요토미에게 전해져 격분한 토요토미는 프란시스코 선교사 6명과 일본인 키리시탄 20명을 체포, 처형하였는데, 이러한 26인 성인(聖人) 처형이 일본 카톨릭박해의 서막이 된 것이었다.

여기에서는 키리스탄 금제(禁制)의 서막이라고 할 수 있는 금지령의 내용을 고찰함으로써, 금제로 기울어 버린 당시의 상황을 살펴보고자 한다. 1587년 토요토미가 하카타(博多)에서 활동한 선교사 추방령의 내용은 다음과 같다. ① 일본은 「신국(神国)」이기 때문에, 「사교(邪教)」인 기독교를 확산시키는 것은 좋지 않다. ② 선교사는 「키리시탄(門徒)」을 지시할 수 있으며, 「신사 불각」을 파괴하고 있는데 이것은 전대미문이다. ③ 국내의 영주(무사 계급)가 가지는 영지는 영주의 몫이나, 천하(토요토미 히데요시)의 법도(법령)를 지키지 않으면 영지를 취할 수 있다. ④ 「일본」의 「불법(仏法)」을 사교라고 보는 기독교 선교사는 괘씸하기에, 오늘부터 20일 사이에 출신국으로 귀국해야 할 것이다. ⑤ 「외국함선(黒船)」의 무역활동은 「불법(仏法)」을 방해하지 않는 한 허가한다. 당시, 포교활동에 종사한 선교사 프로이스 서간에 의하면, 토요토미는 이 「포고」를 하카타 등 주요 도시에 게시하도록 명했다고 한다. 그런데, 이 금지령과 관련된 또 하나의 문서로서 이세징구(伊勢神宮)에서 소장하고 있는 「오보에(覚)」라고 하는 공문서가 있다. 그 요점은, 다음과 같다. ① 국내의 영주·다이묘가 자신의 가신이나 영주 지배하에 있는 백성을 강제로 키리시탄으로 하는 것을 금지한다. ② 예를 들어, 몇 개 마을이나 10개 마을 이상의 영지를 갖는 상급 영주가 키리시탄이 될 때는 토요토미의 허가가 필요하다. ③ 키리시탄 집단은 과거 오다 노부나가에

토쿠가와 이에야스

항거한 불교 사원 혼간지(本願寺) 교단과 같다. ④서민이 키리시탄이 되는 것은 자유롭다. 이상의 두 가지 키리시탄 금지령의 내용을 통해서 기독교 금지령을 내린 토요토미의 의도를 알 수 있다. 첫 번째로, 일본은 신국(神国)이기 때문에, 국가의 기반이 되는 사찰을 파괴하는 기독교는 일본을 망하게 하는 사교라는 것이다. 두 번째는, 다이묘·영주 등 유력한 무사들의 키리시탄 왕국이 만들어지게 되면, 토요토미의 전국 통일의 장해가 된다. 따라서, 상급 무사들의 키리시탄 금지령 준수를 통해서, 지방 영주들을 중앙 정권인 토요토미 권력에 완전 종속시키고자 하였다. 토요토미는 선교사와 키리시탄 영주와의 결합을 보면서 오다 노부나가를 괴롭힌 혼간지(本願寺)의 저항과 비슷한 징후를 보았다고 볼 수 있다.

토요토미의 선교사 추방령은 기독교가 「신국(神国)」일본을 망하게 하는 사교라는 사실을 국내외에 선포함으로써, 토요토미 이후 에도 막부의 키리시탄 탄압의 시발점이 되었다고 할 수 있다. 토요토미는 신국(神国)의 기초인 신불(神仏) 숭배를 국시(国是)로 하기 때문에 선교사를 추방해야 한다고 명령을 내렸지만, 포르투갈 무역은 금지하지 않았다. 1591년(덴쇼 19년) 브리니야노가 인도 부왕의 자격으로 일본을 방문했을 때, 토요토미는 선교사를 전원 추방하게 되면 포르투갈 상선이 일본에 과연 올지 제후들에게 심의하게 했는데 의견은 두 갈래로 나뉘었다고 한다. 한편은 선교사를 추방해도 통상은 문제 없을 것이라는 의견이었고, 다른 한 쪽은 선교사를 추방하면 포르투갈 상선이 오지 않게 된다고 했다. 토요토미는 전자의 의견을 받아 들여 선교사를 거치지 않고 직접 포르투갈인과 거래를 하는 쪽으로 결정했던 것이다.

그 후, 도쿠가와 이에야스는 천하를 호령하는 사람이 되었지만, 즉시 큐슈 지방의 토요토미 계열에 속한 모든 다이묘를 강력히 통제하는 수단은 취하지 않았다. 따라서 아리마(有馬) 등 키리시탄 영주의 선교사·키리시탄 보호책을 묵인하는 태도를 취했던 것이다. 도쿠가와는 초기에는 토요토미의 키리시탄 정책을 계속 유지하지 않을 수 없었다. 즉, 겉으로는 선교사 추방을 실시하면서도, 실제로는 그들의 국내 잔류를 인정하지 않을 수 밖에 없는 상황이 계속 되고 있었던 것이다. 그러나, 토요토미처럼 도쿠가와도 에스파니아 등 카톨릭 국가가 일본을 기독교의 나라로 개종시킨 후 일본을 빼앗아 버릴 계획이 있을 것이라고 의심하고 있었다. 특히 토요토미의 사후, 예수회와 경합하고 있던 프란시스코 선교회·도미니쿠스 선교회는 공격적인 포교활동을 실시하였다. 이러한 무리한 포교 활동은 토요토미의 선교사 추방령을 계승한 도쿠가와로서는 의혹의 눈으로 보지 않을 수 없었던 것이다. 게다가 슨푸(駿府)에서 키리시탄에 의한 사찰 파괴는 당연히 도쿠가와의 귀에도 들어가 키리시탄은 천하 통일에 대한 적으로서 본격적으로 인식되기 시작하였던 것이다. 쿠로즈미(黑住真)도 토요토미의 키리시탄 금지령의 근거로서 같은 지적을 하고 있다. 즉, 벌써 이러한 기독교에 대한 혐의는 토요토미 시대부터 의심받기 시작해 도쿠가와 시대에도 계승되고 있음을 알 수 있다. 도쿠가와는 드디어 1612년(게이쵸 17년) 4월에 「금교령」을 발동해서 기독교를 금지했다. 게이쵸 금지령은 토요토미의 키리시탄 금지령 이후 상급무사에게만 한정되었던 키리시탄 금지령이 일본 내의 「모든 사람」이 준수하지 않으면 안 되도록 명해진 것이다. 이러한 배경에는 네델란드와의 통상에 의해서 포르투갈 무역에서 보여졌던 상업과 종교를 분리할 수 없었던 상태가 해소되었기 때문이다. 즉, 선교사를 매개로 하지 않고도 무역을 추진할 수 있는 체제가 생겼기 때문에, 비로서 통일 정권에 의한 선교사 추방령이라는 실력 행사를 실현시킬 수 있었던 것이다.

또한, 1612년 9월에 「기독교신자 금지령(伴天連門徒御制禁)」, 1614년에

「키리시탄 금지문서(排吉利支丹文)」를 발동하면서, 전면적인 키리시탄 금지령을 선포했다. 무역의 이익에 끝까지 집착하던 도쿠가와가 죽으면서 금교와 박해는 한층 더 격렬해졌다. 1614년부터 1635년까지 처형된 일본인 신자는 약 28만명이나 되며, 처형방식도 너무나 잔혹해서 말로 형용하기 어렵다고 전해진다. 1622년(겐나 8년)에는 에스파니아 상선에 숨어서 밀항해 온 2명의 선교사를 포함한 각 파의 기독교인 55명이 화형이나 참형에 처해졌다. 이것이 이른바 겐나의 대순교이다. 도쿠카와 이에미쓰가 장군이 되고 나서 2년째인 1624년에는 에도에서 신자 50명이 화형에 처해졌다. 큐슈의 아리마 지방에서는 영주 마쓰쿠라(松倉重政)의 박해가 특히 잔인해서, 신자의 이마와 양 볼에 「키리」 「시」 「탄」의 3개의 철의 낙인을 찍은 후, 땅 속에 산 채로 매장하거나 바다 속 기둥에 매달아 죽이거나, 시마바라(島原) 반도의 운젠악(雲仙岳) 열탕에 집어던졌다고 한다. 이 무렵이 되면 기독교 신앙은 동북지방으로부터 에조지까지 퍼져, 중세적인 특권을 빼앗긴 토호(土豪)나 과대한 연공(年貢) 부담에 허덕이는 빈농, 또는 노예 노동에 괴로워하는 갱부(坑夫) 사이에 뿌리를 내리기 시작했다. 즉, 기독교 신앙은 키리시탄 영주처럼 무역의 이익에 이끌렸던 형식적인 신앙에서 권력을 반대하는 의식으로 뭉친 민중 신앙으로 바뀌었던 것이다. 그 증거로 당시 키리시탄 다이묘(영주)들은 앞다투어 배교자가 되었으며, 막부의 명령에 따라 기독교 신자들의 탄압에 광분하게 된 것을 들 수 있다. 박해가 심해지면서 배교자도 차츰 나왔지만, 많은 신자는 마을 전체가 신앙을 사수한 채로 순교하였다고 한다. 즉, 「저항하다가 살해당하면 순교의 영광에 들어갈 수 없다」라고 하는 신조 아래에서 절대 무저항을 외치다가 살해당했던 것이다. 막부도 게이쵸(慶長) 말부터 개종한 사람은 불교 사원에 가서 그것을 증명받도록 강요했지만, 에도 초기에는 성모 마리아나 예수 그리스도의 초상화를 밟게 하는 후미에제도를 고안하거나 마을별로 오가작통을 만들어 신자를 서로 고발하게 했다. 키리시탄의 탄압과 병행해서 이를 더욱 강화시키기 위해서 무역의 제한도 차츰 강화된다. 이렇게 해서 막부는 금교령을 철저히 하기 위해, 무역과 일본인의 해외진출을 희생하는 방향으로 한 발 더 나섰지만, 1637년 시마바라(島原)와 아마쿠사(天草)의 키리시탄 농민을 주축으로 하는「시마바라(島原)의 난」을 계기로 해서 완전히 쇄국으로까지 치닫게 되었다. 시마바라의 난은 농민의 반봉건의식에 근거한 신앙이 그 신앙 조직을 그대로 봉건영주들의 권력에 대한 저항 조직으로 바꾼 것이었다. 이 때문에 시마바라의 난은 막부에 기독교의 위협을 재차 각인시켰다. 그러나 막부는 농민 반란(一揆)이 봉건 지배의 집중·강화에 반항하는 농민전쟁이라는 사실을 은폐한 채, 오로지 키리시탄의 음모라고 선전했다. 막부는 시마바라의 난 이후, 1640년에 종문개역(宗門改役=에도시대 키리시탄 신자를 색출하는 관직명)을 두어 막부 안에 존재하는 신자의 검색을 한층 더 강화하면서 모든 번(藩)에도 그것을 엄명했다.

또 신자가 불교로 개종하는 것은 일찍부터 실시되었지만, 여기에 그 적용 범위를 더욱 확대시켜, 누구라도 반드시 조상대대의 위패를 모신 절(檀那寺)에 등록해서 그 종파의 신자라고 하는 증명을 받지 않으면 안 되게 되었다. 조상대대의 위패를 모신 절은 도시(町)나 마을(村)의 시주하는 가족 전원의 이름을 기입한 종문인별개장(宗門人別改帳)을 관리했으므로, 출생·사망에서부터 여행·결혼·봉공(奉公) 등을 행할 때에는 반드시 조상대대의 위패를 모신 절에 신고할 의무가 있었다. 이렇게 해서 에도시대의 사원은 이러한 사청(寺請)제도를 통해서 민중의 생활 전반에 걸쳐서 간섭했으며, 봉건지배를 강화하고자 했던 막부의 주구가 되었다. 이와 같이 에도 막부는 시마바라의 난을 직접적인 계기로 해서 막부의 쇄국 체제를 완성했던 것이다. 에도 정부는 박해 동안에 키리시탄을 근절하기 위해서 사단(寺檀)제도, 오가작통

(五人組), 종문개역(宗門改役), 마리아나 예수 그리스도의 초상화를 밟게 하는 후미에(踏絵)제도 등으로 감시・적발 체제를 강화하며 잔혹한 박해를 계속했다. 박해의 각 수단이 구체적으로 제도화되었던 시기를 보면, 우선 1614년경부터 개종한 기독교인에게 불교 신앙을 강요하면서, 소속된 사원과의 사이에 사단(寺檀)관계를 설정해 조상대대의 위패를 모신 절에 키리시탄이 아닌 것을 증명시키는 사청・사단제도(단가제도라고 불리움)가 일부의 지역에서 시작된다. 더나아가 1635년 9월이 되면, 막부는 모든 번(藩)에 영내 및 집안의 키리시탄 개종을 명한다. 그러나, 이 때에는 그 구체적인 방법에 대해서는 언급하지 않으나, 1659년에 이르게 되면 오가작통(五人組)・조상대대의 위패를 모신 절(檀那寺)에 의한 종문개역(宗門改役)을 명하고 있다. 그리고, 간분기(1661~1673)에 사단제도(寺檀制度)・종문개장(宗門改帳) 작성이 완성되어, 1687년에 키리시탄의 자손들을 감시하는「자손등록법(類族改法)」이 제정되었다. 이 때문에, 큐슈 서북부의 농어민을 중심으로 하는 「숨은 키리시탄」을 제외하고, 키리시탄은 일본 전 국토에서 자취를 감추었다. 그 이후, 약 250년에 이르는 근세의 시대가 계속 된다.

3) 카톨릭 탄압의 동기와 그 영향

앞에서 살펴본 것처럼, 기독교가 일본에 도래한 시기는16세기말로부터 17 세기 전반으로써, 특히 정치적인 의미에서도 그 당시 일본은 〈 질서가 민감하면서도 강박적으로 성립되던 〉 시기였던 것은 분명하다. 당시에는 마음만 먹으면 얼마든지 자신을 키울 수 있었던 전란기의 카오스 상태가 아니라, 질서가 민감하게 지향되면서 적이나 방위(防衛)에 대한 의식이 내적으로 확립되던 상태였다. 그러므로 쿠로즈미(黒住真)는 사람들은 질서를 유지・형성하는 데에 심혈을 기울이고 있었고, 또 언제 나타날지도 모르는 폭력·파괴에 두려워 떨면서 아주 긴장되는 삶을 살아가고 있었을 것이라고 추측하고 있다. 이러한 상황 때문에, 기독교가 당시의 일본 사회에 보급되는 데에는 기회 요인과 위협 요인이 동시에 존재했다고 말할 수 있을 것이다. 두 가지 측면을 분명히 하기 위해서, 쿠로즈미는 우선 기독교(키리시탄)가 일본 사회에 제공한 가치의 4요소를 다음과 같이 분류하고 있다. 첫 번째는, 종교적 차원으로서 불교와 신도의 세계에서는「일신교적(一神敎的)」인 근원신(根源神)에 대한 희구(希求)가 전에 없이 부각되고 있었다고 한다. 또한, 「괴로워하는 신」, 고난받는 신이 강하게 요구되어, 이에 공명(共鳴)하는 현상이 나타나고 있었다. 두 번째는, 사회적 윤리적 차원으로써, 당시 일본인이 요구하면서, 또 그들 사이에 형성되어져 갔던 사회성·윤리성의 일면을 기독교의 윤리적 순수성이 잘 반영했다고 하는 것이다. 즉 그러한 윤리를 구하던 성실한 무사나 여성들의 가슴에 기독교 윤리가 와 닿았던 것이다. 세 번째는, 지성적 차원으로, 당시 사람들의 상당한 지적 관심에 기독교는 잘 부응하였다는 것이다. 네 번째로, 문화적 경제적 차원이다. 당시는 유럽 문화가 매우 유행함과 동시에 서양 선박과의 교역을 통한 재화가 많이 요구되어지고 있었다. 다이묘들은 남만(南蠻)과 교역을 실시하여 막대한 이익을 얻었다. 일본인은 처음에 카톨릭신부를 거치지 않고 교역할 수 있다는 가능성을 몰랐으며, 남만의 문화나 교역의 중간자는 선교사라고 인식하고 있었다. 기독교적이라고 하는 것은 문화적 경제적인 재산이기도 했던 것이다. 일본 사회 및 사상과 만난 기독교의 이러한 요소 때문에, 이미 살펴본 것처럼 초기 단계에서는 대단한 기세로 퍼졌지만, 그 후 격렬한 탄압이나 배척 운동이 일어나면서 결국 17세기 후반에는 완전히 그림자를 감추어 버렸던 것이다. 그러므로, 문화사가인 죠지·샌섬은「기독교를 일본인 만큼 쌍 수를 들고 환영한 나라도 드물지만, 또한 일본인만큼 격렬한 탄압을 행한 나라도 없었다. 이는 좀처럼 이해하기 어렵다」라고 하는 표현이 딱 들어맞는 표현이라고 생각된다. 쿠로즈미의 분석에 의하면, 먼저 제시한 기독교의 첫 번째 측면과 두 번째 측면은 종래의 일본 사상과 부딪치기 쉽기 때문에 나중에 발생한 격렬한 박해의 이유가 되지만, 초기 단계에서 매우 환영받은 이유로서 세 번째 측면과 네 번째 측면을 들고 있다. 쿠로즈미의 분석은 매우 흥미로운 시사를 제시해 주고 있다.

그러나, 이러한 구조를 교묘하게 활용한 것은 역시 정치・종교 권력자인 것을 부정할 수 없다. 전국시대에 카톨릭이 전래된 이래 천하 통일을 완수한 3명의 장군이 나오지만, 오다 노부나가(織田信長), 토요토미 히데요시(豊臣秀吉), 도쿠가와 이에야스(德川家康) 모두 기독교의 사상보다 그들의 권력욕을 채우기 위한 하나의 도구로서 선교사들을 이용했다고 생각할 수 있다. 다만, 오다 노부나가는 포르투갈 선교사들을 지원하는 정책으로 일관하고 있지만, 당시의 불안정한 시대 상황 속에서 신 무기를 제공할 가능성이 높은 선교사들은 천하를 통일하기 위한 필수 불가결한 존재라고 보았을 가능성이 높다. 그러나, 오다 노부나가를 이어서 천하를 장악한 토요토미 히데요시에게는 벌써 선교사의 정치적 이용 가능성과 함께 정치적 위험성 측면도 인식했다고 보여진다. 이러한 상황은 도쿠가와도 마찬가지지만, 토요토미가 적극적으로 기독교인들을 탄압하지 않았던 이유는 주로 큐슈지역의 키리시탄 영주들과의 관계 때문으로, 이로 인해 도쿠가와 달리 탄압의 강도가 조금 달랐을 뿐이라고 생각된다. 예를 들면, 키리시탄 다이묘인 고니시 유키나가(小西行長)는 1587년 금교령이 선포된 후에도 토요토미와의 관계가 아주 돈독하여, 1994년부터 이루어진 임진왜란 때에도 앞장 서고 있다. 하지만, 도쿠가와 입장에서는 비교적 큐슈 지역에 집중해 있는 키리시탄 다이묘를 토벌하지 않으면 안 되는 적이었음에 틀림없다. 이러한 결과는 토요토미와 도쿠가와 시대의 코니시(小西行長) 영지 내에 존재했던 키리시탄의 통계로부터도 증명된다. 키리시탄 영주 코니시(小西行長)의 통치하에서는 아마쿠사(天草) 키리시탄의 인구는 3만명에 이르렀다. 그 지역 대부분은 키리시탄이며, 직업은 농·어민들이었다. 그런데, 1600년 세키가하라(関ヶ原) 전쟁 후에 코니시(小西行長)는 참살되고, 코니시(小西行長) 가신단은 해체되었다. 그 뒤를 이은 후임 다이묘는 농민들을 착취해, 시가바라의 난으로 이어지게 된다. 그런데, 이러한 권력자들의 기독교 이용이 공식적으로는 천황이라고 하는 존재에 의해서 보증된다고 하는 구조가 작동하고 있음을 주목할 필요가 있다. 쿠로즈미는 토요토미의 선교사 추방령의 분석에서,「천황의 발령은 마츠나가(松永久秀) 시대에는 실행되어졌지만, 오다 노부나가 시대에는 무시되는 등 불안정한 상황하에서 그 실행력은 권력자의 의향에 놀아날 수 밖에 없었다. 그렇다고는 해도 법적으로는 천황이 발령한 법이 결코 뒤바뀌는 일도 없었으며, 일관되게 계속 잠재적으로 영향력을 미치고 있었다」고 지적했다. 즉, 당시 3명의 권력자들이 무력으로 전국을 통일한 후, 실질적인 실권을 쥐고 있었지만, 형식적으로는 천황의 명을 받드는 형태를 취하고 있었던 것이다. 이러한 이중구조 속에서 토요토미나 도쿠가와의 기독교 탄압이 천황의 묵인 하에 실시되었다고 볼 수 있는 것이다.

이어서, 새롭게 외부에서 유입된 기독교에 대해서, 기존의 종교가 위협을 느끼면서 정치 권력과 야합했다는 사실을 지적하지 않을 수 없다. 전국시대가 되면, 종래의 세력을 자랑하고 있던 히에이잔(比叡山)을 비롯한 불교사원들, 농민반란 등으로 단결한 정토진종(浄土真宗)·일연종(日蓮宗) 등의 종교 세력은 전란 중에 세력을 신장해서 오다 노부나가에 적대하지만, 결국은 정치권력에 굴복한 채 무사의 정치통합의 움직임에 협력하게 된다. 그러한 배경에는, 1574년 노부나가가 종교적 권력과 정치적 권력을 겸비한 혼간지(本

오오우라 천주당

願寺)를 불태움으로써, 최강의 난적을 매장시키고 종교 및 정치적 권력을 박탈시켰던 사건이 있었다. 노부나가는 기독교를 신무기의 공급처 뿐만 아니라, 최대의 적인 사원을 견제하는 세력으로서 평가했던 것이다. 그러나, 기독교의 강력한 확산에 오히려 위기의식을 느낀 토요토미나 도쿠가와 입장에서는 종래의 사원을 이용해서 기독교를 박해하려고 했던 것이다. 실제로, 토요토미의 신하 중에는 일찍부터 계속해서 반 기독교적인 행동을 취하고 있었던 승려 젠소가 있어, 다이묘의 백성들이 키리시탄으로 개종하거나 사찰을 파괴하는 것을 보고 와서 토요토미에 보고했다고 한다. 게다가 도쿠가와 이후의 에도시대에는 이미 언급한 것처럼, 사원이 정치권력과 타협해서 기독교 박해의 주구가 된다. 그 결과, 사원이나 신사는 대단한 기세로 정비되어 갔다고 한다. 연구자에 따르면, 17 세기는「사원 부흥」의 시대이며, 현재 있는 절의 약 80%는 거기에서 유래한다고 하는 지적도 있다. 신사도 물론 부흥한다. 즉, 16 세기말에서 17 세기에 걸친 정치・사회의 통합에는 절이나 신사도 스스로 적극적으로 거기에 합세해서, 또 그렇게 함으로써 절이나 신사는 세속 권력(俗權)을 부여받고 사람들로부터도 인정과 원조를 받게 된다. 또 정치권력들도 절과 신사를 압박하는 것이 아니라, 이들을 통제할 뿐만 아니라 유효하게 활용함으로써 스스로의 정치력을 발휘・정착시키려고 하였다. 절과 신사 뿐 만이 아니라, 결국은 천황 혹은 제사적(祭祀的) 전통의 일반도 마찬가지였다. 즉, 정치적 사회적인 통합이, 소위 긴밀한 정치와 제사

(祭祀)의 협력 아래어서 완수되어 종래쿠터 일본에 있던 〈제(祭)-정(政)의 이원제〉의 근세적 자태를 볼 수 있게 된다. 그러한 과정 속에서 15, 16세기부터 17세기에 걸쳐서 신불(神仏)이 각각 역할 분담을 하는 종교 복합이 모든 집이나 도시(町), 마을(村) 등 전국적으로 퍼져나간다. 그 결과, 이미 언급했던 사청제(寺請制)나 종문개역(宗門改役), 씨족신들에 대한 조상숭배(氏神氏子制) 등이 성립되어, 모든 도시와 마을에 사원과 신사가 세워지고, 집집마다 불단과 신주단지(카미다나=神棚)가 설치되게 되면서, 그것을 둘러싸고 사람들의 라이프사이클이 습관적으로 통괄되는 구조가 현대에까지 어느 정도 계승되는 체제의 기본이 대체로 이루어졌다고 말할 수 있을 것이다. 특히, 당시 민중의 상당수는 키리시탄이 아니더라도 특정 사원에 소속되었던 것은 아니지만, 사단제도(寺檀制度)나 종문개장(宗門改帳)에 의해서 가족의 통제가 심화되었다고 볼 수 있다. 그리고 에도시대의 간분기(1661~1673)에는 소농 경영이 전개되어 근세적인「집(家)」이 성립되었다. 그런데 사단제도(寺檀制度)는 이「집(家)」을 장악하는 역할을 하였으며, 종문개장(宗門改帳)은 막번영주(幕藩領主)가 지배의 기반이 되는「소농(小農)」을 파악했던 장부가 되었던 것이다. 이는 분명한 사실이지만, 사원이 와 호적업무를 맡았는가라고 하는 의문은 남는다. 아마도 사단제도(寺檀制度)나 종문개장(宗門改帳)의 작성은「소농」들을 토지에 구속시킴과 동시에, 이미 언급한 것처럼 사원을 통해서 민중의 종교의식을 통제하는 어떤 역할을 수행했음에 틀림없다. 이처럼 기독교의 박해 과정에서, 기존의 일본 종교 등은 정치권력과 타협하면서 서로간에 얽히고 섥힌 관계를 유지하지만, 타협을 허락치 않는 기독교 신앙은 박해를 피할 수 없었을 것이다. 이미 1부에서도 검토한 것처럼, 구체적인 기독교 역사 속에서 이러한 상황들을 재확인하면서, 향후 일본선교의 전략과 전망을 제시할 때에 이러한 점들에 특히 주목해야 할 것이다.

2. 개국과 개신교의 전래(1853-1873년)

에도시대의 쇄국 상태를 유지하던 일본은 미국의 페리 함대가 일본의 개국을 자극한 것을 기점으로 해서, 이번에는 개신교 선교사가 일본에 들어오게 된다. 일본의 개신교 교회사를 시대별로 구분해 보면, 메이지시대(明治期), 타이쇼시대(大正期), 쇼와시대(昭和期), 전후시대(戦後)로 나눌 수 있을 것이다. 일본의 대다수의 교회 역사가들도 대체적으로 이렇게 구분하고 있다. 예를 들면, 오노 시즈오(小野静雄)도 거의 이와 같은 구분으로 개신교사를 저술하고 있다. 한편, 주로 제2차세계대전 종료까지의 개신교 역사를 정리하고 있는 오오무라 하루오는 시대구분을 3단계 시기로 나누면서, 약간 다른 구분을 하고 있다. 즉, 제1 시기(1859-1872년까지의 13년간)는 선교사의 활동 밖에 없었던 시기이며, 제2 시기(1872-1890년까지의 18년간)는 태평양전쟁 패전까지로서, 태평양전쟁 전의 일본 개신교 교회의 기본적인 체제가 갖추어졌던 시기로서, 일본 개신교 교회사에 있어서 가장 중요한 시기라고 평가했다. 마지막으로, 제3 시기(1890-1945년까지의 55년간)는 태세가 갖추어진 일본 개신교 교회의 발전 시기이며, 비교적 기간이 길지만 이 반세기를 한층 더 구분해야 할 실질적인 시대 특징을 찾아내기 어렵다고 평가하고 있다. 본서에서는 기본적으로 오노(小野静雄)의 시대구분에 따르지만, 보다 세밀한 구분에 있어서는 저자가 독자적으로 시기를 구분해서 전개한다.

1) 개국과 개신교 선교사들의 일본 방문

에도 막부의 기독교 금지령은 엄중하게 지켜지고 있었다. 그러나, 당시 북태평양에서 활약하고 있던 미국의 포경선이나 청나라 전용 상선이 일본 근해에서 난파하는 일이 많아지면서, 미국에서는 기항지로서 일본의 개국을 요구하는 여론이 높아지고 있었다. 게다가 일본측의 미국인 표착민(漂着民)에 대한 취급이 매우 심해서 사상자가 발생하면서 미국 정부를 자극했고, 미국 대통령 필 모어는 1851년(嘉永4년) 동인도 함대 사령관 오르릭에게 명령해서 일본에 개국을 요구하도록 했다. 이는 미국 내의 정치상의 문제로 인해 중지되었지만, 후임 사령관 페리는 필 모어의 국서를 가지고 기함 사스케한 나호에 군함3척을 인솔해서 1853년 7월 8일 우라가(浦賀)에 도착했다. 성공회 신자인 페리는 신앙이 깊었으며, 항해 중에도 매일 성서를 읽는 것을 빠뜨리지 않았으며, 일본 개국을 일본 선교의 문을 열 기회가 되는 사명으로서 받아들였던 것이다. 1853년 7월 14일 페리는 구리하마(久里浜)에서 대통령 필 모어의 국서를 우라가의 관리인 봉행(奉行)에 전하나, 일본의 국내 사정을 고려하여 다음 해 방문할 것을 약속한 채 일단 물러나 류큐(琉球)를 거쳐 샹하이로 향했다. 그 다음 해인 1854년 2월 페리는 기함 포하탄 이하9척의 군함을 인솔한 채 선약에 따라서 카나가와(神奈川)에 도착해서 회답을 요구했다. 이 때, 나중에 설명하겠지만 1858년 나가사키를 방문하는 S.W.윌리암스가 중국어 통역을 위해서 동행하고 있었다. 또 당시 승무원이었던 수병(水兵) 로버트・윌리암스가 객사했을 때에, 성공회 목사 죤즈에 의해서 기독교 금교령 하의 일본 국토에서 공개적으로 최초의 기독교 의식이 행해졌다. 페리의 압력에 자극된 막부는 마침내 뜻을 결정하고, 하야시(林大学頭) 등을 대표로 해서 교섭에 임하게 된다. 그리고 1854년 3월 31일에 이르러 미일 화친조약을 맺고, 시모다(下田)・하코다테(箱館)의 개항, 땔나무와 음료, 식량의 공급, 표착 선원의 부조(扶助), 영사 주재 등을 인정하기에 이르렀다. 일단 일・미간에 화친 조약이 체결되면서, 일찍부터 일본과 교섭을 하고 있었던 영국・러시아・네덜란드도 연달아 화친 조약을 맺어, 나가사키 개항도 정식으로 요구하게 된다. 미일 화친조약은 1855년 2월 비준되어 미국 총영사 하리스는 조약 발효 후 18개월 후라는 규정에 따라 1856년 8월 시모다에 와서, 옥천사(玉泉寺)에 총영사관을 개설했다. 하리스는 세계의 정세를 설명하면서 완전 개국을 단행시켰다. 이렇게 해서 1853년 에도 막부는 개국을 단행하게 되며, 1858년에는「일·미 수호 통상조약」이 체결되어 미국인 거류지에서의 신앙의 자유와 예배가 인정된다. 페리와 같은 성공회 신자인 하리스의 노력은 1858년 7월 29일 에도막부에게 일·미 통상조약을 조인하도록 이끌어 내는데, 그 제8조에 상호의 신앙을 존중한다고 하는 취지가 있어 하리스의 염원은 달성되었던 것이다. 조문(条文) 상으로 재일 미국인의 신앙의 자유를 인정한 것으로, 일본인에 대한 포교가 공인된 것은 아니지만, 이에 따라서 선교사가 일본에 입국해서 예배를 실시하는 자유가 인정된 것으로, 일본 선교의 기초를 준비하게 된 것이다. 조인 후의 최초의 일요일인 1858년 8월 1일 하리스는 주재지인 시즈오카현 시모다에 정박중인 군함 포하탄과 미시시피의 사관과 수병들을 육지에 소집, 통상조약 조인 완료에 대한 감사 예배를 성공회 기도서에 의해서 예배를 드림으로써, 일본 최초의 예배가 되었다. 그 다음 해에는 미국 성공회(영국교회), 장로파, 네델란드 개혁파, 조금 늦게 침례파 등의 개신교 선교사가 일본을 방문해 선교를 개시했다.

일반적으로 후술하는 것처럼, 성공회의 리긴즈와 윌리암스가 최초의 개신교 선교사로 알려지고 있지만,「일본 성공회 백년사」에 근거하면 1846년부터 1855년 사이에 벳텔하임과 그 후계자 무어톤에 의한「류큐 전도」가 기록되고 있다. 그러나, 이 전도에서는 결실을 볼 수 없었지만, 1858년 나가사키에 윌리암스와 사일이 찾아와서 일본 선교를 위해서 편지를 쓴다. 그리고 1859년 10월 미국 장로교회의 헵번 부부, 11월에는 미국·네델란드 개혁파

교회의 브라운과 시돈즈가 각각 카나가와에, 그리고 같은 개혁파인 후르벡키는 나가사키에 상륙한다. 1961년 11월에도 미국·네델란드 개혁파교회 출신의 바라가 요코하마에 도착했다.

1860년에 미국 침례파 자유선교회의 고불, 1861년에 미국 네델란드 개혁파교회의 바라, 1863년에 장로교회의 톰슨, 1869년에 미국의 네델란드 개혁파 교회의 스타우트, 합중교회의 그린, 1870년에 장로교회 가라조스, 1871년에 합중교회의 규릭과 데이브스, 1872년에 합중교회의 고든, 장로교회의 루미스가 일본을 방문한다. 또한, 여자들의 서양교육에 집중한 부인 선교사로서는 1969년 일본을 방문한 미국 네델란드 개혁파교회의 키다, 1971년에 일본에 온 미국 부인 일치선교회의 플라인, 크로스비, 피어슨을 들 수 있다. 이처럼, 초기 선교사의 대부분이 일본의 관립(官立), 번립(藩立) 혹은 사립 양학교와 관련을 맺고 있었다고 여겨진다. 즉, 1859년에 최초의 개신교 선교사가 일본을 방문한 이래, 그들이 문을 연 학교(家塾)에서 아주 뛰어난 일본인 지도자가 자라났으며, 더나아가서 메이지학원대학이나 훼리스여학원 등 최초의 기독교주의 학교가 탄생했다. 당시의 구미주의 영향으로, 기독교주의 학교는 현저하게 발전했던 것이다. 현재의 개신교 계통의 기독교학교 동맹의 통계에 의하면, 개국 전후로부터 1870년대까지 15개교가, 더나아가 1880년대에는 35개교가 창립되었다. 그리고 1872년 요코하마에 일본 최초의 개신교 교회인「일본기독공회」가 설립되었다. 이렇게 해서 일본은 개국을 단행했으며, 복음 선교의 문이 열렸던 것이다. 그것은 일본 근대화가 진행되었다고 하는 역사적 대전환기일 뿐만 아니라 일본 기독교 역사에 있어서도 가장 기념해야만 할 시기였다.

2) 초기의 개신교 선교사의 활동

(1)리긴스와 윌리암스의 활동

개국 조약은 칙허도 허락되지 않았고, 비준도 아직 되지 않았지만, 1859년 7월, 요코하마·나가사키·하코다테 3항이 개항되어 공사에 승진한 하리스 이외 각국 공사(公使)들은 동경에 들어왔다. 기독교 금교령은 여전히 확고하게 유지되고 있었다. 그러나, 벌써 1855년에 미국 장로교회는 중국에서 활동하고 있는 선교사들에게 일본 개항의 준비를 지시하고 있었다. 그 결과 일본 선교의 문을 연 최초의 선교사는 미국 성공회의 리긴스였다. 리긴스는 영국 태생이지만, 소년 시절에 미국에 이주해서 1855년 성공회 신학원을 졸업했다. 그 해 친구인 C.M. 윌리암스와 함께 중국 파견 선교사로서 임명되어, 다음 해 6월 중국 샹하이로 건너갔다. 그리고 곧바로 중국어를 습득해서, 샹하이 주변의 각지에서 전도를 개시했다. 그러나, 박해를 받아 건강이 몹시 나빠져, 침례교의 의료선교사로 1859년 1월 나가사키에 들른 적이 있던 마크고우원 선교사의 권유에 의해서 나가사키에서 요양하게 되었다. 이렇게 해서 샹하이 주변에서의 힘들었던 전도에서, 생각지도 못 했던 일본파견선교사로 정식으로 임명된 리긴스는 1859년 5월 2일 나가사키(長崎)의 땅을 밟은 것이다. 그러나, 지병이 재발해서 건강이 다시 쇠약해졌기 때문에, 그는 다음 해 2월 일본에 대한 미련을 남긴 채로 나가사키를 떠나 귀국했다. 따라서 그의 선교사로서의 일본 체재는 불과 9개월에 지나지 않았지만, 그는 나중에 올 일본 선교사들을 위해서 자신의 체험을 기초로 해서 선교의 방법·지침을 저술했다.

이어서 리긴스의 동창생으로 함께 중국에 파견된 C.M.윌리암스도 리긴스에 이어서 1859년 6월 하순 나가사키에 와서 복음의 씨를 뿌렸다. 그리고 이어서 의료선교사인 슈미트도 다음 해 4월에 나가사키에 왔다. 그러나, 그가 도착하기 2개월 전에 병약했던 리긴스는 귀국하고 없었으며, 슈미트도 의료 사업에 많은 영향을 미쳤지만, 그 마저도 병을 얻어서 1861년 11월에 귀국하지 않으면 안 되었다. 이렇게 해서 윌리암스는 성공회 선교사로서 유일하게 일본 땅에 남겨지게 되었다. 한편, 리긴스에 이어서 윌리암스선교사가 왔던 1859년 여름경부터, 나가사키에 머물고 있던 외국인을 위해서 주일 예배를 드리게 되었다. 이 예배는 영사관이나 사택 등의 작은 모임에 지나지 않았지만, 거기서 그들은 열심히 일본이라는 나라의 구원을 위해 기도하였던 것이다. 그리고 외국인의 집회 참가자가 차츰 많아져, 1861년에 작은 건물이지만 교회당이 건설되었다. 실로 일본에 있어서의 최초의 개신교 교회이다. 이를 지도한 이가 윌리암스이며, 그는 영어로 예배를 이끌면서 밤낮 일본인 참가자가 한 명이라도 참가할 수 있도록 계속 기도했다고 한다.

(2) 헵번의 생애와 일본 선교 활동

1859년 가을에 중국에서가 아니라 미국에서 직접 일본 선교를 위해서 일본에 들어온 사람들이 잇따랐다. 그 선구자는 헵번이었다. 여기에서는 일본을 방문한 초기 선교사들을 대표해서 헵번의 생애와 일본 선교의 활동을 조금 자세하게 소개하겠다.

헵번에 대한 전기로서 최초로 출판된 그리피스의 헵번 전기에 의하면, 헵번의 생애를 다섯 시기로 구분할 수 있다. 첫째로, 1815년부터 40년까지의 의학 등을 익힌 선교사로서 준비되는 훈련시기이다. 두 번째로, 1840년부터 48년까지 선교사로서 중국 및 극동으로 향했던 시기이다. 세 번째가, 1848년부터 59년까지 뉴욕에서 의사로서 개업했던 시기이다. 네 번째가, 33년간(44세-78세까지) 일본에서「교사, 의사, 사전 편찬자, 성서 번역자, 성자(聖者),

헵번선교사와 초기 메이지학원대학
(메이지학원대학 자료)

일본 최초의 일영사전과 헵번식 로마자
(메이지학원대학 자료))

헵번선교사의 기념비
(메이지학원대학 자료)

사람들의 아버지로서 일본인들에게 봉사한 인생 후반의 시기」이다. 마지막이, 뉴저지주 이스트·오렌지 에서 보낸 만년의 19년간으로 구분하고 있다. 여기에서는 그 순서에 따라서 정리해 본다.

제임스·커티스·헵번(헵번의 본명)은 1815년 3월 13일 미국 펜실베니아주 밀튼에서 태어나, 여기서 소년 시절을 보낸다. 장남인 헵번에게는 슬레이터·클레이 헵번이라고 하는 남동생이 한 명 있었다. 아버지 사무엘은 프린스톤 대학출신의 법률가로서, 펜실베니아주에서는 저명한 사람으로서 존경을 받고 있었다. 또한, 어머니 안니·클레이는 목사의 딸로 경건한 캘빈주의 신앙을 계승하고 있는 가정 출신이었다. 헵번이 태어나기 9년 전부터 미국에서는 외국 전도의 기운이 대학생이나 신학생들 사이에 싹트기 시작했다. 1812년에는 최초로 5쌍의 선교사 부부가 동양으로 파견되었지만, 이 때는 헵번이 태어나기 3년전이었다. 헵번은 현지 밀튼에서 교육을 받은 뒤, 16세에 프린스톤 대학(화학 전공)교 3학년에 편입하였으며, 1832년 가을에 졸업하였다. 재학중에 헵번은 고전에 대한 지식이 없으면, 어떠한 연구도 할 수 없다고 생각하여 라틴어와 헤브라이어를 배웠다. 그 후 의학의 길을 목표로 삼아 펜실베니아대학 의과대학에 진학하였으며, 1836년 봄 21세의 젊은 나이에 의학박사 학위를 받고 졸업한다. 그는 재학중부터 외국에서 의료선교사로서 사명을 다할려는 결심을 갖고 있었던 것이다.

그러나, 선교사로서 출발하기 전에 당분간 의사로서 개업한 뒤, 같은 지역의 학교에서 교사로 있던 클라라·메리·리트와 만나 결혼하기에 이른다. 그녀의 가계는 노스·캐롤라이나주의 명문이며, 의료 선교사를 목표로 하고 있는 헵번의 비젼에 미료되어 결혼에 이르렀고, 부부는 즉시 외국 전도를 신청하였다. 헵번은 익힌 학문과 전문 기술을 의료 전도에 활용하고 싶다고 하는 강한 소원과 소명감을 가지고, 26세에 중국 선교사가 되어 싱가폴과 중국의 아모이에 체재한다. 최초의 전도지는 싱가폴이었으며, 거기서 2년간 화교인들의 교육을 맡으면서 중국어를 익힌다. 이어서 중국 아모이로 가는 의료 전도를 지원한다. 그 이전에 장남은 탄생 후 곧 사망하고, 부인은 말라리아열에 걸려 버린다. 그 후, 차남이 태어나지만, 클라라 부인의 건강이 좋지 않았기 때문에, 부부는 귀국하지 않을 수 없게 된다. 최초의 원대한 선교 비전과는 달리 5년이라고 하는 짧은 기간으로 전반부의 선교활동은 끝나 버린다.

그 다음 시기가 뉴욕에서 의사로서 개업한 13년간이다. 이 시기는 헵번 선교사의 31세부터 44세까지의 일본선교 준비기간이라고 볼 수 있을 것이다. 개원했다고 해도 작은 병원에 불과했지만, 이윽고 환자가 엄청나게 몰려들면서 큰 병원으로 성장한다. 하지만, 헵번은 이전에 어린 자식 3명을 홍역과 이질이라고 하는 병 때문에 아버지가 의사라고 해도 차례차례 요절하는 것을 보고 있을 수 밖에 없었다. 의사로서 대성공한 헵번은 남부럽지 않을 정도의 부와 존경을 받게 되었고, 선교에 대한 사명감이 다시 솟구친다. 이 13년 사이에, 페리가 함대를 인솔해서 쇄국으로 굳게 닫혀있던 일본의 우라가에 입항, 미일 화친 조약을 맺기에 이르렀고, 계속해서 미·일 통상조약이 체결되었던 것이다. 이에 따라 미국에서는 교회 각파가 선교사 파견을 재촉하는 움직임이 일어난다. 이 동향을 파악한 헵번은 아내와 상담한 후 일본선교를 결심하고, 자비로 일본 선교를 신청한다. 소위 평신도(전문인 자비량) 선교사가 되려고 했던 것이다. 이를 위해 병원이나 저택을 매각하려고 했기 때문에, 부모와 친척, 친구, 그 외 주위 사람들은 앞날을 걱정하면서 아주 심하게 반대했다. 의사로서 훌륭하게 성공했는데, 그 모든 것을 버리고, 유일하게 생존해 있는 독자까지 친구에게 맡긴 채 자비로 일본선교에 헌신하려고 하는 헵번을 그들은 아무도 이해할 수 없었던 것이다. 그러나, 장로교회 해외전도국에 일본선교를 신청했을 때의 기분이 친 동생에게 보낸 편지 속에 잘 나타나 있다. 이 편지 속에는 헵번의 하나님에 대한 신뢰와 하나님의 뜻에 따르고자 하는 자세가 아주 잘 드러나 있다. 「전도국이 일본의 어디에 나를 파견할지는 모르겠다. 그러나 하나님의 뜻이라면 나는 기꺼이 따를 것이다. 그곳에 건너가 암흑 속에 거하는 사람들 중 몇 사람이라도 무지몽매를 깨우쳐, 그 일본제국에 그리스도의 나라를 건설하는 것 외에 나의 마음을 기쁘게 하는 것은 아무것도 없다. 만약 신이 나를 파송하시고, 나와 함께 동행해 주신다면 그것으로 만족한다」.

훌륭한 의사로서 세상의 성공과 부, 가족의 기대, 게다가 4명의 자녀들마저 잃어 유일하게 살아남은 14살짜리 독자 사무엘을 친구에게 맡긴 채 허리에 칼을 차고 다니는 사무라이의 나라로 밖에 알려지지 않았던 미지의 일본으로 건너간다는 것은 무척이나 어려운 결단이었을 것이다.

증기선이 카나가와현의 우라가를 북상하는 무렵부터, 헵번 부부는 갑판에 서서 왼 쪽과 오른 쪽 육지를 계속 바라보고 있었다. 앞으로 자신들이 일할 땅이라고 생각하니 마음이 약동하기 시작했다. 가을 저녁의 갯바람은 쌀쌀했지만, 두 사람은 솟구치는 홍분을 억누르고 있었기 때문인지 그다지 추위를 느끼지 않았다고 한다. 이 날은 1859년(安政 6년) 10월 17일 월요일이었다. 헵번과 클라라 부인이 요코하마에 상륙한 역사적인 날의 하루 전이다.

헵번 부부가 최초로 거주한 곳은 요코하마의 성불사(成淸寺)이며, 죽은 사람이 부처가 된다는 의미를 가지는 절에서 일본 선고를 출발했다. 상륙해 짐도 채 정리되지 않았던 3일째에 일요일을 맞이해 일본에서의 최초의 예배를 드린다. 예배소라고 할 만 한 곳은 아니었지만, 절의 본당의 일각을 사용해서 예배를 드렸던 것이다. 헵번이 설교를 하고 클라라 부인이 단 한 명의 청중이었다. 그 다음 주에 선원 한 명이, 그 다음다음 주에는 또 한 사람, 그리고 그 3개월 후 브라운 선교사의 일가가 합세하게 되었다. 일본에 와서 헵번을 놀라게 한 것은 일본인의 주거의 빈약함, 천연두, 안질, 결핵 등의 환자가 엄청나다는 사실이었다. 그러나, 심한 문화 차이에 당황한 것은 초기 뿐이고, 곧바로 일본 역사와 사회의 현상에 대해서 날카롭게 분석하기 시작한다. 당시에는 존왕양이(尊王攘夷)의 격렬한 동란기라서 막부의 권위는 실추되고 있었으며, 사회의 새로운 안정과 질서를 만들어 내는 세력은 아직도 확립되지 않은 시절이었다. 일본인 자신마저 자국의 미래를 내다볼 수 없는 시대에, 일개 외국인 기류자의 눈은 정확하게 미래를 예측하고 있었다. 「복음이 자유롭게 일본 국민에게 전해지기 전에, 먼저 막부의 모든 조직이 붕괴될 것이다」라고 편지에 쓰고 있다.

아직도 기독교가 금지되고 있었기 때문에, 일본을 방문한 선교사들은 겉으로 드러난 전도는 하지 못하고 있었다. 치안 상태도 열악해서 항상 위험에 노출되고 있었으며, 실제로 헵번 부인이 폭한에게 습격당해 부상당하기도 했다. 그들은 대기 기간중 일본어 습득에 전력을 다하는 한편, 일본인 청년을 교육했다. 1863년 11월에 개설된 「헵번학원」도 그 하나로서, 당시로서는 예를 찾아볼 수 없는 남녀공학 학원이었다. 특히, 헵번 부인은 1879년(메이지 12년)이라는 이른 시기에 기차로 여러 명의 여자 학생들을 우에노 박물관 견학에 데리고 가는 등 당시의 일본인들로서는 생각할 수 없는 일을 했던 것이다. 헵번 부인은 몸상태가 좋지 않았지만, 학생들을 동반해서 멀리 견학을 떠남으로써 일본의 여성교육에 힘을 쏟았다.

헵번학원은 1874년(메이지 7년)이 되자 일요학교를 개설했다. 학원 학생들 중에는 양쪽 모두에 출석하면서, 이윽고 세례를 희망하는 학생이 나타나기 시작했다. 즉, 교육과 선교의 양륜이 본격적으로 움직이기 시작했던 것이다. 이 헵번학원은 24년 후 필자가 강의하고 있는 메이지학원대학이라는 이름으로 오늘까지 이어지고 있다. 또한 헵번 부인이 교육시킨 여자부를 별도로 인수한 키다 부인에 의해서 페리스여학원대학이 창설되어 오늘날도 이어지고 있다. 게다가 이 학원에서는 후년에 정치·사회의 중추에 참여하는 사람들이 자라났다. 예를 들면, 정치 분야에서는 일본 은행의 부총재, 대장성 장관, 후에는 총리가 된 타카하시 코레키요(高橋是清), 외무차관, 주로(駐露) 공사, 주영 공사, 외무장관도 역임한 하야시 다다스(林董), 비즈니스 분야에서는 미츠이 물산을 일으킨 마스다 다카시(益田孝) 등 당시 사회의 대표적인 리더들이 많이 자랐던 것이다.

한편, 헵번은 그 뛰어난 의료기술로 열악한 위생환경 가운데에 방치되어 있던 환자들을 치료해 나간다. 귀천을 불문하고 궁핍한 사람들로부터는 치료비를 받지 않고, 안질, 손발의 절단수술, 탄환 적출, 입술이 깨진 아이의 수술, 백내장, 치질, 맹장, 충치 치료에 이르기까지 모든 질환과 고통의 치료에 헌신적으로 노력한다. 「온천과 같은 헵번님」이라고 민간 동요에 등장할 정도로 그 명성은 널리 퍼져나갔던 것이다.

또 다른 한편으로는 뛰어난 어학재능을 구사해서 일본어의 체계적인 수집에 힘을 쏟아, 그것을 로마자로 표기해 영어와 대조하는 작업을 거의 혼자 힘으로 이루어서 「和英語林集成」이라고 하는 최초의 본격적인 일영사전을 완성한다. 이 사전은 1867년에 출판되었지만, 그 후에도 판을 거듭해 일본 초창기의 영어 연구에 실로 헤아릴 수 없을 정도의 엄청난 영향을 주고 있다. 헵번의 어학 연구의 목적은 말할 필요도 없이 성서의 일본어 번역에 있었던 것이다. 그 이전에 행해진 개척적인 일본어 번역·류큐 번역에 대해서 헵번도 알고 있었지만, 그것들은 일본어로서 충분한 자료로 평가하기 어려웠던 것이다.

그러나, 외국 선교사로서 자녀 양육은 가장 마음을 힘들게 하는 것 중의 하나이다. 헵번 부부도 중국 선교에서 한 명, 미국에서 3명의 아이를 잃고 난 후, 외아들 사무엘을 미국에 남겨두고 왔지만, 그 아이의 학업 부진이나 「거짓말쟁이로 몰려 회초리를 맞은 사건」, 신앙고백이 늦어지고 있는 것 때문에 마음이 힘들었던 것으로 보여진다. 내 자식에 대한 애정과 하나님을 향한 봉사 사이에서, 이 위대한 선교사의 마음은 때로는 고민 속에서 흔들렸으며, 때로는 마음이 아팠던 것으로 알려져 있다. 일본 개신교 교회사의 저자 오노 시즈오는 이렇게 전해진 복음의 대가는 진정 고귀한 것으로써 감사하지 않고는 있을 수 없다고 평가하고 있다. 그러나 헵번은 이러한 아픔과 괴로움에 대해 전혀 불평불만을 늘어놓지 않았다. 일본선교를 결산한 헵번의 서간집에는 다음와 같이 쓰여 있다.

「일본국민처럼 몇 세기에 걸쳐 암흑 속에 놓여져, 죽음의 그늘에 앉아 있던 국민에게 복음을 전해 서광이 그들 위에 비쳐 물들이는 광경을 눈앞에 보기까지 도달했다고 한다. 이러한 선교 사명에 선택받았다고 하는 것은 뭐라고 다 표현할 수 없는 영광이지 않습니까? 일찍이 내가 이 미지의 나라를 향해 가기 위해 뉴욕에서의 부와 즐거움과 영달과 모든 소망을 뿌리쳤을 때에, 많은 사람들은 나를 어리석은 사람이라고 비웃었습니다. 그러나 나는 한 때라도 그것을 후회했던 적은 없습니다. 이것에 대해서 우리들의 주님의 약속은 가득채워져 넘칠 뿐입니다. 주님은 실로 나에게 있어 은혜가 많으시고, 친절하고, 또 긍휼이 넘치는 분이었습니다. 그러므로 나는 주의 도움에 의해서 죽을 때까지 주님을 섬겨온 것입니다. 이렇게 봉사하면서 늙어 가는 것이 어찌 기쁨이지 않겠습니까?」

그리고 1892년 10월 15일, 33년간의 일본 선교를 마치고 떠나는 송별의 석상에서 이별의 인사를 다음과 같이 전하고 있다. 「본국에 돌아가도 그 곳에서 오래 살 수는 없습니다. … 나는 단지 나그네, 떠돌이의 생애, 여러분도 모두 나그네입니다. 이 세상에서 영원하게 살 수는 없습니다. 분명히 마지막 날이 찾아 옵니다. 하나님께 의뢰하는 나그네, … 하나님은 우리 아버지, 아버지에 의한 나그네, … 정말로 재미있는 말입니다. … 옛날, 이스라엘 사람들이 이집트를 떠나 가나안 나라로 여행을 통해서 왔던 것처럼 우리도 또한 그처럼 여행을 합니다. 그 여로에 있을 때는 짧을 때도 있지만, 또 어떤 때에는 길기도 합니다. 저의 나그네길은 조금 길어졌습니다. 78년간 나그네로서 우리 아버지 나라로 향해 가고 있습니다.」

(3) 요코하마 밴드의 브라운과 메이지 유신의 지도자 후르벡키

헵번과 함께 요코하마를 중심으로 선교 활동을 하였던 주목해야 할 인물로서 사무엘.R.브라운이 있다. 그는 어머니의 신앙에 의해서 선천적으로 선교사로서 자란 사람이었다고 말할 수 있다. 그는 1810년 미국 코네티컷에서 기계공 아버지 밑에서 태어났다. 집은 궁핍하였으며, 게다가 어려서 아버지를 여의고, 어머니 피베의 혼자 힘으로 길러졌다. 그녀는 아름다운 신앙의 소유자로, 네 명의 아이를 껴안고 날마다 빈궁과 싸우면서 기도하는 생활을 계속하고 있었다. 그러나 황폐한 집안에서 유일한 방 같은 방에는 병든 언니가 자고 있어서 조용하게 기도할 장소 조차도 없었다. 이웃집과의 사이에 조그마한 빈터가 있어, 언제나 향기로운 꽃 향기가 맴돌고 있었다. 피베는 언제나 그곳의 나무그늘 밑에서 저녁기도를 드리는 생활을 하고 있었다. 1818년 이웃집 부인이 울타리의 근처를 배회하는 피베를 좀 도둑이나 되는 듯이 저주할 때, 그녀는 찬송가를 만들고 있었다. 그 찬송가 속

일본 개신교 초기 선교사 사진들〈 (우)S.R 브라운(1810~80), (중)Hepburn(1815~1911), (좌)고불(1827~1898) 〉
〈일본성서협회 자료〉

에서, 그녀는 사내 아이를 주시면 외국 전도를 위해서 바치겠다고 마음에 맹세하였는데, 그 성스러운 소원이 성취되었을 때, 구약성서의 사무엘처럼 하나님을 평생 섬기는 사람이 되도록 기도하면서 이름을 짓고, 브라운을 길렀다고 한다.

이렇게 해서 뛰어난 어머니 사랑과 감화 속에서 브라운은 힘들게 공부해서 예일대학에 입학하였으며, 나중에 맹아학교 강사를 하면서 유니온 신학교를 1838년에 졸업했다. 그 때 중국의 모리슨 교회가 전임 선교사를 요구했기 때문에, 브라운은 기쁨으로 이 요청을 받아들이고, 부인과 함께 1939년 2월 마카오에 도착했다. S.W.윌리암스의 집에 잠시 머물면서 아동교육을 시작했지만, 교과서를 만들기 위해 1843년에 싱가폴을 방문했을 때, 거기서 헵번 부부와 만난 것으로 보여진다. 그 후 격렬한 박해를 받으며 마카오에서 10년 정도 전도를 했지만, 그 사이에 부인이 건강을 해쳤기 때문에, 일단 미국으로 돌아왔다. 1859년 일본 개국 소식을 접한 브라운 부부도 곧바로 지원해서 5월 7일 후르벡키 부부, 시몬

후르벡키 선교사

즈와 함께 뉴욕을 출범했다.

　이렇게 해 브라운 부부는 헵번과 함께 성불사에 들어갔다. 이윽고 미국 공사 하리스는 그를 공사관 목사로 위촉해, 1860년(万延 원년) 3월 11일 이래 공사관의 예배를 인도한다. 브라운의 일본 연구는 철저했으며, 그 성과는 1863년(文久3년)「和英俗語辞典」으로 출판되었던 것이다. 그는 일본의 체험을 통해서 미국의 네델란드 개혁회 전도국에, 일본에 파견되는 선교사의 자격에 대해서 구체적인 의견서를 보냈다. 거기에서 우선 선교사는 학식·신앙이 풍부한 일류의 인물이어야 하며, 특히 도량이 넓고 쾌활 및 온화하면서, 민주사상이 풍부한 인물이 필요하다고 기록하고 있다. 더나아가 일본인은 예의를 존중하며, 희노애낙을 겉으로 드러내지 않으며, 또한 외부로부터의 위압에 대해서는 결코 굽히는 것이 없다. 따라서, 일본인에 접하려면 위용을 가지고 강요하는 것보다는 신앙에 의한 사랑과 유화와 인내를 가지고 해야 한다고 쓰고 있다. 그는 나가사키, 고베, 오사카 등을 시찰하면서 전국 전도 계획을 세운 뒤, 1862년에는 요코하마로 옮긴다.

　거기서 영어학교를 여는 한편, 성서 일역 작업을 진행시키지만, 1867년(케이오 3년) 5월에 화재로 인해 모든 원고와 자료를 잃고 그 해 가을에 몸의 회복을 위해서 미국으로 돌아간다. 그리고 1869년(메이지 2년) 8월 니가타 주재 미국 영사에서 영어 교사의 의뢰가 있어, 다시 일본을 방문한다. 그리고 1년 후 요코하마로 돌아와서 수문관에서 가르치지만, 도중에 사임하고 1873년부터 자택에서 브라운학원을 연다. 여기에서는 그를 포함해 딸과 질녀도 교사가 되어 단순한 영어공부 뿐 만이 아니라 처음부터 기독교를 지식인들에게 가르치는 목적을 가지고 시작해, 아메르망이 신학을 담당했다. 브라운은 언제나「브라운이 혼자 전도하는 것보다도 열 명의 브라운을 만드는 것이 훨씬 낫다」고 하면서, 교육에 힘써 뛰어난 전도자를 양성하는 데에 진력한 결과, 이 브라운학원에서는 무토 사부로(武藤三郎), 우에무라 마사히사(植村正久), 오시카와 마사요시(押川方義), 이부카 카즈 노스케(井深梶之助), 혼다 요이치(本多庸一), 쿠가노 유우시치(熊野雄七), 야마모토 히데테루(山本秀煌), 오쿠노 아키쯔네(奧野昌綱) 등 나중에 일본교회의 발전에 중요한 역할을 담당하는 인재가 배출되었다. 이른바 요코하마 밴드의 그룹이다.

  S.R.브라운이 목사·전도자를 많이 배출한 반면, 일본 정계나 학계에 막대한 감화를 미친 것은 후크벡키이다. 그는 1830년 네델란드에서 태어나 공업학교를 졸업한 후, 1852년 미국에 온 기술자였다. 잠시 토목기사로서 일할 때, 콜레라에 걸려 고열과 고통 가운데 하나님께 기도하면서 다시 생명이 주어진다면, 남은 인생 들체를 하나님께 바치겠다고 맹세했다. 이 기도를 하나님께서는 들어주셔서 난치병에서 구원받고 1856년 아우반 신학교에 입학했다. 그 후, 네델란드 개혁 고회 총회의 일본 선교사로서 추천되어 브라운 권유도 있고 해서, 브라운이 목양하고 있던 교회원 다리아와 결혼해, 브라운, 시몬즈와 같은 배를 타고 1859년 뉴욕을 출범해서 나가사키에 상륙했다. 애초부터 네델란드인 거루지인 데지마에 들어왔으므로, 당시의 불온한 일본 정세로부터 보호되었지만, 선교를 위해서 그는 굳이 거기를 나와 시내에 일본 가옥을 구한 뒤 12월 말대는 샹하이로부터 부인을 불러와 전도를 시작했다. 나가사키에서는 전통적으로 해외 사정에 밝고, 조 진보적인 사람들이 신문화를 배우기 위해 유락도 오고 있었는데, 그 중에는 무라타 와카사노카미(村田若狹守)처럼 일찍부터 성서에 대해서 알고 싶다고 하는 사람도 있었다. 그러나 박해가 격렬해서 샹하이로 잠깐 피난갔다가, 다시 나가사키로 돌아와서 1860년(만연 원년)부터 나가사키의 제미관 교장이 되었지만, 1866년(케이오 2년) 사가번도 나가사키에 양학교를 설립하면서 그에게 지도를 부탁하게 되었다. 그 당시 그가 가르친 학생, 또는 그의 문을 두드린 사람들 중

에는 사이고 다카모리(西郷隆盛), 고토 쇼지로(後藤象次郎), 에토 신페이(江藤新平), 오오쿠마 하치타로우(시게노부)(大隈八太郎(重信)), 소에지마 다네오미(副島種臣), 고마쓰 다테와키(小松帯刀), 요코이 쇼우남(横井小楠)의 두 명의 조카 등도 있었다.

　1869년(메이지 2년)의 봄, 태정 대신 산조 사네토미(三条実美)는 후르벡키에게 나가사키현령(長崎県令)을 통해서 동경에 마련하는 대학을 위해 상경해서 협력해 주도록 간절히 요청해 왔다. 그는 이에 응해 신일본 건설에 협력하면서, 특히 그 지도자층을 기독교화하려고 했던 것이다. 이렇게 해서 그는 집의원·공의소의 고문으로서 그 회의에 참석해, 새로운 정책·입법을 조언하거나, 또는 개성소를 개조한 대학남교(大学南校)의 교감이 되어, 유신정부의 정치·문교 전반에 걸쳐 큰 영향을 끼쳤다. 메이지천황도 두 번에 걸쳐 그의 공적을 치하했다고 기록될 정도였다. 하루라도 빨리 직접 전도하기를 간절히 바라고 있던 그는 1874년(메이지 7년) 7월 1일 임기 만료로 사표를 제출했지만, 정부는 그를 아까워하면서 새롭게 신설된 학습원의 교수가 되면 좋겠다고 간절히 원했다. 후르벡키는 이를 단호히 거부했지만, 정부의 바램도 있고 해서 선교사로서 어디까지나 사명을 완수하기 위해, 원로원 고문·학습원의 강사라고 하는 비교적 자유로운 입장에서 타협했다. 그리고 큐슈·츄코쿠·시코쿠 등 각지에 전도 여행을 하면서, 1877년(메이지 10년)에는 기독공회와 장로교회와의 합동을 위해 힘썼으며, 일치신학교 설립을 원조, 스스로도 설교학과 구약성서를 강의하면서, 자택에서는 바이블 클래스를 열어, 주일마다의 설교는 물론 주 중에는 학습원에서 가르치면서 전도 여행도 하는 평신도 선교사로서 대활약을 계속했다. 1899년(메이지 31년) 3월 10일 바라와 함께 이즈 방면으로 전도 여행을 떠날 예정으로 있던 참에, 갑자기 심장마비로 쓰러져 68세에 영면했다.

(4) 바라와 일본 최초의 교회

일본 초대 선교사들은 각 방면에서 자신의 재능을 살려 일본 선교의 길을 열었다. 1861년(文久 원년) 일본에 온 바라도 이와 같이 자신의 개성을 발휘해서 선교에 봉사한 사람이었다. 특히 바라는 일본 최초의 교회 건설에 기여했다. 바라는 1832년 뉴욕주에서 태어났다. 브라운의 어머니처럼 바라의 어머니도 아이들을 선교사로 키우고자 하는 소망 속에서 산 부인으로, 사실 그 가족 중에서 네 명의 선교사를 배출했던 것이다. 이런 어머니 밑에서 자란 바라는 학생시절부터 순회 전도를 시도하는 등 이미 좋은 목자로서의 천성을 나타냈다. 개혁 교회가 일본어 선교사를 파견하

일본 최초의 교회인 요크하마해안교회(2003년 모습)

선고사 바라(메이지학원대학 자료)

려고 했을 때, 바라는 솔선해서 이 임무를 맡아 1861년 결혼 후에 샹하이를 거쳐 일본으로 향해, 11월 11일 요코하마에 입항했던 것이다. 처음에 성불사로 들어간 바라 부부는 헵번과 브라운의 배려 속에서 즉시 일본어 공부를 시작했다. 그러나, 1865년 그의 일본어 선생이 폐병을 앓아 나을 기미가 보이지 않자, 그를 위해서 밤낮으로 기도했는데, 돌연 그가 세례를 받겠다고 신청해 왔다. 바라는 놀라움과 기쁨으로 가득차 브라운과 상의한 뒤 그의 신앙 고백을 확인한 뒤, 헵번 입회 하에서 1865년(케이오 원년) 11월 4일 일요일에 병상에서 세례를 베풀었다. 이것이 실로 일본 개신교에서의 최초의 신자였다.

그 후 1871년(메이지 4년) 연말의 주간부터 다음 해 1월 첫 주에 걸쳐서,

요코하마의 재류 외국인들은 기도회를 열고 열심히 일본 선교를 위해서 기도했다. 이 기도는 성령의 인도에 의해서 바라의 학생들의 마음을 움직였다. 바라는 영어수업을 하면서, 학생 중에 복음이 전해지도록 기도하고 있었지만, 그것은 본래의 그의 사명은 아니라고 생각했다. 미국으로부터 남동생 존을 불러왔던 것도 영어수업을 맡기고, 자신은 직접 전도에 나서겠다는 생각 때문이었다. 그는 청년 학생을 모아서 열심히 성서를 강의하면서 눈물로 기도하던 사람이라고 알려지고 있다. 이러한 바라의 지도를 받은 학생들은 1872년 1월 2일 기도의 힘에 마음이 움직여 아직 세례도 받지 않고, 기도한 적도 없는 사람들이 바라에게 자신들도 기도회를 열고 싶다고 신청해 왔다. 바라는 오랫 동안의 수고가 보답받았다는 기쁨으로 가득차, 그들을 지도하면서 매일 사도행전을 읽었다. 2월 8일, 당시 음력으로 정월 첫주를 맞이했다. 바라는 칠판에 이사야서 32장 15절을 쓰고, 사도행전에 의거해서 성령강림(펜테코스테)에 대해 설교하면서, 약 30명의 일본인 청년들의 첫 주 기도회가 시작되었다. 첫 주는 지나갔지만, 이 기도회는 더 계속 되었다. 매일 오후 4시부터 모여, 열심히 성서를 읽고, 기도를 드리는 이 모임은 여름이 올 때까지도 계속되었다. 그 사이 1872년 3월 10일, 오시카와 마사요시(押川方義; 동북학원대학 창시자), 시노자키 게이노스케(篠崎桂之助), 사토 카즈오(佐藤一雄), 요시다 노부요시(吉田信好), 다케오 로크로(竹尾録郎), 오츠보 쇼우노스케(大坪正之助), 토나미 스테로(戸波捨郎), 안도 류타로(安藤劉太郎;첩자) 등 9명이 바라로부터 세례를 받고 성찬식을 지켜, 먼저 세례를 받았던 오가와 요시야스(小川義綏), 니무라 모리조(仁村守三)를 더해 11명이 바라를 임시 목사, 오가와를 장로를 세워 일본 기독공회를 설립했다.

일본에 와서 일본어 습득, 성서 번역, 영어 교수, 그리고 비공식적으로 전도를 행해 온 선교사 등은 13년 째에 지금까지 경험하지 못 했던 기적같은 체험을 하게 된 것이다. 당시 세례를 받는다는 것은 키리시탄 금제가 철저히 시행되고 있었기 때문에, 목숨을 내걸지 않으면 안 되었다. 세례를 준 선교사 바라는 눈물을 흘리며 기뻐했다고 전해진다. 당초 11명의 회원(일본인)으로 출발한 교회는 점차 입회자를 늘려, 여름 쯤에는 회원 20여명, 예배 출석자도 30명에서 50명으로 성장했다. 다음 해 말에는 성인 회원 62명, 소아 13명으로 늘어났다고 전해지고 있다. 이것이 일본 최초의 개신교 교회이다. 물론, 1863년에 성공회에 의해서 나가사키에 교회당이 건축되었지만, 일본인들이 주축이 된 것이 아니라 외국인에 의해서 세워졌기 때문에, 일본 개신교의 최초 교회는 1972년에 세워진 요코하마 해안교회라고 볼 수 있다. 이 최초의 교회는 미국 장로교회와 네델란드 개혁교회 선교사 등으로부터 지원을 받았으며, 그 조직은 장로교회 제도를 채택했지만, 어느 교파에도 가입하지 않고, 독립 자치의 무교파 주의를 취한 점은 주목할 만하다.

한편, 오노 시즈오(小野静雄)는 본격적인 전도 개시 이전의 대기 기간 중에 선교사들의 활동의 대부분은 굳이 구분한다면 문화 영역에서 개국 초기의 일본 사회에 이익을 가져왔다고 평가했다. 그리고 선교사 도래의 문화사적 의의를 다음과 같이 평가하고 있다. 첫 번째로, 선교사들이 모두 영어권에서 온 선교사이기에, 일본사회의「서양학문」에 대한 지향을 가장 적절히 충족시킬 수 있는 입장에 서 있었다는 점을 들고 있다. 두 번째로, 선교사의 전도심 배경 속에는 시민적 평신도의 활력과 헌신이 있었다는 점을 들고 있다. 세 번째로, 선교사들의 대부분이 일반 학술에도 뛰어난 사람들이며, 문명 선진국 출신으로서의 시민적 자유로운 기풍과 정신을 몸에 익히고 있어 선교사=문명 세계라고 하는 인상을 줄 수 있었다는 점에서는 개화기의 일본문화에 크게 기여하는 기회를 가질 수 있었다고 평가했다.

3. 메이지 초기의 기독교의 발전(1874-1890년)

　메이지 신 정부의 해금에 의해서, 기독교는 구미의 앞선 문화나 자유·평등·박애라고 하는 근대적인 시민 윤리와 결합되어 전국에 퍼져나갔다. 그러나, 메이지 유신 후에도 기독교 금제는 폐지되지 않았을 뿐 아니라, 오히려 기독교를 금지하는 고찰(高札)을 여기저기에 내걸어 박해가 격렬하게 행해지고 있었다. 메이지 유신은 동시에 왕정 복고이기도 했다. 메이지 정부는 성립 후 즉시 복고의 열매를 맺기 위해, 신기관(神祇官)을 다시 부흥시키고, 신도와 불교의 분리, 신도에 의한 국민 교화 운동의 전개 등 행정·교육의 양면에서 새로운 국가의 정신적인 통합에 나섰다. 이와 같이, 복고신도(復古神道)에 의한 일본 정부의 대교화 선포운동, 전국민을 신사 우지코(氏子;마을신이 보호하는 마을주민)로 삼는 우지코의 조사 등이 시행되어 왕법 수호를 위해 임명된 불교계에서는 파사운동(破邪運動)을 전개했다. 그들은 어디까지나 기독교를 사교, 국체를 파괴하는 가르침이라고 하며, 모든 수단을 동원해서 기독교를 공격하면서 선교사업을 방해했던 것이다.

　1871년(메이지 4년) 11월, 일본 정부는 이와쿠라 토모미를 전권대사로 임명하고, 기도 다카요시, 오오쿠보 도시미치, 이토 히로부미 등을 부대사로 하는 유신 정부를 대표하는 대사절단을 조직해서, 조약 개정을 위한 사전교섭을 위해서 구미제국을 방문하게 하면서, 아울러 그 문물제도를 조사시켰다. 이와쿠라는 행선지들의 나라들에서 기독교 박해에 대한 정부와 민간측의 항의와 여론이 들끓는 것에 직면하게 되었다. 그 때문에 조약 개정의 교섭이 막히자, 키리시탄 신자들을 석방해서 신교를 자유롭게 해야 할것을 정부에 건의했다. 이렇게 해서 1873년 해외로부터의 압력이라고 하는 이유 때문에, 전술한 것처럼 일본 정부는 기독교 금지 고찰을 철거했던 것이다. 이에 따라, 기독교 선교사들은 공식적으로 전도가 가능하게 되었다. 메이지시대 기독교 지도자의 상당수는 에도 막부의 붕괴에 의해서 갈 곳을 잃은 좌천된 막부파(막부 지지자)이거나 관군(메이지 정부군)에게 적대한 번사들의 자제로서, 영어학원이나 서양학문을 배우는 학원에서 선교사들과 접촉하면서 기독교를 수용한 사람이 많다.

1) 일본의 개신교 교회의 탄생과 각 교파의 원류

앞에서 언급한 일본 개신교 교회의 시발인 요코하마공회를 비롯해, 각 선교 단체 마다 공회(교회)를 세워 나간다. 개혁파·장로파 계열에서는 요코하마, 동경의 두 공회에 이어서 많은 교회가 1877년까지 설립된다. 그 외 침례파에서는 N.브라운이나 고불 등에 의해서, 1873년(메이지 6년)에 요코하마 제일 침례교회를 설립했다. 캐나다의 감리교파는 그 다음 해에 시즈오카 감리교를 설립했다. 아메리칸·보드 계열의 교회는 고베 등의 9 교회이며, 이들은 서로 밀접하게 협력하면서 1878년(메이지 11년) 1월 일본 전도사를 설립해, 조직적인 전도 활동에 들어갔다. 이것은 일본인 신자가 자발적으로 만든 전도기관으로서는 일본 최초의 것이며, 설립 당초는 미션 원조를 전혀 받지 않는 자급 자치의 단체였다.

이처럼 기독교금지의 고찰 철폐 이후부터 1877년(메이지 10년) 무렵까지, 각지로 복음은 전파되면서 교회는 잇달아 설립되어, 교회부흥의 터전이 되었다. 1876년(메이지 9년) 3월, 일본 정부가 일요일을 휴일로 지정한 것도 교회에서는 큰 기쁨이었다.

일본에서의 개신교 선교는 정부의 구미주의를 배경으로 메이지 10년대

(1877-87)에 절정을 맞이했다. 이러한 메이지시대의 기독교는 3개의 원류를 가지고 있다고 한다. 첫 번째가 요코하마 밴드이다. 선교사 헵번과 브라운에 의해서, 일본 최초의 개신교 교회가 설립되면서 일본인 지도자로서 우에무라 마사히사(植村正久), 이부카 카지노스케(井深梶之功) 등을 낳았다. 요코하마 밴드는 주로 교회 형성이 중심 활동이며, 후술하는 일본 기독 일치 교회의 형성에 기여한다.

제 2의 원류는 쿠마모토 밴드로서, 쿠마모토 양학교(1871년의 개교)의 교사인 제임스 선교사의 감화력에 의해서 입신한 쿠마모토 번사의 자제가 중심이 되었다. 메이지 유신 때, 다른 번들에 비해 뒤진 쿠마모토 번에서는 요코이 쇼남(橫井小楠)의 조카가 후르벡키에게서 배운 인연으로, 1871년(메이지 4년) 서양학교를 열면서 인재를 기르기 위해서 뛰어난 군인들을 교육자로 육성하는 일을 후르벡키에 부탁했다. 그래서 후르벡키는 남북전쟁에 참가한 용사이며, 신앙심이 깊은 포병 대위인 L.L.제임스를 초빙했다. 그는 기쁨에 가득차, 8월 쿠마모토에 착임했다. 제임스는 대단한 정력가로서 착임하자마자 학교의 경영은 물론 교육 전반에 이르기까지 하나부터 열까지 혼자서 담당하면서, 지금까지의 교직원을 전부 물러나게 했다. 그리고, 영어・수학・지리・역사・천문・지질・체조를 연일 8시간씩이나 강의하는 정력적인 교육과 함께, 학생 전부를 기숙사에 입사시켜 금연금주를 시행했다. 그 교육 방침은 웨스트텐포인트의 미국 육군학교의 교육요소를 기반으로 해서, 영국의 럭비 중학교의 인격교육을 조합시킨 것이라고 알려지고 있다. 그는 처음에는 기독교에 대해서 한 마디도 말하지 않았지만, 3년이 지난 뒤 우주의 구조・질서에서부터 창조주의 존재를 설명하면서, 서양 문명의 기초는 기독교에 있으며, 따라서 서양학문의 이해를 위해서는 기독교를 알지 않으면 안 된다고 설명했다. 그리고는 유력한 인사들을 자택으로 불러, 일주일에 한 번 성서 강의를 시작했던 것이다. 쿠마모토는 원래 보수적 세력이 강한 토지라서 성서 강의에 반대하는 소리가 많았지만, 차츰 출석자가 증가해 1년 후에는 수 십명으로 늘어났으며, 주일예배와 기도회도 시작하게 되었다. 제임스는 첫 열매를 맺기 위해서, 교토에 머물고 있던 데비스의 동의를 얻어, 목사는 아니었지만 22명의 청년

윌리엄 스미스 클라크 선교사

에게 세례를 주었다. 이는 1876년(메이지 9년) 4월에 있었던 사건으로, 그때 고자키 히로미치(小崎弘道) 등이 세례를 받았던 것이다. 그들은 강렬한 국민주의와 독립정신이 강해, 이윽고 니이지마 죠(新島襄)가 1875년에 설립한 기독교를 기반으로 하는 학교인 도시샤로 옮겨갔다. 고자키 히로미치(小崎弘道), 에비나 단죠(海老名弾正), 가나모리 쓰린(金森通倫), 토쿠토미 소호우(德富蘇峰) 등이 언론 및 문예의 분야에서 활약했다. 특히, 고자키 히로미치는 일본 조합교회의 탄생에 기여하였으며, 에비나 단죠는 자유신학을 제창하여, 후에 종교다원 주의적인 입장에서 우에두라 마사히사(植村正久)와 신학 논쟁을 벌인다.

제 3 의 원류는 삿포르밴드이다. 삿포로 농업학교(홋카이도대학 농학부의 전신) 교감으로서 취임 한 클라크(재임 1876 - 1877)의 감화력에 의해서 입신한 학생들을 중심으로 형성되어 무교회운동의 우치무라 간조(内村鑑三) 등을 배출했다. 미국의 매사추세츠주립 농과대학장이었던 클라크는 개척사(開拓使) 장관 쿠로다 키요타카(黒田清隆)의 초대에 의해서 삿포르 농업학교의 교감이 된다. 클라크는 1년간의 계약으로 1876년(메이지 9년)

6월 일본을 방문했다. 그는 엄격한 퓨리턴의 집에서 태어나 아마스트 대학을 졸업한 후, 독일로 유학한 뒤 귀국해서 모교의 교수가 되었다. 그 뒤 남북전쟁에 종군해서 육군 대령이 되었다고 하는 경력의 소유자이지만, 선교의 열의에 불탄 평신도 선교사이자 뛰어난 교육자이었다. 쿠로다 장관은 동경에서부터 오타루까지의 뱃여행을 클라크와 함께 갔지만, 그 배에는 동경에서 응모한 제 1 기생 11명이 동승하고 있었다. 삿포로에 도착한 클라크는 농학교의 운영과 학생들의 지도에 힘을 쏟았다. 구체적으로, 성서를 대학 전체 학생들에게 배포해 수업 전에 성서를 낭독한 뒤 기독교에 대해서 강연하고 주기도문을 외우고 나서 수업에 들어갔다. 클라크의 감화력으로 인해, 많은 뛰어난 크리스챤들이 배출되기에 이르렀다. 그의 삿포로 체재는 불과 8개월에 지나지 않았다. 그러나, 그가 떠나면서「예수를 믿는 사람의 맹세」를 만들어 학생들에게 서명을 요구했는데, 사토(佐藤昌介), 오오시마(大島正健)등 1기생 15명 전원이 서명했다. 1877년(메이지 10년) 4월 클라크가 삿포로를 떠나게 되어 헤어지는 것을 아쉬워한 이 십 여 명의 학생들이 시마마츠역까지 그를 전송했을 때, 말 위에 올라탄 채「Boys be ambitious! (청년이여, 대망을 가져라)」라고 외친 것은 유명하다. 제 2 기생으로는 니토베 이나조(新渡戸稲造), 우치무라 간조(内村鑑三), 타카기 미즈타로(高木壬太郎), 미야베 킨고(宮部金吾)등 18명이 있었지만, 그들은 1기생의 위압적 감화를 받아 서약서에 서명하였으며, 감리교 감독 교회의 선교사 하리스의 지도를 받아 1877년 6월 세례를 받았다고 한다. 이러한 가운데 1885년(메이지 18년) 삿포로 독립협회와 우치무라를 주축으로 한 무교회주의가 탄생했으며, 교계·학계에 많은 지도적 인물을 낳은 것이다.

   오노 시즈오는 3개의 밴드를 아래와 같이 2개의 시점에서 비교하고 있다. 우선 요코하마의 청년들은 바라, 브라운 등의 선교사로부터 직접적인 지도를 받고 세례를 받은 후, 즉시 전도자로서의 교육을 받는다고 하는 상태였기에 입신→교회의 형성이라고 하는 움직임이 아주 빠르게 진행되었다고 하는 특색이 있다. 또한 그들의 자라난 배경은 명치유신에 의해서 입신 출세의 뜻이 좌절된 좌막파나 무사 출신의 사족이며, 원래 강한 정치 의식을 갖고 있는 것은 쿠마모토의 청년과 같지만, 그들은 그 정치 의식을 직접 표현하는 방식을 취하지 않고, 그 세력을 전도와 교회의 형성에 쏟았다. 이에 비해, 쿠마모토, 삿포로의 경우는 한 사람의 교사의「교육」과정이 열매를 맺은 사건이며, 그 자체가 교육적 효과를 가져왔지만 즉시 교회 형성으로 이어지는 않았다. 제임스는 평신도이었음에도 불구하고, 나가사키 거주의 선교사와 상담한 후 세례를 실시한 것 같지만, 클라크는 세례를 주지 않았다고 지적했다.

　교회에 대한 이해라는 점에서는 모두 충분히 성숙하기에는 곤란했다고 지적했다. 그러나 요코하마에서는 입신 즉시 세례를 받고 교회 회의 참가, 교회 조직의 검토, 전도의 실천 등과 결합되어, 불충분하지만 교회의 의의와 역할이 당초부터 자각되기 쉬운 환경이 만들어졌다고 한다. 한편, 삿포로의 청년들은 1878년(메이지 11년) 감리교파와의 관계를 청산하고, 문자 그대로「독립」교회를 형성한다. 여기에는 기독교의 전통적인 교파적 모습에 혐오감을 느끼고, 전통에 구애받지 않는 자유로운 정신에 기초해서 기독교를 깊게 수용하려고 하는 일종의 개인주의적인 신앙 태도도 싹트고 있다고 지적한다. 구체적인 예로서 퀘이커 교도가 된 니토베 이나조,「무교회주의」의 창시자인 우치무라 간조 등이 교회 조직에 대해 비판적 자세를 취하고 있는 것을 들 수 있다. 또한 쿠마모토의 경우, 입신이 교회에 대한 이해로 이어지는 것은 훨씬 후의 일이며, 각자의 사상의 폭도 있기 때문에 한 가지로 말하기는 어렵다고 평가했다. 그리고 요코하마와 쿠마모토를 비교하면서, 요코하마의 경우에는 「세상의 빛」으로서의 교회, 쿠마모토 사람들은 「이 땅의 소금」으로서의 교회라고 명명했다. 즉, 전자의 경우는 세상과 교회 사이에 분명한 구별을 두는 데에 의의를 두고 있으며, 후자의 경우에는 교회가 세상에 침투해서, 때로는 교회의 독자적인 경계선을 무너뜨리더라도 세상과의 동질화를 추구하는 방향을 낳다고 한다. 이러한 평가는 본서의 모델에 의한 위치설정과 관련되기 때문에 나중에 좀 더 후술하기로 한다.

2) 일본기독교의 제 1 차 부흥

각 교파마다 일본 선교가 활발하게 행해지면서 일본 기독교의 전도 활동은 본격적으로 진행되게 된다. 이러한 원초적인 전도 활동의 하나의 정점이라고 할 수 있는 사건이 1883, 1984년(메이지 16,17년)에 일어난 「제 1 차 부흥」이다. 발단은 요코하마의 해안 교회(일치 교회 소속)에서 있었던 연초 첫 주 기도회이다. 기도회 중에 개혁파 선교사인 J.바라가 자신이 본 꿈을 증언했다. 그 꿈 속에서, 깎아지른 듯한 절벽 위에 보기에 위험천만한 상태로 양의 무리가 즐거운 듯이 풀을 먹고 있었다. 이 풍경이 기이해서 올려다 보니 하늘로부터 한줄기 빛이 내려와 양무리를 비추고 있지만, 목동은 저 편 초원에서 기분좋게 낮잠을 자고 있었다고 한다. 이 꿈을 꾼 바라는 잠자고 있는 목자와 같은 자신의 나태를 회개하였으며, 그것을 계기로 기도회 출석자의 회개가 계속 이어져, 기도회는 예정된 시간이 지나도 종료되지 않았으며, 마침내 동경의 다른 교회들에도 퍼져나갔다. 같은 해 5월에는 제 3회 일본 기독교 신자 대친목회가 열려, 전국의 주요 교회 지도자가 교파를 뛰어넘어 모여들었으며, 이 대친목회에서도 부흥의 열기가 식지 않고, 거기서 다시금 전국에 퍼져있는 교회들로 확산되었던 것이다. 또한 관서 지역에서도, 도시샤를 중심으로 열렬한 부흥운동이 일어나, 케이힝에 위치한 교회 및 기독교 계열 학교들을 석권하면서 군마·고베·오사카로 타올랐다. 특히 1884년 1월 교토 도시샤에서는 연초 첫 주 기도회 이후 교내 각 처에서 유지들의 기도회가 끊임없이 개최되어, 3월 17일에는 대부흥으로 이어져 밤새워 열렬한 기도회가 계속 되었으며, 극도의 감동과 함께 이성을 잃은 사람도 나타날 정도였다고 한다.

이 부흥은 도시샤의 모든 학생에서부터 교토의 모든 교회를 요동치게 했으며, 서쪽으로는 오사카·고베로부터 츄코쿠·시코쿠까지, 동쪽은 다시 동경·군마·토호쿠로 불길이 퍼져 나갔다. 모두가 성령으로 가득차 교회에 모여서 신자의 교제를 이루며, 함께 기도하고 찬송할 때 구원받는 사람이 날마다 늘었다고 한다. 그 결과, 어떤 선교사는 10년 지나지 않아 일본 전 국민은 크리스챤이 될 것이라고 진지하게 생각할 정도여서, 교회의 앞 날이 창창할 것으로 생각하게 했던 것이다. 오노는 이러한 제 1 차 부흥이 가져온 적극적인 의의를 4가지로 정리했다. 첫 째로, 죄의 자각이 선명해져, 회심했다는 사실이 내면화·개인화 되었다. 두 번째로, 기독교를 속죄 신앙으로서 재인식하는 작업이 한 사람 한 사람에게 촉구되었다. 세 번째로, 신자에 의한 전도활동이 활발해져, 교직 중심의 활동에 새로운 힘을 쏟아 넣었다. 네 번째로, 교세의 비약적인 증가를 가져왔다. 교세상으로는 부흥의 전년(1882년) 총 신자 수는 4367명이었지만, 부흥의 다음 해(1885년)에는 10775명으로 배 이상으로 늘어난 것을 보아도 전도의 성과가 얼마나 풍부했는가를 알 수 있다.

3) 구미주의 시대와 근대적 교육

선교사들은 영어 교육이나 신 지식의 교육, 혹은 의료사업에 종사했다. 그것은 기독교 금교령 때문에 공공연하게 전도를 할 수 없었기 때문이었지만, 그것은 전도의 기반을 만드는 중요한 전도사업이었다. 그리고 서양학문을 필요로 하는 당시의 진취적인 사람들은 무사나 의사 등 지식층이기도 하고, 또한 선교사들의 주거지로서 허용되고 있었던 곳은 개항지 등에 한정되어 있었기 때문에, 자연스럽게 복음은 우선 도시의 지식 계급(주로는 좌막파)에게 전해지게 되었다.

그것은 일본 개신교 선교역사의 하나의 특징이며, 새로운 시대의 지도자를 교화해서 많은 인재를 국가 사회에 공급하는 데에 쓰임받았지만, 한편으로는 농촌사회로의 침투가 전반적으로 매우 늦고 미약했다는 점은 짚고 넘어가지 않을 수 없다. 농촌 전도에 대해서는 나중에 좀 더 설명을 부과하기로 하겠다.

당시 일본은 근대국가로서 구미의 여러 나라에 필적하다는 점을 과시할 필요가 있었다. 그 때문에, 일본 정부는 풍속에서부터 교육, 종교에 이르기까지 구미를 흉내내, 이를 통해서 일본 사회를 근대적으로 치장하려고 했던 것이다. 즉 구미주의 하에서 서양문물에 대한 동경이나 호기심으로부터 오는 계몽적인 일본인의 환영, 박해 속에서의 선교사나 일본인 회심자의 기백 있는 신앙에 의해서, 메이지 유신 후의 일본 기독교는 급성장하게 된다. 이러한 서양 문물에 대한 관심은 메이지 유신으로부터 시작된 것은 아니다. 이미 카톨릭의 초기 선교 부분에서 접한 것처럼, 오다 노부나가, 토요토미 히데요시 등은 서양의 우수한 문물과 무기를 손에 넣기 위해서 선교사들에게 접근했다고 생각된다. 또한 에도시대에도 도쿠가와 이에야스 시대의 단호한 크리시탄 박해에 의해서 포르투갈과의 단절과 쇄국이 단행되지만, 서양 문물과 학문에 대한 관심은 사라지지 않았다. 실제로 쇄국을 단행하던 1716년에 8대 장군이 된 도쿠가와 요시무네에 의해서 서양의 학문 기술이 장려되어 그의 비밀 지시에 의해서 아오키와 노로 두 사람이 처음으로 네델란드학(난학)에 접근했던 것으로 알려지고 있다. 이처럼 쇄국중에도 일본의 서양에 대한 학문, 즉 서양학문이 싹튼 것은 17세기 말에서 18세기 초에 니시카와나 아라이 등에 의해서 이루어졌다. 그러나 요시무네의 양서 해금 정책에 있어서는 유보결정이 내려지면서, 통역관(通詞)의 어학 습득에 치중되어, 일본의 서양학문은 기술 쪽에 치우친 기술적 학문이며, 정신이나 사상에 관한 학문은 되지 못 했다고 보는 것이 타당하다. 이러한 배경은 초기의 기독교가 성장한 뒤, 다시 쇠퇴해 버리는 하나의 근거가 된다고 생각된다.

이어서, 초기 기독교의 성장을 지탱한 메이지 시대의 대학교육에 대해 간단하게 정리하고자 한다. 구체적으로 릿쿄 대학(立教大学), 도시샤 대학(同志社大学), 메이지 학원 대학(明治学院大学), 아오야마학원(青山学院)을 중심으로 다루어 간다.

우선, 릿쿄학원의 설립을 보면, 성공회의 윌리암스는 나가사키·오사카의 경험을 통해서 동경에 올라온 직후인 1874년(메이지 7년) 3월에 츠키지의 신에이쵸에 영어학교를 개설했다. 문자 그대로 이름도 없는 학교로, 학생은 불과 5명이었지만, 다음 해 가을에는 30명을 넘었다. 전원 기숙사 제도로, 브란시가 주임이 되고 윌리암스는 성서와 역사를 가르쳤으며, 1876년에는 일본인 조수인 시키타가 참가했다. 그 해 말에 학생은 55명에 이르렀지만, 11월 대화재 때문에 소실되면서, 1878년(메이지 11년)에 윌리암스를 교장으로 하는 삼일신학교를 열어, 릿쿄 학교의 다른 형태로 발족했으며, 미나미오다하라마치에는 여학원도 신설되었다. 이듬해 봄에는 후쿠자와 유키치의 동생 에이키치가 운영하던 영어학교를 양도받아 이전했다. 그리고 1887년(메이지 20년)에 오사카 영일학교를 합병했다. 그 후 점차 발전해서 1923년 관동 대지진 후, 현재의 이케부쿠로로 옮겨 릿쿄 대학이 되었던 것이다.

두 번째로, 도시샤 설립을 살펴 보자. 니이지마 죠(新島襄)는 야스나카 번사(安中藩士)인데, 일찍부터 해외 사정을 배우고자 1864년에 국가 규정을 어기고 하코다테에서 미국으로 건너가, 아모스트 대학과 안드비 신학교에서 배운 뒤, 이와쿠라 대사 일행의 통역자로서 구미를 방문했다. 일본으로 돌아가면 기독교주의대학을 설립하고자 하는 염원은 그 당시부터 확고해져, 1874년(메이지 7년) 12월 아메리칸·보드 선교사로서 귀국한 뒤, 1년 후에는 이미 교토에 도시샤 영어학교를 설립하였으며, 그것이 현재의 도시샤 대학이 되었다.

세 번째로, 메이지 학원의 설립을 살펴보자. 헵번학원과 브라운학원은 각각 영어학교를 통해서 종교 교육에 성과를 올리고 있었지만, 1877년(메이지 10년)에 장로파의 3개 미션이 일치해서, 동경 츠키지에 교사를 짓고 동경 일치 신학교를 설립하였으며, 전도자 브라운의 감화를 받고 있던 브라운 학원의 학생들이 이쪽으로 옮겨갔다. 아메르망이 교장이 되었으며, 후르벡키도 이를 도왔다. 한편, 헵번학원은 1880년(메이지 13년)에 츠키지 7번지로 옮기면서 대화재를 당해 소실했지만, 거기에 굴하지 않고 즉시 재건해서 츠키지 대학교를 세웠다. 또한 다음 해 네델란드 개혁파의 와이코후는 무라이(村井知至), 와다(和田垣謙三) 등을 길러낸 선지학교(先志学校)를 요코하마에 창립하였으며, 1883년 9월에는 이것을 합병해서 동경 일치 영일 학교로서 발족했다. 합의제로 교장을 두지 않았으며 자유 민주의 바람이 넘쳤다. 1878년 제1회 졸업생은 이부카(井深梶之助), 마쓰무라(松村介石), 우에무라(植村正久), 세가와(瀬川浅)의 4명이었다. 그 후 더욱 더 발전하면서 츠키지는 비좁게 되었고, 1886년(메이지 19년)에 현재의 시로가네로 옮겨, 위의 3교를 합병해서 메이지 학원이 탄생했던 것이다.

네 번째로, 아오야마학원의 설립을 살펴보면, 1878년(메이지 11년)에 감리교 감독 교회의 비숍과 소펄은 츠키지에 경교학사(耕教学舎)라고 하는 영어학교를 설립해, 1881년 즈음에는 모토라(元良勇次郎)와 와다(和田正義) 등이 주로 교수를 맡았다. 학교 교사를 긴자토 옮기면서 동경영어학교라고 칭했으며, 다음 해 다시 츠키지로 옮겼다. 한편, 베일이 주임이 되어 1879년부터 요코하마에 미이미신학교(美以美神学校)를 설립했지만, 1882년(메이지 15년) 가을에 양자가 합병해서, 다음 허 미국 감리교 기어국 전도국의 가우챠가 힘써 아오야마에 교사를 짓고 동경 영일 학교라고 개칭한 뒤, 마크레이가 총리가 되어 신학과 고등·보통학과가 설치되었다. 이것이 후에 아오야마 학원대학이 된다.

위의 미션 스쿨은 각 교파의 신학교 교육으로 이어져, 일본 개신교의 주된 교파인 일본 기독 일치교회와 일본 조합교회의 세력 반전에도 영향을 미친 것으로 알려지고 있다. 즉, 초기 단계에서는 일본 조합교회의 세력이 강하기는 했지만, 일본 기독 일치 교회에 역전되었다. 오노는 그 이유로서 1890년의 교육칙어(教育勅語)가 발표된 이듬 해인 1891년 우치무라의 불경 사건의 영향으로 교사들이 많이 떨어져 나간 점, 자유신학의 영향을 받은 점, 신학교를 세우지 않은 점 등을 들고 있다. 전술한 것처럼, 일본기독교회(日基教会)에서는 데이지 학원, 토호쿠 학원, 히가시야마 학원, 동경 신학사, 고베 신학교, 오사카 신학교 등 복수의 교사 양성 기관이 있었고, 감리교는 아오야마학원, 칸사이학원, 규슈학원의 3교, 성공회는 릿쿄 대학, 모모야마학원을 통해서 인재의 공급이 이루어졌다. 그러나 조합교회는 도시샤 대학 하나 뿐이어서, 교육기관으로서는 불완전했다고 지적한다. 게다가 조합파는 메이지 30년대에 이르기까지 각 지에 몇 개의 관계 교육기관을 갖고 있었지만, 도시샤를 제외하고는 모두 경영에 실패하면서 폐쇄되어 버렸다고 한다.

4) 순회 평신도 전도와 농촌 전도

1879년(메이지 12년)에 신약 성서의 번역이 완성되자 풀타임으로 문서 전도에 종사하는 신자도 나타났다. 오노에 의하면, 이러한 순회 평신도 전도자가 수행한 역할은 교직자 부족을 보충하면서, 각지에 산재한 신자나 모든 교회의 교류를 취하는 것 등 이었다. 또한 구도자의 발굴에 노력하면서 새로운 교회의 근거지를 개척해 나갔다. 그들의 적극적인 활동은 특별히 전도의 조직화가 아직 이루어지지 않던 시절에 기독교의 교세를 비약적으로 확장시키는 데에 공헌했다. 또한 1890년까지는 비교적 지방도시나 농촌지역에서의 전도가 성공했다고 한다. 메이지 초기의 농촌 전도는 대략적으로 말하면, 전도를 추진한 것은 대도시 교회이며, 직접적인 담당자는 역시 사족(士族)의 입신자였다. 따라서 지역적으로는 대도시에 인접한 농촌지역에 대한 개척이 많았으며, 또 농촌 전도에 의해서 입신한 신자들을 보면 일정한 계층에 편향되어 있음을 알 수 있다고 한다. 즉, 중농층 이상의 자작농민이 많이 입신했다고 한다. 메이지 10년(1877년) 경부터 20년대(1887-1897년까지) 초까지의 십 여년 사이에 많은 농촌교회가 성립했다. 연구자들에 따르면, 이 시대의 농촌교회의 형성에는 공통의 패턴이 있다고 지적된다. 우선 촌락에서의 지도적 집안(하나 혹은 복수)이 가족 단위로 입신한다. 그 때, 가족 뿐 만이 아니라 관계하는 일족이 모여서 입신하기도 한다. 그들은 지방의 호농이나 지주이며, 그 지역에 영향력을 갖는 중요한 리더(opinion leader)이기도 하기 때문에, 부나 덕망의 모든 면에서 교회의 기초를 놓을 수 있는 좋은 조건을 갖추고 있었다. 그 결과, 단기간에 교회 형성에 이르는 케이스도 많았던 것으로 보인다. 그렇지만, 그러한 이점이 오히려 나중에 교회가 성장하는데 장애가 되었다고 여겨진다.

오노는 농촌 교회의 형성에는 두 개의 형태가 있다고 한다. 첫 번째는, 교회의 기초를 만든 일족이 경제적으로나 인재 면에서나 교회를 오랫 동안 서포트하지만, 거기에 머물지 않고 새로운 신자 그룹이 각 지역에서 분산적으로 생성되는 경우이다. 이러한 패턴은 개방형으로 불리지만, 신자 구성은 우선 최초의 일족의 영향 하에서 다른 부부가 입신한다. 그들은 기독교를 자신들의 「집안」 종교로 삼고 자녀들을 입신시킨다. 그렇게 해서 완성된 크리스챤 홈(가족)이 또 다른 집에 전도해서, 또 다른 크리스챤 홈을 탄생시킨다. 즉, 개인 전도를 통해서 「집안 종교」를 형성한다고 하는 확대 재생산의 길을 걷는 형태이다.

두 번째는 교회의 기초를 닦은 일족이 그 일족의 범위 밖에서는 입신자를 얻지 못해서, 교회가 지역 안에서 장기적으로 고립을 강요당하는 경우이다. 이러한 패턴은 폐쇄형으로 불리지만, 폐쇄형 교회는 집에서 집으로 전도하는 새로운 관계를 개척하지 못해서, 교회가 폐쇄적인 가족적 집단이 되어 버리면서 신앙의 내적 생명도 고갈하기 십상인 교회를 말한다. 결국 「가장」에 해당하는 지도적 신자의 신앙이 그룹 신앙의 표준이 되면서, 다른 신자는 그 지도자가 걸은 길을 따라 가면서 체험해 나간다고 하는 패턴이며, 신앙적 생명을 유지하지만 신앙 체험의 계승도 폐쇄적이 되어 버리는 것이다. 이러한 경과를 거치면서 쇠퇴했다고 하는 교회의 예도 보고된다.

메이지 10년대에 성립한 농촌 교회가 20년대 이후가 되면서 큰 벽에 부덮혀, 상당수가 소멸했다고 추측되고 있지만, 아마도 일본의 집단주의적인 특징 때문에 후자의 폐쇄형이 일반적이었으며, 그로 인해 농촌 전도의 쇠퇴는 어쩔 수 없었다고 여겨진다. 그러므로, 농촌 교회가 살아 남기 위해서 도시형 교회로서 변천하면서 도시 주변으로 이동하지만, 도시로 이동하고 나서 20 - 30년 후에는 농촌 출신의 신자가 모두 교회를 떠나 버린 예도 있는 것 같다.

4. 국가주의에 의한 일본 기독교의 정체(1890 - 1909년)

위에서 언급한 것처럼, 메이지 10년대부터 메이지 20년 전후의 수 십 년 사이에 기독교는 지방도시와 농촌지역으로 포교를 확대하면서 조직화도 진행되었다. 얼핏 보면 정부의 유럽화정책과 선교의 열의로 기독교는 순조롭게 발전할 것처럼 보였던 것이다. 그러나 1887년(메이지 20년)을 경계로 해서, 내셔널리즘이라고 하는 기운에 근거해 외국인과 기독교 배척의 움직임이 강해지면서, 강력한 국권 회복 운동과 국수주의가 대두되고, 구미주의는 퇴조하기 시작했다. 천황을 정점으로 하는「국체(国体)」의 유지라고 하는 보수 반동의 흐름이 이후의 일본의 주류가 되었다.

1) 교육과 종교의 충돌

1889년(메이지 22년) 발포된「대일본제국 헌법」은 신교의 자유를 표방했지만, 이것도「천황의 신민으로서 국민의 의무에 배척되서는 안 된다」라고 하는 조건부였다. 1890년(메이지 23년)에「교육칙어(教育勅語)」를 발표했으며, 거기에는 모든 도덕과 교육의 기준은 천황에 있으며, 충군애(忠君愛)를 가르치는 유교 사상에 기초하고 있었다. 교육칙어는 기독교 관계자에게도 배포되어, 우치무라는 천황의 친서에 절하지 않음으로써 비난을 받았다(1891년). 이것을 계기로 기득교는 국체에 반하는 종교라는 비난이 일어났다.

    1891년(메이지 24년) 6월 일본정부는 전국의 학교에 천황의 사진을 걸게 하고, 최대의 예의를 갖추도록 했으며, 교육칙어를 봉독하고, 거기에 따라 교육이 이루어져야 한다는 추지를 학교 관계자에게 의무화시켰다. 즉, 천황 신앙적 국가신도주의(国家神道主義)를 전 국민에게 강요하는 것이었다. 이렇게 해서 기독교도 국체 사상의 테두리 안에 틀어박히게 되었다. 1899년(메이지 32년) 8월에 발표된 「사립학교령 제17조」에서는 기독교 교육을 금지하는 취지를 내용으로 하고 있다. 「사립학교령」은 외국인이 경영하는 학교에 대한 감독과 규제를 강화하는 내용이었다. 더욱이 종교교육과 종교의식을 실시하는 것도 금지했다. 기독교 학교는 징병 유예의 특권과 상급학교 진학이라는 특권을 확보하기 위해서 기독교를 가르치는 것을 단념할지, 특수학교가 될지를 선택하지 않으면 안 되었다. 이렇게 해서 기독교 학교는 국가주의 정책에 영합하지 않을 수 없게 되었으며, 이는 메이지시대 이후 일본 기독교사에도 영향을 미쳤으며, 적어도 제2차세계대전 종결까지는 국가신도(国家神道)와 대결하는 역사라고 하는 일면을 가지게 되었던 것이다.

    여기에서는 이러한 당시의 정세 속에서, 이노우에 테츠지로우(井上哲次郎)에 의한 소위 「교육과 종교의 충돌」이라고 하는 논쟁을 중심으로 검토하기로 한다. 우선, 그 발단을 제공한 우치무라 간조(内村鑑三)의 「불경사건(不敬事件)」부터 살펴보자. 앞에서 언급한 것처럼 메이지 20년대에는 국가주의가 높아지면서 「교육칙어」가 발포되었다. 1891년(메이지 24년) 1월 9일 제일고등중학교 교사인 우치무라가 천황의 서명이 들어간 「교육칙어」 친서에 절하지 않았던 것을 「불경」이라고 비난하는 이른바 「불경사건」이 일어났다. 그 때, 촉탁 교원이던 우치무라는 아주 약간 고개를 숙였을 뿐 경례와는 거리가 멀었다고 하면서, 그 「불경」을 일부 학생들이 문제 삼았다. 당시의 신문 등도 우치무라 만은 서서 경례하지 않았다고 일제히 보도했다(土肥昭夫1, 130). 후일, 우치무라는 대리인을 세워 재차 경례를 했지만, 반대자들의 분노는 가라앉지 않았으며, 마침내 그는 교직을 물러나게 된다. 또 쿠마모토현에서도 현의 지사가 기독교 신자인 초등학교 교원에게 위협을 가해, 성서를 읽은 초등 학생을 퇴학시키는 사건이 일어났다. 이들 일련의 사건을 보고, 동경제국대학 교수인 이노우에(井上哲次郎)는 「교육과 종교의 충돌」(1893)을 발

우찌무라 간조와 불경사건을 다룬 기사(시민 카와라반 사이트, 2007.3.1)

표하였으며, 「교육」 즉 국가주의 교육과 「종교」 즉 기독교와는 「충돌」할 수 밖에 없음을 주장했다.

이 논의는 큰 논쟁의 불씨가 되어, 기독교주의 학교에서는 학생수가 격감하면서 재정적으로도 힘들어졌다. 게다가 1899년(메이지 32년) 9월에는 종교 교육 금지령이 발표되면서, 기독교주의 학교는 학교령에 의한 특권을 박탈당하면서 존속의 위기에 처해지게 된다. 오히려 우수한 청년들은 차례차례로 정부나 국가기관 혹은 기업에 흡수되면서, 교회에는 오지 않게 되어 버렸던 것이다.

이에 대하여 메이지 시대의 크리스챤은 어떠한 입장을 취했을까? 메이지의 크리스챤들의 대부분은 황실을 경애하는 애국자였다. 오노는 그들의 신앙구조 속에서, 국가는 어떤 위치를 차지하는지를 두 개의 그룹으로 나누어 설명하고 있다. 우선, 우치무라 간조, 우에무라 마사히사와 같이, 국가를 절대적인 가치의 근원으로 생각하지 않고, 거기에 자기를 귀의시킴으로써 자기실현을 도모하고자 하는 태도를 취하지 않았던 그룹이다. 즉, 우치무라나 우에무라의 애국심에는 그것을 상대적으로 파악하는 「신의 나라」가 초월적인 실재로서 존재하고 있어 국가나 천황에 대한 우상화는 일어나지 않았던 것이다. 그러나 요코이(橫井時雄)와 같이 국가의 요청을 받아들여 기독교를 국가에 종속시키려는 생각도 이 시대에 나타났다고 한다. 그들에게 있어서 기독교의 신앙내용은 「의복」과 동일하기 때문에, 시대와 환경의 요청에 따라 「옷을 바꿔입는 것」은 아주 당연하다고 본 것이다. 세상이 구미주의에서 「국수보존」, 「국가주의」로 변할 때, 즉시 외계에 대응한 옷으로 갈아 입어도 이상하게 생각되지 않은 것이다. 이와 같은 변신의 배경에는 메이지 10년대의 「신신학(新神学)」의 영향도 있었다고 보여진다.

2) 교회 성장의 침체 원인과 신신학의 이입

　1894년(메이지 27년) 청일전쟁의 발발은 기독교와 일본 국책과의 융합을 진행시키는 일대 전환기가 되었다. 교회는 적극적으로 군대 위문 등을 실시하면서 의전론(義戰論)을 전개했다. 그러나, 이 시기에 기독교는 정체했다. 기독교는 사회문제에도 눈을 뜨지 않았다. 구세군의 야마무라 군페이가 목소리를 내는 정도에 그쳤다. 게다가 1904년(메이지 37년) 러일전쟁이 시작되었지만, 개전에 반대한 우치무라나 가시와기는 소수파에 지나지 않았으며, 많은 교회 지도자는 적극적인 주전론자로 변신해 나간다. 이 시대는 사회주의자에 대한 논의가 일어나고 있는 시대여서, 교회는 그들과 구별을 분명히 하면서 노동층에 대한 전도도 소극적이었다. 기독교와 천황에 대한 충성이라고 하는 것이 최대의 과제였다. 이 시기의 일본 개신교 교회에는 세 가지의 조류가 있었다. 첫 번째가, 우에무라 마사히사(일본기독교회(日基教会)), 고자키 히로미치(조합교회), 혼다 요우이치(감리교)를 중심으로 하는 복음주의 신앙에 서서 교회를 중심으로 기독교를 확립하려고 하는 입장, 두 번째가, 우치무라 간조를 중심으로 하는 복음주의 신앙에 서서, 건물로서의 교회를 부정하는 성서중심주의의 입장, 세 번째가, 자유신학에 근거한 에비나 단죠를 중심으로 하는 국가적 정신주의의 입장이다. 특히, 신신학이라고 하는 자유신학 등의 도입에 의해서, 앞에서 서술한 것처럼 조합교회가 결정적인 타격을 받게 된다.

　여기에서는 신신학의 이입 과정과 그 영향에 대해 소개한다. 에비나 단죠를 비롯한 자유주의적인 기독교관은 이미 메이지 20년대에 일본에 들어와, 교회에 큰 영향을 미치고 있었다고 여겨진다. 오노에 의하면, 메이지 20년대의 전도 부진의 원인으로써 자유주의 신학의 유행도 그 하나라고 말할 수 있을 것이다. 이러한 신신학은 1885년에 독일계 자유주의 신학을 설파하는 보급복음교회의 슈핀너의 일본 방문, 1887년 슈미데르의 일본 방문, 그리고 미국의 유니테어리언협회의 A.M.납의 일본 방문 등을 통해서 이성주의적, 자유주의적인 신학이 유입되면서 여러 교회에 다양한 영향을 끼쳤다. 이와 같이 독일 중심의 신신학이 일본의 정통주의 신앙 위에 자유주의를 이식했던 것이다. 특히 조합교회의 지도자인 요코이 토키오, 가나모리 쓰린 등은 신신학의 진영에 자발적으로 발을 디디게 된다.

이 신학은 대체로 신의 계시라고 하는 초월적인 기준을 인정하지 않고, 따라서 성서 특히 복음서에 대한 역사적 비평 연구에 힘을 쏟는다. 그 결과, 그리스도는 구제자가 아니라, 인류의 도덕적 사표로서 높임받아야 한다고 본 것이다. 또한 유니테어리언처럼 역사적 기독교의 기본인 삼위일체의 부정이나 「프리마스파」와 같이 교회제도를 경시하는 입장 등도 대체로 「신신학」으로 일괄되었기 때문에, 그 영향은 단지 신학 뿐만 아니라 교회생활의 전 분야에 이르게 되었다.

이에 대해서 단호히 싸운 우에무라 마사히사와 에비나 단죠의 논쟁은 매우 유명하다. 에비나는 우에무라의 복음 이해와는 아주 달라, 그가 믿는 기독교는 성육신한 하나님의 아들이 아니었던 것이다. 그리스도를 살아계신 하나님의 아들, 진정한 구원자라고 믿지 않는 교회가 신앙의 생명을 잃는 것은 당연한 일이다. 조합교회의 대표적인 리더인 에비나 단죠, 요코이 토키오, 가나모리 쓰린 등이 신신학에 경주하면서, 가장 타격을 받은 것은 역시 조합교회이다. 이 신신학이 조합교회계의 목사나 신자들에게 준 영향은 매우 컸던 것이다. 그것은 조합교회가 독립적으로 자급하는 교회 연합으로서, 교회로서의 신앙 고백이 명시되지 않았으며, 신학적 기초가 확립하지 않았던 점이 원인이라고 알려지고 있다. 이를 거울삼아, 1892년 총회에서 조합교회의 모든 교회들은 표준적 신앙고백으로서 5개조를 확정했다고 한다.

3) 일본교회의 제 2 차 부흥 - 20 세기 대거전도

보수 반동의 시대를 견뎌낸 교회는 20 세기가 되면서 전환기를 맞이한다. 영미의 기독교회가 20 세기를 기념하는 전도에 나서면서, 그 자극을 받은 일본 교계도「복음 동맹회」주최로 새로운 전도에 착수했던 것이다. 그것이 교파를 초월한 대대적인 전도운동인「20 세기 대거전도」이다. 원래, 그 전개는 1901년 1월의 첫 주 기도회에서 시작되었다고 알려지고 있다. 나카타 시게하루(中田重治)나 미타니 타네키치(三谷種吉;음악전도의 시초) 등이 전국을 순회 전도하였다. 그들은 손풍금에 맞추어 찬송을 부르면서 가두를 행진하며, 대중을 교회로 인도하였으며, 회심을 촉구했다고 한다. 1901년(메이지 34년) 5월에 열린 집회가 부흥의 양상을 보이면서, 대거전도는 매우 활기를 띠었다고 한다. 특히, 5월 25일에는 50개 이상의 교회, 60명 이상의 목사, 12명 이상의 선교사, 360명 정도의 신자가 가두를 찬미하면서 행진하며 집집마다 방문했다. 그 때에 30만 부의 전도지 팜플렛을 배포했으며, 50만 부의 집회 안내용 전단을 나눠주었다. 그 결과, 오후 기도회에는 800명이 참가했다고 전해진다. 전도 집회에 출석한 전체의 인원수는 32만 2245명에 이르렀으며, 카드에 서명한 사람도 1만 5440명이나 된다고 알려지고 있다. 게다가 세례를 받은 사람은 1181명이며, 전국에서 구도를 결심한 사람은 2만 명을 넘었다고 한다. 기독교회의 총수도 지금까지의 3만 명대에서, 1901년에는 일거에 5만 명을 돌파했던 것이다. 「20 세기 대거전도」의 영향은 여기서 머물지 않고, 1903년 「기독교 합동 전도관」에서의 전드 집회로 이어져, 당시 24만 6000명이 참가하였으며, 1만 6000명의 신앙 결심자가 나타나는 놀라운 결과를 낳았던 것이다. 게다가 1914년부터 1917년까지의 「전국 협동 전도」에도 영향을 미쳤으며, 그 사이의 집회수 만으로도 4788회이며, 집회의 출석자가 77만 7119명, 구도 결심자는 2만 7350명이나 되었다고 한다. 확실히, 메이지 초기의 제 1 차 부흥보다 뛰어난, 일본 기독교의 부흥의 흐름을 낳는 효과가 있었다고 생각된다.

「20 세기 대거전도」의 의의로서는 4가지로 정리할 수 있을 것이다. 첫 번째로, 모든 교회가 일치한 최초의 조직적 전국 전도이다. 두 번째로, 반기독교적 일본 사회에, 전국의 교회가 성서를 적극적으로 선전함으로써 사회에서 침체되어 있는 기독교에 대한 오해나 선입관을 일소하려고 한 점을 들 수 있을 것이다. 세 번째로, 교파·교단이나 지역사회의 전도열을 북돋우는 효과가 있었다. 네 번째로, 메이지 초기의 선교사 중심이 아니라, 일본인 크리스챤에 의해서 이루어졌다고 하는 큰 특징이 있는 것이다. 이러한 「20 세기 대거전도」에 의해서, 침잠했던 일본 기독교는 새롭게 부흥의 소망을 품을 수 있게 되었다. 그러나 오노는 대거전도에 열심히 임한 몇 개의 교회를 대상으로 2년 후 조사한 인브리의 조사 결과를 인용하면서, 교회 자체는 대거전도 자체에 의해서는 조금도 강화되지 않았다고 하는 분석 결과를 제시하고 있다. 즉, 대거전도 그 자체가 잘못된 것은 아니지만, 각 교회나 교파의 충실한 전도 계획이 이러한 대규모 플랜에 의해서 교란되어서는 안 된다는 점을 시사한 것이다.

5. 타이쇼(大正) 데모크러시의 영향에 의한 일본 교회의 성장 (1909-1930년)

타이쇼(大正) 데모크러시 시대는 정치적으로는 러일 전쟁(1904-1905)이 끝났을 때로, 청일 전쟁과 러일 전쟁에 이겼을 뿐 만 아니라 더나아가 무력으로 한반도를 합병함으로써, 구미 열강의 대열에 들어간 시기이다. 타이쇼기(大正期)의 일본 내외적 상황을 보면, 러일 전쟁에 승리하면서, 국제적으로는 서양 열강과 어깨를 나란히 하면서, 아시아 진출로 자신감이 강해졌던 것이다. 게다가 군비 증강을 통해 해외 팽창이라고 하는 제국주의 대열에 동참하기 시작한 것이다. 그러나, 국내적으로는 민중의 생활은 변함 없이 궁핍했으며, 일부의 부유한 계층과의 빈부의 차이는 더욱 심해졌다. 또한 일본의 아시아 진출에 대해서는 우치무라 간조 등의 반대도 있었지만, 대세는 동화정책의 일환으로서의 식민지 전도나, 불교, 교파 신도와의 3교 회동(1912년) 등에 의해, 침략전쟁에 돌입하는 국가기구에 편입되어져 갔다.

1) 일본정부의 종교정책과 「3교 회동」

교회는 초기 개신교 선교사들이 일본 선교를 시작한 이래, 현저한 발전을 이루고 있었다. 그러나, 그 수는 언제나 소수였다. 1895년(메이지 28년)에는 인구 100만 당 불과 144명이라고 하는 비율이었지만, 1905년에 1021명이 되었다. 게다가 1915년(大正 4년)에는 1253명, 1919년에는 2092명으로 증가했다. 하지만 인구 500명 당 크리스챤은 불과 한 명에 지나지 않았다. 기독교는 사회적으로도 신도와 불교에 압도된 것처럼 보였으며, 법적으로도 신도·불교·그 외의 종교로서 자리 매김하고 있었지만, 1893년(메이지 26년) 9월 시카고에서 열린 세계종교대회에 고자키 히로미치(小崎弘道)가 일본기독교대표로, 신도의 실행교관장인 시바타 히로시(柴田礼一), 불교의 임제종 관장인 샤쿠 소엔(釈宗演) 등과 함께 참석하면서 대등한 지위로 행동하고, 또한 발표를 했다. 이것이 자극이 되어 1896년 신도, 불교, 기독교의 대표들이 발기해서 제1회 종교가 간담회(宗教家懇談会)를 동경에서 개최했다. 이 간담회를 기점으로, 비교종교연구회가 만들어졌으며, 후에 일본종교학회의 기원을 이루게 된다. 이것이 「3교 회동」의 시발점이 되지만, 문제는 보다 근본적인 곳에 있다고 생각된다. 앞서 키리시탄의 박해에서도 언급했지만, 일본의 역사적 종교 사상은 모든 종교가 얽히고 섞인 실타래와 같은 복수성·중층성이 특징이다. 전국시대나 에도시대에도 그랬던 것처럼, 메이지시대 이후에도 일본 정부는 일관되게 종교를 국가 권력 아래에 두려고 했다. 종교를 민심 안정의 도구로 삼아, 국가 질서유지의 수단으로 한다는 방침은 메이지 헌법 28조, 신교의 자유 항목에서 「일본 신민(臣民)은 질서안녕을 방해하지 않을 뿐만 아니라 신민다운 의구를 거역해서는 안 된다」라고 하는 조건이 붙은 것에서도 여실하게 드러난다. 이러한 일본정부의 일관된 종교 정책을, 기독교를 포함한 신도·불교·기독교 3파에 대해서 한층 더 의식적으로 강화시킨다는 목적 하에서 「3교 회동」이 이루어졌다. 1910년 구미를 순방하면서 기독교적 감화의 영향력을 눈으로 보고 돌아온 토코나미(床次竹二郎)는 다음 해 사이온지 내각(西園寺内閣)의 내무차관이 되어, 3교 회동을 계획하고 각 종교에 초대장을 보냈다. 이렇게 해서 1912년 2월 25일, 일부 불교측의 반대자를 제외하고, 불교 50명, 신도 13명, 개신교 5명, 카톨릭 1명, 정교회에서 1명, 정부에서 21명이 참가해서, 결의안을 정부에 제출했던 것이다.

다음 날 3파의 대표가 재차 회합을 갖고, 이번 초청에 따른 종교계의 결의를 나타내기 위한 결의안을 발표했다. 거기에는 천황제 국가의 의사를 구현하며, 그것을 민중에게 침투시키는 채널로서 종교가 스스로를 위정자의 앞에 바친 것은 타이쇼・쇼와 시대의 종교의 방향을 결정지은 것이나 다름 없다. 그리고 종교의 존립을 전제로, 국가(천황제)의 비호와 충성을 종교인들이 스스로 인정함으로써, 종교가 국가에 포섭된다고 하는 관계가 자연스럽게 드러나게 된 것이다. 그것은 다른 견해로 설명하면, "교육과 종교의 충돌" 논쟁에서 크리스챤이 주장한 종교로서의 자율성을 스스로 무너뜨린 것과도 직결되어 있었던 것이다. 그 결과, 일본의 기독교는 신도국가주의와 타협하지 않는 한 일본의 내셔널리즘과 결합될 수 없게 되었던 것이다.

그 때문에, 도이 아키오는 3교 회동을 천황제 이데올로기와 관련시켜서 생각하지 않으면 안 된다고 지적하고 있다. 그러나 당시 기독교계의 대세는 3교 회동에 찬성하고 있었으며, 3교 지도자들의 결의를 지지했던 것이다. 물론, 소수의 사람들은 이 회동을 정부의 종교 이용으로 보고, 정치와 유착한 종교는 반드시 부패, 타락하기 때문에, 종교는 스스로의 진리성에 서서 전도해야 하며, 정부의 보호 속에서 살아서는 안 된다고 주장했다고 한다.

어쨌든 일본 기독교회는 1912년의 3교 회동에서 보여진 것처럼 국가와 타협하는 모습을 보이게 되었던 것이다.

2) 전국 협동 전도와 일본 교회의 조선 진출

1911년(메이지 44년) 일본 개신교의 8 교파가 일본 기독교회 동맹을 결성했다. 이미 앞에서 언급한 것처럼,「3교 회동」에 의한 정세의 호전으로 교회는 3교회동의 성명처럼 일치 협력, 하나님 나라의 확장을 위해서, 이 좋은 기회를 포착해서 전국적 전도를 전개하는 희망에 불타고 있었다. 1913년 4월 세계선교회의 계속위원회의 개최를 계기로 해서, 1914년 전국협동전도를 개시한다. 이와 함께, 일본 조합교회가 조선 진출을 시도하게 된다.

이미 노리마츠(乘松雅休)는 한국 교회의 비참한 상황 때문에 한국 전도를 결의하고, 1896년 수원에서 전도를 개시했지만, 노리마츠는 조선총독부의 동화정책과 관계없이(즉 조합교회의 방침과 관지없이) 전적으로 성서만을 전하는 순수한 목적으로 조선에 건너갔던 것이다. 노리마츠는 조선 전도에서 언어는 물론 생활 전부를 한국인과 같이 했다고 한다. 그 때문에, 일본 정부의 지원을 얻지 못했으며, 신앙과 뜻을 같이 하는 친구가 보내오는 부정기적 헌금으로 생활하면서 극도의 궁핍함에 시달렸다. 기아 상태에 빠지는 일도 자주 있었지만, 노리마츠는 그것을 감수했을 뿐 만 아니라, 수탈에 괴로워하는 조선인의 친구가 되기 위해서 오히려 이를 받아들이면서 고난의 길을 걸었던 것이다. 그 결과, 그의 부인 쓰네꼬(1875-1908)는 1908년 2월에 병 때문에 33세의 젊은 나이로 사망했다고 한다. 노리마츠도 1914년 여름에 병 때문에 귀국해서, 오다와라에서 정양하였으며, 회복한 다음 날 다시금 조선으로 떠났다고 한다. 그리고 1921년 2월 소천했으며, 그와 아내의 묘는 수원에 남아 있다.

그러나, 노리마츠와는 달리 당시 조합교회의 조선 진출은 조선총독부의 동화정책에 이용되는 형태로, 일본 정부와의 타협 속에서 조선교회의 세력을 약화시키고, 일본교회에 흡수시킬 계획 하에서 시작되었다. 그 계획의 대표자는 에비나 단죠, 와타세 츠네키치 등이다. 1910년 10월 고베 교회에서 열린 조합교회 제 26회 총회의 신자대회에서, 조선 전도에 착수하는 결의안이 가결되면서 조선 전도 실행위원회가 발족된다. 그리고 매년 거액의 자금을 총독부로부터 보조받게 된다. 즉, 거액의 전도 자금 조달은 일본국가 자체와 중앙정부, 조선총독부, 혹은 자본가나 재벌의 원즈에 의해 이루어졌다. 이러한 자금원조를 받아 조합교회는 1911년부터 조선 전도 활동을 개시해,

1912년 서울에 일본 기독교의 교회당을 건축한다. 오오무라는 왜 조선총독부가 이러한 어용종교로서 조합교회를 이용했는가에 대한 이유로서 다음과 같이 언급하고 있다. 당시, 조선의 기독교는 개신교가 압도적으로 많았으며, 전도가 개시된 것은 일본보다 늦은 1880년대였다. 교파적으로는 장로교가 가장 많았지만, 실은 조선의 크리스챤은 러일전쟁 후의 조선독립운동의 지도자였던 것이다. 일본 정부, 직접적으로는 조선 총독부는 일본의 조선 통치를 완수하기 위해, 아마도 최대의 적인 조선 재래의 기독교(테라우치 총독이 말하기를 서양 선교사에 의한 기독교)를 일본 조합교회로 편입시켜, 일본의 조선 통치에 도움이 되도록 일본의 국가권력에 봉사하는 기독교를 조선에 만들지 않으면 안 되었다고 한다. 그러한 어용종교, 어용기독교로서 일본 조합교회가 선택되어 조선 전도가 계획되었다고 하는 것이다. 이는 조합교회의 조선 전도와 일본 국가권력과의 명백한 유착이다.

이를 반증하는 대표적인 사건으로서, 한국의 삼일운동 이후에 일어난 「수원제암리의 학살」을 살펴보자. 일본군이 수원제암리에 출현해서, 주민에 대한 훈계를 구실로 기독교도를 교회에 집합시키고, 32명 전원을, 나아가서는 유아까지도 교회당에 가둔 채 살해하고 방화를 저질렀던 것이다. 탄압 하에서 조합교회는 이와 같이 일본 권력에 전면적으로 협력하는데 이용되었다고 보여진다. 1921년(大正 10년)이 되면, 조합교회의 조선 전도는 갑자기 붕괴된다. 그 해 10월에 열린 조합교회 제 37회 총회는 조선 전도부를 폐지하며, 그 소속 교회를 「조선 회중 기독교회」로 분리 독립시킬 것을 결정했던 것이다. 이와 같이 조합교회는 자유신학의 영향 하에서 군국주의의 일본정부와 타협하면서, 만회할 수 없는 큰 잘못과 죄를 저질렀다. 수원 제암리교회에 대해서는, 후에 오야마 레이지 목사와 무교회 신자 등이 주축이 되어 사죄 방문이 이루어졌다. 사죄방문 및 과정에 대해서는 나중에 후술하겠다.

3) 기독교와 사회 참가

1897년(메이지 30년) 경부터, 일본에서도 노동 문제가 사회 문제화되기 시작했다. 아시오 동산 광독문제(足尾銅山鑛毒問題)를 폭로한 정치가 다나카 쇼죠(田中正造)나 1901년에 기독교 사회주의의 이념을 실현하려고「사회민주당」을 결성한 아베 이소오(安部磯雄), 기노시타 나오에(木下尙江) 등 일본의 초기 사회운동은 기독교와 밀접하게 연결되어 있다. 또한 1910년대 이후에 활발한 사회운동을 실시한 카가와 토요히코(賀川豊彦)는 노동조합 운동, 소비조합(생활협동조합)의 설립(1926) 등을 추진했다. 이들 사회사업을 지탱한 사상적 골격은 (1)하나님 앞에서의 인간의 평등, (2)하나님으로부터 사랑받고 있는 인간으로서의 인격적 책임의 자각, (3)사회를 하나님이 인도하는 공간으로서 인식하고 사회 개선을 크리스챤이 간구해야 할 목표로 보는 사회윤리, (4)약자의 약함을 담당하는 것을 하나님의 뜻으로 간주하는 사랑의 윤리, (5)가정이 하나님의 선물이라고 믿는 새로운 가정관, (6)근로에 의한 자조적 노력에 의해서, 단순한「자선」적・「혜택」적인 사회사업을 뛰어넘고자 하는 새로운 노동관, (7)구제나 의료사업의 배후에, 진정한 치유자(구제자)를 앙망하는 기독교의 기본적인 신앙 등을 들 수 있다. 여기에서는 특히 1910년대 이후에 활발한 사회운동을 실시한 카가와 토요히코(1888-1960)를 중심으로 정리한다.

카가와는 타이쇼 시대의 노동운동과 깊은 관련성을 맺고 있었다. 21세기에 들어서 현대 한국 기독교사회에도 영향을 미친 팔 복의 주인공 김춘선은 일본 유학시절에 카가와의 영향을 받았다고 알려지고 있다. 일반적으로, 카가와에 대해서 다음과 같이 불려지고 있다. 즉, 고베의 신카와의 빈민굴에서 헌신적으로 일한 전도자, 내지는 위선적으로 이름을 파는 사회 사업가, 혹은 당시 초베스트셀러였던 「사선을 넘어」를 비롯해 셀 수 없을 만큼 많은 책을 쓴 사람, 혹은 농민을 한 번에 100명, 200명씩 기독교로 개종시킨 선교자, 또는 소비조합운동을 일으킨 사람, 혹은 세계의 사람들로부터 일본의 성자, 대표적 기독교인이라고 불리우며 노벨 평화상 후보에도 한 번이 아닌 몇 번 씩이나 오른 인물 등 여러가지 평가가 있다. 카가와가 빈민굴에 거주한 것은 메이지 42년(1909년) 12월 24일로 크리스마스의 전날이며, 21세 때이다.

런던의 빈민굴에서 숭고한 역할을 수행한 아놀드 토인비(Arnold Toynbee) 등 크리스챤 사회주의자의 사상에 깊은 감명을 받은 것이 메이지 학원 및 고베신학교를 졸업한 그에게 빈민굴에 들어가는 결심을 하게 만든 것이다. 빈민굴 안에서 카가와는 수십년을 보내면서 전도를 하며, 또 환자들에게 약을 전달하기 위해 집집마다 돌거나 아이들의 그룹을 만들어 가르치기도 했다. 또한 갓난 아이를 대신 죽이는 사람들로부터 영아를 인수해 기르는 일 뿐 만 아니라 자선적 봉사의 일에는 싸움의 중재까지도 포함되어 있었다. 카가와는 인간의 괴로움으로부터의 해방의 문제를 경제적 가치와 종교적 가치와의 깊은 상관관계 속에서 추구하려고 했던 것이다. 즉, 인간의 괴로움의 대부분이 물질 문제에서 기인하는 것을 빈민굴 생활을 통해서 너무 잘 알고 있었던 것이다.

카가와는 노동조합운동, 소비조합(생활협동조합)의 설립(1926년) 등을 추진한 것으로도 유명하지만, 당시 폭력에 의지하는 사회주의자들과는 달리 폭력에 의한 혁명을 믿지 않았다. 그로 인해, 당시의 소비자 의회에는 찬성하지 않았으며, 노동조합을 사회단위로 한 「산업조합 의회」, 즉 생산자를 중심으로 해서 생겨난 산업 민주주의의 의회제도를 서서히 만들어 갈 것을 제안했다. 신카와의 빈민굴에서 사회사업을 시작한 카가와가 원래 노동조합운동에 관심을 가지게 된 계기는 미국의 프린스톤 신학교에 입학해서 목격한 데모 행진에 있다고 한다. 카가와는 25세에 시바 하루와 결혼한 다음 해, 즉 大正 3년(1914년)에 미국의 프린스톤 신학교에 입학한다. 2년 만에 B.D를 취득한 후, 유럽대전 중에 불황을 겪고 있던 뉴욕 거리에서 일을 찾아 걷고 있었을 때, 그는 우연히 빵과 일자리를 요구하는 6만 명의 노동자의 데모 행진을 보았다. 카가와는 귀국후, 大正 6년(1917년) 11월 칫솔 공장을 시작했다. 그러나 공장 경영은 어려워졌으며, 게다가 숙련공 모집은 제대로 이루어지 않았다. 그리고 직공 중에서 원료를 훔치거나 월급을 받은 뒤 며칠간은 술에 취해 빠져 결근하는 사람들이 발생하면서 직공의 훈련이 생각처럼 쉽지 않게 되자 결국 공장을 다른 사람에게 양도해 버리게 되었다. 이는 괴로운 경험이었지만, 공장 노동자의 실태를 아는 귀한 학습의 기회였다. 그리고 이 경험은 노동자의 교육, 훈련의 필요를 카가와에게 깊이 생각하게 함과 동시에, 노동자 자신에 의한 해방운동이야말로 그들의 진정한 구제의 길이라고 확신하게 되었다. 그 후 大正 7년(1918년) 8월 12일 신카와의 노동자들이 쌀집을 습격하는 것을 눈앞에 목격하면서, 무산계급의 해방을 위한 올바르고 질서있는 조직적 행동의 필요를 통감했다고 한다.

이렇게 해서, 노동운동의 조직화의 필요를 통감하고, 이를 위해 적극적으로 활동하기 시작한 카가와는 노동조합과 병행해서 소비조합의 조직도 만들어 나갔다. 카가와의 노동운동의 자금은 1920년에 출판한 그 유명한 저서 『사선을 넘어』의 인세에서 왔다고 알려지고 있다. 이 책은 일본 최고라고 할 정도의 경이적인 매출을 기록했었다. 그리고 그 인세는 막대한 금액이 되었지만, 카가와는 그 모든 것을 사회운동과 구제사업을 위해서 사용했던 것이다. 카와사키·미츠비시의 노동쟁의의 뒤처리에도 3만 5천엔을 사용했으며, 경관과의 충돌사건으로 투옥된 사람들의 가족에게 매 월 100엔씩 보냈다고 알려지고 있다. 게다가 1928년(昭和 3년) 카가와와 함께 하나님나라운동

자유학원의 설립자 하니 모토코(좌)와 초기 자유학원(명일관)(우)

의 전국전도에 나선 쿠로다에 의하면, 노동조합운동, 소비조합(생활협동조합)의 설립(1926) 만이 아니라 건강보험의 실시에도 기여했다고 한다. 1931년(昭和 6년) 2월 니토베 이나조 등과 동경의료이용조합운동을 개시했던 것이다.

이어서, 타이쇼(大正) 데모크러시를 배경으로 해서 새롭고 자유로운 교육운동도 차례차례 일어났는데, 여성으로서 일본의 사회교육에 큰 공헌을 한 하니 모토코(羽仁もと子)를 살펴보자. 하니 모토코의 「자유학원」은 타이쇼기(大正期)의 인격주의, 자유주의의 사조를 배경으로 기독교적인 인간관에 기초한 교육을 실시했다고 한다. 1921년 4월에 창립된 이 학원은 당시의 자유교육운동을 빼고는 생각할 수가 없다. 그러나 타이쇼기(大正期)의 자유교육이 그 후 이념적으로나 실천적으로 쇠퇴한 것에 비해, 「자유학원」은 그 독특한 창의적인 고안을 오랫 동안 착실하게 전해 온 드문 사례로서 평가되고 있다. 모토코는 어릴 때 세례를 받고, 후에 메이지 여학교에 재학중에 우에무라 마사히사로부터 신앙을 배웠다. 당시 일요일에는 이치반쵸 교회(우에무라의 개척교회)에 다니면서, 우에무라의 설교를 감동적으로 들었다고 고백하고 있다. 1892년(메이지 25년) 메이지 여학교에서 고향으로 돌아간 후, 동

경에는 돌아오지 않고, 모리오카의 카톨릭 여학교에서 교편을 잡으면서 그 사이에 연애와 결혼을 경험하지만 반 년 후에는 이혼한다. 그 후 1897년(메이지 30년)에 동경으로 올라와, 일본에서 첫 여성 신문기자(報知新聞)가 된 뒤, 그 다음 해 직장동료이자 7세 연하인 하니 요시카즈(羽仁吉一)와 결혼해 하니 모토코가 되었던 것이다. 결혼한 후, 신혼여행에서 아이디어를 얻은 뒤 독립해서 1903(메이지 36) 년 부부가 월간지「가정의 친구(家庭之友)」를 간행했다. 그 후, 1908년부터「부인들의 친구(婦人之友)」로 잡지명을 바꾼 뒤, 가사 정리, 육아, 요리, 주부의 일상생활의 마음가짐 등 사상과 생활의 합리화를 주장하면서 생활 개선을 호소해 나갔다. 이것이 당시 중산층 부인들 사이에서 큰 반향을 불러 일으키며, 우치무라 간조도 정기 구독자가 되었다고 한다. 이러한 가정생활의 개선을 교육을 통해서 실천하기 위해서,「자유학원」을 설립했던 것이다. 물론 하니 모토코의 사상의 한계에 대해서 여러 방면에서 지적할 수는 있겠지만, 기독교를 활력있는 문화적 가치로 번역해,「개인」과「사회」사이의 계층의 해방과 향상에 노력한 교육 실천은 바르게 평가될 만한 내용을 갖추고 있다고 생각된다.

4) 타이쇼기(大正期)의 대표적 전도자

타이쇼기(大正期)에는 일본 기독교회의 대부분이 군국주의와 타협하는 분위기 속에서도, 성결교의 지도자들, 우치무라 간조, 카가와 토요히코와 같은 지도자는 전도에 힘을 썼다. 성결교 등에서는 기도에 의한 부흥도 보여졌다. 카가와는 그의 하나님나라 이해를 통해, 사회적 활동과 함께 구원사역에도 열정을 쏟았다. 일본에도 기독교의 위대한 지도자가 태어났지만, 그들은 뛰어난 능력을 나타낸 한편, 교회 조직력에 있어서는 나카타를 제외한 우치무라나 카가와는 그다지 성과를 내지 못 했으며, 평신도 전체를 끌어들이는 평신도운동으로 전개하는 힘이 약했다고 보여진다. 이는 개성적인 지도자 중심의 전도도 중요하지만, 신자 전체에 의한 끈기있는 전도활동과 교회의 조직력의 중요성도 일깨워준다. 그들에 대한 비판적인 시점도 있지만, 타이쇼기(大正期) 기독교계의 대표적인 전도자들로서의 의의는 크다고 여겨진다. 여기에서는 나카타 시게하루(1870 - 1939), 우치무라 간조(1861 - 1930), 카가와 토요히코(1888 - 1960), 야마무로 군페이(1872 - 1940)를 중심으로 정리한다.

(1) 성결교단 나카타 시게하루(中田重治)의 일본 전도

일본 기독교회에는 성결교단으로 총칭되는 한 무리의 교회가 타이쇼기(大正期)에 들어서면서 교파 형성을 이루며 발전해 나간다. 그들은 성서의 복음을 단순하게 믿고, 전도에 열심이며, 기본적인 교리를 보수적으로 받아들이지만, 자주 교조적(教条的; dogma)이 되는 경향도 지적되고 있다. 이 그룹의 대표적인 전도자가 나카타 시게하루이다. 나카타는 1870년(메이지 3년), 아오모리현의 히로사키에서 최하급 무사의 집안인 나카타 집안의 삼남으로 태어났다. 소년 시대의 나카타는 상당한 망나니로서 알려져 있다. 이러한 나카타 집안이 기독교와 접하게 된 것은 장남인 히사요시가 미션 스쿨인 히가시오쿠의숙(東奧義塾)에 들어가면서 기독교에 접하게 된 것이 계기가 된다. 형의 영향을 받아 나카타도 히가시오쿠의숙에 입학해서, 17세 때 세례를 받았다. 1888년(메이지 21년) 혼다 요이치(本多庸一)를 사모해서 동경으로 올라가, 동경영일학교(현재의 아오야마 학원대학)에 입학했다. 히로사키(弘前) 시절에 단순한 성서 신앙을 교육받은 그에게 있어서 동경영일학교에서의 고등비평적인 성서에 대한 배움은 신앙을 냉각시키는 것으로 여겨졌다. 그러나 주말 교회 봉사는 열심히 했다. 그는 맏형의 교회를 도우면서, 학교로부터는 성적 불량으로 퇴학 처분을 받았지만, 교장인 혼다 요이치는 감리교 전도사로서 임시 면허장을 발급해 줄을 약속해 주었다. 거기에 감격해, 나카타는 전도 전선에 나아갔던 것이다.

나카타는 전도자가 되어 미국의 무디 성서 학원에서 배운 뒤, 거기서「성화」를 체험하며 귀국한다. 감리교에서 전도하지만, 이윽고 이탈해서 1901년 일본을 방문한 카우단 부부와 협력한다. 이윽고「동양 선교회」가 결성되어 발전하면서 1917년(大正 6년) 동양 선교회 일본 성결교가 탄생한다. 나카타는 이른바 사중 복음을 주창한다.「신생」「성화」「신유」「재림」이다. 개인전도와 대중전도 양쪽 모두를 활용하지만, 조금은 혼자주의 경향이 있어 교회 형성이나 교육 측면에서는 약점이 있었다고 지적되고 있다. 나카타는 부흥적인 신앙의 고양과 그것을 훌륭하게 감독하며 관리하는 정치력을 병용함으로써 성결교를 이끈다. 1920년(大正 9년)에 열린 전국 부흥대회에서 나카타는 다음의 다섯 가지를 강조한다. ① 성령 세례의 표준은 성서적으로 높여져야만 한다. ② 성결교의 각파가 일치단결해야 한다. ③ 부흥의 시발점에 대한 분쟁을 해서는 안 된다. ④ 사람을 판단해서는 안 된다. ⑤ 자화자찬을 해서는 안 된다. 이처럼 나카타를 비롯한 성결교 사람들 중에는 이른바 정통적인 대교파(일치기독교, 조합교회, 감리교, 성공회)에 대한 반발이 있고, 타이쇼기(大正期)에 전도 면에서 결실을 보면서, 상당한 인재를 모아 발전의 기초를 삼았다고 보여진다.

(2) 우치무라 간조(內村鑑三)의 재림운동

우치무라에 대해서는 이미「교육과 종교의 충돌」부분에서 언급했지만, 그를 재림운동으로 이끌었던 데에는 몇 가지 원인이 있다고 한다. 우선 직접적인 계기는 세계대전의 발발이다. 평화와 전쟁의 폐지를 주창해 온 우치무라에게는 기독교 세계를 무대로 한 전대미문의 전쟁은 인간의 노력에 의한 평화의 불가능성을 너무나도 분명히 확인할 수 있었던 사건이었다. 그에게 있어서의 평화의 실현은 이 세상에서는 그리스도 재림에 의한 세계의 종말 뿐이라고 생각했던 것이다. 두 번째로, 우치무라는 그 재림신앙을 딸 루츠코의 죽음이라고 하는 가슴 아픈 사건을 통해서 배웠다고 알려지기도 한다. 이러한 재림신앙의 강조는 일본 기독교회의 많은 이들에게는 받아 들이기 어려운 것이었다. 왜냐하면 우치무라의 성서신앙은 매우 근본주의적이고, 종말에 대해서도 자구적(字句的)인 해석에 치우쳐, 이 세상살이에 대한 하나님의 부정과 심판이라고 하는 색조를 깔고 있었기 때문이다. 지상교회의 조직·제도에 대한 혐오가 재림신앙이라는 모습으로 표현되었다고 하는 이도 있다. 우치무라는 지금까지의 성서 연구 집회를 중지하고, 널리 일반 사회에 성서를 전파하고자 했다. 지금까지의 수 십 명을 상대로 한 성서 강의에서 탈피해, 수 백 명 때로는 천 명을 넘는 청중에게 설교하면서, 동경 뿐만 아니라 홋카이도나 오카야마까지도 강연을 떠나 말 그대로 동분서주했다. 오노는 우치무라의 재림운동은 일본기독교에 직접적인 열매라고 할 만한 것을 남기지 못 했다고 평가한다. 다만, 상술한 나카타의 성결교에서는 재림운동을 부흥 운동의 일환으로서 인식한 흔적이 있으며, 그것이 직접 교세 증가를 가져온 것 같다. 그러나 조합교회, 감리교, 성공회, 일치기독교(메이지시대의 일치교회) 등의 이른바 정통 교파에서는 모두 냉담했다고 한다. 그 때문에, 오오키 히데오와 같은 사람은 우치무라의 재림론에 대해서, 역사의 의미나 인간의 윤리적 노력의 가치를 부정하는 곳에서 출발하고 있기에 「종말론」보다는 「종말관」에 가깝다고 지적하고 있다.

(3)카가와 토요히코(賀川豊彦)의 하나님나라운동에 의한 대중전도

위에서 고찰한 것처럼, 카가와 토요히코는 사회참가 뿐 만이 아니라 하나님나라운동에 의한 대중 전도로도 유명하다. 그의 인생이나 기도생활 등에 대해서는 후술하지만, 1928년(昭和 3년) 쿠로다 시로와 함께 시작한 하나님나라운동의 전국 전도는 매우 정체한 일본 기독교에 큰 영향을 주었다. 카가와는 폐병이나 안질, 급성신장염 등으로 매우 몸이 약하기는 했지만, 적극적으로 하나님의 사랑을 실천할 뿐만 아니라 당시의 재림운동을 전개한 우치무라처럼 40세 때인 1928년에 대중 전도에 뛰어든다. 원래 이 운동의 시발은 1925년(大正 14년) 7월 30일 YMCA 동산장에서 개최된 〈예수님의 친구 모임〉 제3회 수양회에서 「백 만의 영혼을 하나님께 드린다」(하나님나라운동)를 결의한 것에서 비롯된다. 그리고 1926년(大正 15년) 11월 하나님나라운동을 개시한다. 그런 후 1927년(昭和 2년) 8월 카루이자와에서 백 만 명 구령을 위한 하나님나라운동의 협의체가 개최되어, 1928년 7월 쿠로다 시로와 하나님나라운동의 전국 전도에 나서, 1932년(昭和 7년) 12월까지 5년에 걸쳐 제 1차 하나님나라운동을 끝마친다. 그 후, 1933년부터 제 2 차 하나님나라운동이 2년간 계속 되지만, 이 때는 카가와는 직접 관계하지 않았다고 전해진다.

일본기독교회(日基教会)에서는 토미타 미츠루, 조합교회에서는 코사키 미치오, 그 외의 교파에서도 유력한 지도자가 참가해 초교파적인 진용이 갖추어졌었다. 그러나 대중운동에 대한 반대도 많아, 「결심카드가 무슨 도움이 되는가」라고 매도하는 비판의 소리도 있었다. 하지만, 하나님나라운동의 14년 후에, 다시 쿠로다 등이 새로운 일본건설 그리스도운동을 주창하며 3년 반 동안 전국을 돌았는데, 대부분의 장소에서 전에 하나님나라운동에서 결심카드를 냈다고 하는 목사, 부인 전도사, 교회의 임원과 만남을 가질 수 있었다며, 하나님나라운동은 매우 좋은 결과를 맺었다고 주장하고 있다. 오노도 카가와의 사상 자체가 서로 이질적인 요소(사회주의, 낭만주의, 농본주의)를 갖추고 있기 때문에, 그에 대한 사상적 진폭이나 평가하기 어려운 원인도 있지만, 하나님나라운동 자체는 시대 속에서의 교회 선교에 균형 감각을 제공하는 힘을 갖고 있었다고 평가했다. 이 당시의 청중은 86만 명이며, 그 중 4만 5000명이 신앙에 대한 결의를 표명했다고 전해지고 있다. 또한 카가와는 타이쇼기(大正期) 뿐 만이 아니라 종전 후에도 대중 전도에 나선다. 종전 후에 곧바로 내각 참여에 초대되어 1946년(昭和 21년)에는 귀족원 의원(貴族院議員)이 되지만, 카가와가 가장 마음 아파하고 있던 것은 전쟁으로 인해 피폐해진 사람들에 대한 것이었다고 전해진다. 이미 50대 중반을 지난 몸에도 몇 가지 지병을 안고 있던 카가와였지만, 예레미야처럼 눈물을 흘리면서 다시금 기독교 전도여행을 시작했던 것이다.

(4)야마무로 군페이(山室軍平)의 평민의 복음

일본 구세군의 야마무로 군페이 사령관과 W. B. 부스(도시샤대학 자료)

야마무로 군페이는 일본 구세군의 창시자이다. 1872년(메이지 5년) 오카야마현 아테츠군의 농촌에서 태어났다. 궁핍한 농가의 여덟번째 아들로 태어나 8세 때에 친척 집에 양자로 가게 된다. 14세에 상경해서 인쇄공이 된 후, 잠깐 동안 기독교에 접하게 된다. 15세 때에 기독교의 노방전도를 통해서 교회에 인도되어 신앙의 길에 들어섰다. 곧은 심지를 지닌 그는 열심히 교회에 출석하면서 방해에도 굴하지 않고 노방전도를 계속했다. 그리고 그의 마음 속에는 어떻게든 동료를 신앙의 세계로 인도하고자 하는 노동자 전도의 의지가 분명해졌던 것이다. 이렇게 해서 그는 1889년 도시샤 대학 신학부에 입학한다. 가난 속에서도 면학에 힘쓰지만, 1894년 건강이 악화되어 도시샤를 떠난다. 1895년부터 구세군에 참가해 많은 일을 하였으며, 동양에서 최초의 중장 및 사령관이 된다. 1899년(메이지 32년) 그는 사토기 케이코와 결혼했다. 그녀와의 결혼 생활은 17년간이었지만, 야마무로를 아주 잘 통역하며 도와 구세군의 어머니로 불렸을 정도였다.

야마무로가 결혼 후 2주간의 휴가를 이용해 단 번에 완성한 것이 기독교 서적으로서는 최대의 베스트셀러가 된「평민의 복음」이다.

야마무로는 평생 동안 개인 전도, 사회 사업, 순결 운동에 몸을 바쳤다. 1923년에 훈장을, 1937년에는 구세군으로부터「창립자상」을 받았다. 야마무로는 타이쇼기(大正期)의 대표적인 사상가이며, 타이쇼(大正) 데모크러시의 영향을 받아「개인 전도」가 중시된 당시에 전도의 방법론으로서 개인 전도를 실시한 인물이다. 야마무로는 수많은 전도론을 남기고 있지만, 전도방법론의 중심은 무엇보다도 개인 전도이다. 구세군의 복음 이해는「복음주의」적이며, 교회관에 있어서도 일치기독교, 조합교회, 감리교, 성공회 등의 대교파와 근본적으로 성격을 달리하고 있다. 그러나 야마무로의 복음 이해는 그러한 교파의 차이를 넘어서, 많은 교회원들의 공감을 불러일으켰다고 알려지고 있다.「평민의 복음」으로 대표되는 평이, 통속, 명석하고, 단도직입적으로 복음의 주제에 파고드는 설교가 압도적인 지지를 받았던 것이다. 문서전도의 성공이며, 무엇보다도 복음이「독서」라고 하는 개인적인 행위를 통해서 광범위한 사람들의 마음을 사로잡았다고 하는 점에서 획기적인 것이었다. 야마무로의 저서 중에「개인전도」라고 하는 저작이 있지만, 그 서문에서「한 사람이 한 사람을」이라는 표현이 있어, 이 슬로건이 이 시대에 한창 유행되었다. 전도가「개인」의 구령이라고 하는 단순한 인식이 기독교회에서 공유되게 된 것이다. 야마무로는 개인 전도자에게 필요한 5가지 조건을 들고 있다. 첫 번째는, 신생이다. 야마무로는 다음과 같이 말하고 있다.「자신이 구원받고, 새롭게 태어나지 못 한다면, 타인을 구원의 세계로 이끌지 못 하는 것은 말할 필요도 없다. 개인 전도자는 자신이 죄로부터 구원받고 새롭게 태어났다고 하는 명확한 자각이 없으면 안 된다.」 두 번째는, 「성서의 가르침을 저장하는 머리」이다. 「성서에 매우 해박하지는 않더라도, 적어도 신에 대해, 죄에 대해, 그리스도에 대해, 구원에 대해서 성서에서 제시하고 있는 구절을 외워두고, 필요한 경우에는 언제라도 성서를 펼쳐서 사람과 대화할 수 있게 된다면 엄청난 도움을 받을 것임에 틀림없다」고 설명하고 있다. 세 번째는, 영혼에 대한 애정이다. 네 번째는, 기도의 생활이다. 다섯 번째는, 하나님의 성령이다. 이처럼 야마무로는 타이쇼기(大正期)에 개인 전도의 방법론을 제시한 대표적인 사상가이며, 전도신학이 부재한 일본 기독교계에 큰 영향을 주었다고 말할 수 있을 것이다.

6. 15년 전쟁과 국가신도(1930 - 1945년)

1) 종교단체법과 일본기독교단의 탄생

1930년대의 일본 경제는 위기적 상황에 처해 있었다. 도시에는 실업자가 많았으며, 농어촌은 황폐한 상태로 전락했던 것이다. 군부는 정당 내각의 종말을 촉구하면서, 더나아가 천황제 관료, 거대 자본과 결합되는 경향이 나타나고 있었다. 1931년(昭和 6년) 만주사변의 발발, 이어서 1932년(昭和 7년) 5.15 사건에 의해서 일본은 군국주의로 기울어져 갔다. 사상통제는 엄격해졌으며, 특히 신흥종교에 대한 격렬한 탄압이 이루어졌다. 기독교에 대해서도 외국종교라고 하는 것 때문에 항상 의심을 받았다. 1931년(昭和 6년)의 만주사변은 일본 종교저의 중대한 분기점이 되었다. 군부가 주도권을 잡게 되면서, 과거 평화주의자이거나 자유주의자였던 사람들도 언론 탄압 앞에 침묵했다. 만주사변의 흐대, 그리고 국수주의 세력의 진출은 일본에서의 기독교 활동을 매우 힘들게 했다. 즉, 파시즘이 점차 확립되면서 기독교활동도 보다 어려워졌던 것이다 기독교에 대한 탄압은 1925년 4월 제정된 치안 유지법이 그 기원이다. 1937년(昭和 12년) 7월 7일 중일전쟁에 돌입하면서, 일본 정부는 종교계에 대해서 전쟁 협력을 요구했다. 중일전쟁이 일어난 다음 해(1938년)에는 국가 총동원법이, 1939년에는 종교단체법이 가결되었다. 종교단체법은 교의, 의식, 행사의 엄격한 제한과 금지를 정해서, 6월 군벌 정부는 교회수 50, 신자수 5,000명 미만의 교회는 정식으로 인정하지 않으며, 교회는 미션으로부터 인적 · 경제적으로 완전하게 독립할 것을 요구했다. 이에 따라, 미션에 대한 의존도가 강한 소수파는 독립교단으로 전혀 인정을 받지 못하게 되면서, 소수파는 같은 계통의 교파와 합동을 갑자기 진행했다. 또한, 8월에는 구세군사건이 일어나면서 교회의 분립은 사실상 국수세력 및 군부 세력의 압력에 도저히 저항할 수 없다는 사실이 지식인들 사이에 감지되기 시작했다. 그 해 여름에 개최된 기독교 교육동맹회의 총회는 거신교의 모든 교회의 완전 합동을 요망하는 결의를 확정했다.

「종교단체법」의 가결에 의해서 교단 설립을 위해서는 문부대신(문교부장관)의 허가를 필요로 하게 되었다. 또한 「종교가 안녕을 방해할 때 인가를 취소한다」고 했다. 그것은 종교를 국가의 통제 아래에 둔다고 하는 법률이었다. 기원 2천년을 기념하는 식전을 끝낸 다음 해인 1941년(昭和 16년) 6월에 개신교 34 교파, 2300여 개의 교회가 「일본기독교단」으로서 통합되었다. 그 때, 일본 성공회의 3분의 2는 합동에 참가하지 않았다.

일본기독교단의 성립은 에비노(海老沢亮)처럼 과거 일본 기독교의 합동을 위한 노력의 성과로서 보는 시점도 있지만, 이러한 국수·반동 세력의 압력에 의해서 어쩔 수 없이 실현된 것이라고 보는 사람도 적지 않다. 이렇게 해서 1941년(昭和 16년) 32 교파의 통합에 의한「일본기독교단」이 탄생한 것이다.

2) 교회의 박해와 기독교인의 저항

일본기독교단의 성립이 일본의 크리스챤과 교회를 직접적인 관헌의 탄압으로부터 보호하는 결과가 된 것은 사실일 것이다. 그러나 보다 현저한 사실은 교단의 성립에 의해서, 기독교의 전쟁협력은 전면적으로 추진되었으며, 교회는 거의 완벽하게 「비상시」 국책의 한 기관으로서 동원되게 된 것이다. 1941년 12월 8일 태평양전쟁이 발발하면서 일본 천주공교교단(日本天主公教教団)과 일본기독교단은 각각 성명을 내고 전쟁에 대한 협력을 표명했다. 교회에서는 예배에 앞서「국가제창(国歌斉唱)」「무운장구(武運長久) 기도」「미야기하루카배(황궁을 향한 예배)」등의「국민의례」가 행해지고, 목사들을 교육하는「연성회(練成会)」에서는 군인이 강단에 섰다. 1944년(昭和 19년)에는「대일본 전시 종교보국가(大日本戦時宗教報国家)」가 설치되어 종교계는 군부 밑에 편입되었다. 한편, 성결교계 교회 등 전쟁에 비협조적인 입장에 선 교회, 목사들에게는 격렬한 탄압이 가해졌다.

이러한 군국주의 아래에서, 타협하지 않는 교회에 대한 박해는 매우 심해져 갔다. 그러면 여기에서 군국주의에 타협하지 않고, 박해를 받은 일본 기독교를 간단하게 정리한다. 첫 번째로, 성결교에 대한 박해이다. 전부는 아니지만 성결교도 일본기독교단에 가입했지만, 1942년 6월 성결교 계통의 교직자들이 일제히 체포되어 전국에서 100여 명이 치안유지법 위반으로 조사를 받아 결국 41명이 기소되어, 각각 징역 4년 이하의 형을 받았다고 한다. 그러나 당국의 주목을 받은 진짜 이유는 재림신앙의 교의가 천황 절대주의라는 국체에 맞지 않는다는 것 때문이었다. 성결교 계열은 적극적인 저항자라기보다 수난자이지만, 5명이나 순교자가 나와 일본기독교단에 속한 교회 중에서는 가장 많은 수난자를 냈던 것이다.

두 번째로, 구세군에 대한 박해이다. 1940년 8월 구세군의 간부인 사령관 우에무라 외 6명이 영국의 스파이 혐의로 조사를 받았다. 이 때 구세군은 본부인 영국과 관계를 끊고, 군대식 호칭을 고쳐 국체에 맞추는 등의 조건을 받아들여 구세군을 구세단이라고 개칭하고 일본기독교단의 일원으로서 가입하게 되었다.

세 번째로, 무교회주의자에 대한 박해이다. 우치무라 간조의 영향을 받은 사람들 중에서, 전쟁에 반대하는 사람들이 많았다. 예를 들면 야나이하라 다다오(矢內原忠雄), 난바라 시게루(南原繁), 아사미 센사쿠(浅見仙作), 이시가 오사무(石賀修) 등 많은 무교회주의자가 크리스챤다운 저항을 보였다고 한다. 그 중에서도 대표적인 크리스챤으로서 후에 동경대학의 총장이 된 야나이하라 다다오의 신앙과 군국주의에 대한 저항을 소개하기로 한다.

야나이하라는 1893년 1월 27일 의사의 아들로서 시코쿠의 농촌에서 태어났다. 어릴 때 아버지로부터 무사도의 도덕 교육을 받으면서 성장했다고 한다. 1910년 야나이하라는 동경제일고등학교의 법과에 입학한다. 동경제일고등학교, 동경제국대학 법과대학을 졸업한 후, 동경제국대학 경제학부에서 니토베 이나조의 뒤를 이

동경대학 제16대 총장을 역임한 야나이하라 타다오

어 식민지정책 담당 조교수가 되었다. 당시, 동경제일고등학교 교장이었던 니토베 이나조와의 만남은 야나이하라에 깊은 영감(inspiration)을 주었으며, 자유정신과 인격의 존엄성을 깊이 생각하게 한다. 그리고 1911년 10월 1

일 야나이하라는 우치무라 간조의 성서연구집회에 입문이 허락되어 기독교 신앙의 걸음을 시작한다. 다음 해 1월 우치무라가 사랑하는 딸 루츠꼬가 죽었을 때, 장례식과 고별에 대한 우치무라의 태도에 야나이하라는 놀라운 감동을 받게 된다. 야나이하라는 그 해 3월 22일에 어머니를, 다음 해 10월에는 아버지를 계속 여의게 된다. 부모의 죽음이 야나이하라의 마음을 괴롭혔다고 한다. 「그리스도를 믿지 못 한 채 죽은 사람은 구원받지 못 하는 것일까요?」 견딜 수 없었던 야나이하라는 이 질문을 갖고, 밤에 혼자서 우치무라를 방문했던 것이다. 「나도 모른다」라는 우치무라의 뜻 밖의 대답과 「신앙생활을 계속해 나갈 때에 답은 주어진다」라는 어드바이스를 통해서 야나이하라는 사람에게 의지하기 보다는 하나님께 직접 나아가는 것을 배웠다.

1917년 동경제국대학을 졸업한 야나이하라는 가족을 돌보기 위해 근처의 니이하마 동산에서 사무를 보는 일에 종사했다. 그 후 앞에서 언급한 것처럼, 1920년에 동경제국대학 식민지정책의 교수로 있던 니토베가 유엔의 사무국 차장으로 임명되었기 때문에, 니토베의 제자로서 식민지정책을 배운 야나이하라에게 조교수의 포스트가 주어진다. 그는 크리스챤으로서의 문제의식 속에서 식민지정책에 관한 연구를 공식적으로 시작했다. 그는 통치자 측에서의 연구가 아니라, 식민지의 상세한 실태조사에 근거해서 식민지정책이 식민자, 피식민자에게 어떤 이해(利害)를 가져오는지를 분명하게 밝혀냈다. 거기에서는 여러 가지 의미로 억압된 채 수탈되고 있는 사람들의 문제를 부각시키는 기조였으며, 성서가 말하는 정의와 공평의 확신이 그의 연구에서 스며 나오고 있었다. 그래서 약 2년 반 동안 영국, 독일, 미국, 프랑스로 유학을 떠난다. 1923년 3월 23일 귀국하자마자 아내 아이코를 잃으면서, 사랑하는 사람을 잃은 슬픔은 야나이하라의 눈을 영원한 하늘나라로 향하게 했다. 이듬 해 친구의 강한 권유로 야나이하라는 호리 케이코와 재혼한다.

1930년 3월 28일 우치무라가 세상을 떠나자, 복음의 사도로 세워진 7명의 제자 중 한 명으로서 우치무라의 신앙의 싸움을 계승해 성서강연회를 실시한다. 1932년 9월 만주조사 여행중 열차가 도적의 습격을 당해, 대부분의 승객이 물건을 빼앗기는 해를 입게 되지만, 야나이하라의 객실 간은 피해를 면하게 된다. 이 사건을 통해 야나이하라는 하나님의 임재를 경험한다. 그리고 하나님의 은혜를 전하기 위해 「통신」을 발행하기 시작한다. 1937년 여름 일본이 중국에 싸움을 걸어, 태평양전쟁 속으로 깊이 빠져들기 시작했을 때, 「국가의 이상」을 「중앙공론」 9월호에 게재했다. 거기에서 야나이하라는 나라의 이상은 정의와 평화에 있는 것이며, 특히 약한 사람의 권리를 강한 사람의 침해와 압박으로부터 지키는 것이 그 실체라는 것을 보였다. 그러나 그것은 즉시 발매 금지 및 삭제 처분이 내려져, 그 해 10월 1일 후지이 다케시 기념강연에서 언급한 「하나님 나라」를 기록한 잡지 「통신」도 정부의 발매 금지 처분을 당했다. 더나아가, 정부의 압력 하에서 동경제국대학의 교수회가 야나이하라에게 사직을 강요해, 12월에는 사표를 제출하지 않을 수 없게 되었다. 1938년 1월 45세에 야인이 된 야나이하라는 새롭게 잡지 「가신(嘉信)」을 창간해, 예레미아처럼 예언과 성서 강의를 통해 진리의 싸움에 온 힘을 쏟는다. 또한 그 다음 해인 1939년부터는 소수의 청년에게 고전을 강의하는 토요학교를 시작한다. 한편 「가신(嘉信)」은 1944년 8월 폐간이 권고되어, 야나이하라의 마지막 소망도 허무하게 당국은 마침내 그 해 12월에 「가신(嘉信)」의 폐간을 명령한다. 그러나 야나이하라는 싸움을 검추지 않고, 1945년 1월 새롭게 「가신(嘉信) 회보」를 간행해 싸움을 계속해 나갔으며, 세계대전이 끝난 후인 1951년에는 동경대학 총장이 된다. 야나이하라처럼 전쟁이 끝날 때까지 평화주의, 비전론(非戰論)을 주창하며 군국주의에 대한 반대를 철저히 관철한 사람은 거의 없으며, 아직도 「일본인의 양심」으로 불리우고 있다.

7. 전후의 일본 기독교

1945년 8월 15일 종전과 함께 연합군 최고사령관 총사령부는 전쟁 추진의 이데올로기가 된 국가신도(国家神道)의 폐지 조치를 취했다. 12월 15일에 「신도지령(神道指令)」이 나와 같은 달 28일에는 「종교단체법」이 폐지되고, 대신에 「종교법인령(宗教法人令)」이 시행되었다. 1946년 설날에는 쇼와천황 스스로가 자신은 「신」이 아니라는 것을 선언하는, 이른바 「인간선언」이 발표되었다. 그 해 11월에는 「일본국 헌법」이 발포되고, 처음으로 제한없는 신교의 자유가 인정되었다. 일본의 기독교는 전후의 점령군 하에서 전례가 없는 진전을 보였지만, 샌프란시스코 평화조약(1951년)이 체결되고 점령이 끝나면서 그 기세는 멈추어 버렸다.

1) 점령군 지배하에서의 「기독교 붐」(1945 - 1950)

1945년(昭和 20년) 8월 15일, 일본은 연합국측이 제시한 「포츠담선언」을 수락해 무조건 항복 했다. 맥아더장군이 이끄는 연합군은 포츠담선언의 취지에 근거해서, 1945년 10월 일본정부에 대해서 정치・종교 및 민권의 자유에 대한 모든 제한을 철폐할 것을 명령했다. 그리고 12월에는 종교단체법과 거기에 부속되는 모든 법령을 폐지시키고, 신도(神道)에 대한 정부의 보증・지원・보전・감독 및 홍보 폐지를 지시했다. 전후 일본의 방향을 정한 것은 포츠담선언이지만, 그것은 일본을 군국주의로 치닫게 한 권력과 세력을 일소해, 일본을 민주주의의 방향으로 재건하는 것을 골자로 하고 있었다. 이를 위해 기본적 인권존중, 평화주의 등을 정치운영의 원칙으로 삼을 것이 요구되었다. 즉, 경제, 교육, 학술, 문화 등 모든 방면에서의 민주화를 실현하는 것이었다. 이러한 변혁은 점령군의 강대한 군사력을 배경으로 처음 달성된 변혁이며, 천황제 지배권력의 실질적인 해체로 이어질 만큼 철저한 것이었다. 이러한 정세 속에서, 기독교를 둘러싼 정치적·사상적 환경의 급격한 개선이 이루어졌다. 예를 들면, 1945년 9월에는 전시 하의 언론을 봉쇄하고 있던 통제가 해제되었으며, 1945년 10월에는 언론, 출판, 집회, 결사 등 임시단속법이 폐지되고, 「치안유지법」도 폐지된다. 게다가 1945년 12월에는 연합군 최고사령부에 의해 「신도지령(神道指令)」이 실시된다. 「신도지령」은 점령군에 의한 종교정책의 기본방침을 선명하게 내세운 것으로서, 일본의 국가신도(国家神道) 해체를 목표로 한 것이다. 따라서, 교회는 신사(神社) 문제에 관한 오랜 세월의 신앙적 고민에서 해방되게 된다. 오노는 종전 후의 5년간을 3개의 시기로 나누어 분류하고 있다. 즉, 1945년 8월-1946년까지의 「혼미기(混迷期)」, 1946년 - 1948년까지의 「성장기(boom)」, 1948년 이후의 「퇴조기(退潮期)」로 구분하고 있다.

첫 번째의 혼미기(1945년 8월-1946년)에는 패전의 타격을 정신적·물질적으로 받아들이고 참아내는 데에 힘쓴 시기였다. 점령군이 차례차례로 밝힌 민주화정책이 교회의 진로에 호의적이기는 했지만, 거기에 어떻게 대처해야 할지를 몰라 당황하던 시기이다.

혼미기를 지나면, 일본 기독교는 한시적으로 붐을 맞이해 성장하게 된다. 일본기독교단 연감 자료에 의하면, 1947년(昭和 22년) 106677명에서 1948년(昭和 23년)에는 121844명으로 114% 성장한다. 이처럼 기독교 붐이 도래한 것은 점령군 지배와 선교사 파견에 의해, 일본의 내셔널리즘이 점령군의 수중에 있고, 점령군의 배후에 있는 기독교의 영향을 무시할 수 없게 되었던 것에 기인한다. 시대에 뒤떨어지지 않으려고 민중은 너나할 것없이 교회로 몰려들었다. 여기에는 점령군의 통솔자인 맥아더장군의 영향이 컸다. 그는 1

제2차세계대전 직후의 맥아더장군과 일왕
(1945년9월27일)

만 명의 선교사를 일본에 파견해 줄 것을 요구하고, 천 만 권의 성서를 일본에 개인적으로 증정했다. 그 후 6년 이내에 2천 명의 열성적인 선교사가 일본에 상륙하게 된다. 두 번째로, 천황을 현신인(現人神)으로 보는 천황제의 붕괴와 결과적으로 사상적, 정신적 공백이 생기면서 민중은 새로운 마음의 의지처로써 그리스도를 필요로 했던 것이다. 세 번째로, 극도의 빈곤 속에서 정신적으로 육체적으로 결핍・곤궁에 직면하고 있던 사람들이 점령군과 좋은 관계성을 갖는 선교사가 협력하는 기독교회에 전체적인 구원을 바라고 찾아 온 것도 있었다. 마지막으로 전후의 일본 정치계의 변화도 있다고 여겨진다. 히가시쿠니노미야 내각의 고문으로 당시 기독교계의 지도자 중 한 사람으로 있던 카가와 토요히코가 취임되면서, 그는 기독교 붐을 북돋우는 역할을 했던 것이다.

　그러나 기독교의 붐은 1948년 이후가 되면, 기독교회의 주체적인 신앙과 행위의 변혁을 수반하지 못 하고, 여러 가지 외적 요인의 뒤엉킴 속에서 발생한 우발성과 위로부터의 행위에 의한 움직임이 가져온 일과적인 현상으로 그치면서 문자 그대로 붐으로 끝나버린다. 오가타 마모루는 교회 정체를 일으킨 요인으로서 아래와 같이 4가지를 들고 있다. 첫 째로, 「현세 이익」의 상징적 가치가 지배했다고 하는 점이다. 새로운 전후의 지배적 가치가 미국의 군사력과 문화의 압도적 우위 속에서 결정될 것으로 보여지면서, 기독교는 그 지배적 가치를 대표하는 것으로서 인식된 것이다. 즉, 외부 영향에 의한 교회의 외적 성장이었던 것이다. 두 번째로, 제자 훈련을 할 수 없었던 점이다. 기도와 성서의 말씀에 기초해서 크리스챤들을 제자로 세우는 내적 성장이나 교회 자체의 영적 성장이 저조했던 것이다. 세 번째로, 기독교계의 전쟁 책임 회피도 매우 큰 영향을 주었던 것이다. 전쟁 협력에 관한 반성이나 책임보다 어떻게 교회를 재건해 밀려 드는 사람들의 요구에 대응할 것인가에 전력을 쏟은 것도 퇴조의 원인이 되었던 것이다. 네 번째로, 신학적 문제도 중요한 원인 중 하나였다. 기존의 구미식 기독교, 신학, 전도 방책을 그대로 도입하는 경향이 있어, 일본 문화의 문맥을 고려한 신학이나 전도가 거의 되지 못했다고 하는 것이다.

2) 정체를 계속하는 일본 기독교(1950년대 이후)

연합군 하에서 일시적인 붐을 맞이한 일본 기독교는 다시금 정체 내지 쇠퇴의 길을 걷게 된다. 1950년 이후의 역사를 간단하게 정리하면, 전후 점령군의 기독교 지원정책을 받아 선교사와 새로운 기독교 교파도 많이 도래하면서, 미국 등 외국으로부터의 원조로 성황을 보이며, 1947년 일본국 헌법 시행에 의해서 신교의 자유가 보장되면서 앞에서 언급한 것처럼 입신자수는 정점에 달했다. 1947년 교육기본법과 학교교육법 공포에 의해 종교 교육이 가능하게 되었으며, 인간 교육을 표방하는 기독교 학교가 세상으로부터 환영받았다. 일본 개신교 교회에서는 세계 기독교 협의회(WCC)와 끊임없이 연락을 취하면서, 변천하는 세계 정세에 대처할 필요성 때문에 일본기독교단을 중심으로 1948년(昭和 23년) 일본 기독교 협의회(NCC)를 결성한다. 그리고 1951년(昭和 26년) 종교법인법이 공포되고 시행되면서, 그 사이 일본기독교단으로부터 독립하는 법인이 많이 나타난다. 즉, 성결교를 비롯해 신일치기독교·침례파 동맹이 일본기독교단을 이탈한다. 이미 일본기독교단은 교파의 합동 교회가 아니라 다른 교파처럼 하나의 교파 교회가 되었던 것이다.

　선교 백년이 되는 1959년(昭和 34년)을 기념하기 위해서, 일본 교회는 모두 다 의의있는 기념행사를 만들고자 기독교협의회를 중심으로 1952년부터 준비를 진행시켰다. 또한 일본기독교단·일본 성공회·일본 복음루테르교회와 기독교학교 교육동맹도 NCC 운동에 협력하는 한편, 독자적인 입장에서도 기념운동을 전개한다. 그 결과, 1959년에는 동경 체육관에서 11월 1일부터 일주일간에 걸쳐 선교 100년을 기념하는 다채로운 행사를 전개한다. 그 후 1966년(昭和 41) 일본기독교단 창립 25주년 기념대회를 열었으며, 일본 침례파 연맹에서는 1983년(昭和 58) 브라운·고불 선교 개시 110년 기념식전을 개최했다. 1950년대부터 정치·사회·종교 등의 문제에 대해, 기독교 측에서의 발언도 많아지면서 국제적인 종교 협력·종교 평화 운동도 적극적으로 진행되었다.

　그러나, 전후의 일시적 성장기(boom)와 달리 1950년대 이후가 되면, 연간 세례를 받는 숫자는 감소해 나간다. 전체 회원수는 일본기독교단에서는 1년에 2.5% 증가, 성공회에서는 연 6.5% 성장률이지만, 일본기독교단이나 성공회 모두 전체 회원에서는 계속 성장하고 있다고 말하기는 어렵고, 비활동 회원이 많았다. 오가타는 1950년대의 침체나 후퇴의 원인을 세 가지 이유로 설명하고 있다. 첫 번째 이유는 육체적, 정신적인 결핍에 대한 실마리를 찾고 있던 민중이 기독교에서 이에 대한 해결책을 찾아낼 수 없었던 것을 들 수 있다. 두 번째 이유로서는 1951년부터 1952년에 걸쳐 점령군 지배가 끝나고, 일본이 다시 주권국가가 된 것이다. 즉, 다시금 내셔널리즘의 부흥이 시작되었던 것이다. 세 번째 이유는 일본의 경제부흥이다. 1950년 한국전쟁을 계기로, 일본의 전후 복구는 급속히 이루어졌다는 것은 주지의 사실이다. 1950년대에는 일본 개신교의 대다수는 자유주의파나 신정통파였다. 또한 1954년 시점에서 일본에서 체재하고 있던 외국 선교사의 수는 2017명이었으며, 이 중 1637명(81%)이 미국 선교사였다고 한다. 즉, 전후 일본의 개신교 교회는 에큐메니칼 운동의 영향을 강하게 받으면서, 전후 일본에 온 대다수의 선교사에 의해서 복음주의 입장에서 성서의 메세지가 전해졌다고 한다.

1960년대, 1970년대가 되면, 연간 세례자수는 한층 더 침체하게 된다. 1960년대의 후퇴의 원인으로서는 첫째로, 1959 - 1960년 일·미 안전보장조약 개정문제에 대해서 교단 내에서 찬성파와 반대파가 나뉘면서 분열이 일어났던 것을 들 수 있다. 두 번째로, 50년대처럼 1964년 동경 올림픽을 계기로 완전하게 고도경제성장에 들어가면서, 대부분의 일본인들은 물질주의에 휩쓸리면서 기독교에 대한 관심을 점점 갖지 않게 된 점을 들 수 있다. 1960년대에 정체와 후퇴가 특히 현저했던 것은 NCC와 관계가 깊은 일본기독교단이다. 그러나, 후퇴의 움직임 속에서도, 전후의 복음주의 계열에 속한 교회들은 현저하게 성장한다. 복음주의 계열 교단들은 성서의 권위에 서서, 명확한 복음 선교, 신자의 훈련, 개척 전도, 젊은이의 리더 양성에 힘써 온 것이 높은 성장률과 관련이 있는 것으로 생각되고 있다. 복음주의 계열에서는 1974년에 제1회 일본전도회의가 교토에서 개최되어 그것을 계기로 해서 1975년 즈음부터 급속하게 성장해 왔다. 전후에 시작한 복음주의 계열 교단들도 창립 30주년을 맞아 성숙해 왔다고 지적되고 있다. 1980년에는 빌리그래함 국제대회가 개최되어 신자의 전도의욕을 북돋우고, 보다 폭넓은 협력관계를 구축하게 되면서, 그 후의 복음주의 계열 성장의 계기가 되었다. 이 무렵부터 「천 만인 구제」라고 하는 캐치프레이즈가 카리스마파나 복음주의 계열의 일부에서 흘러나오기 시작했다. 1981년에는 미션 2001의 발족과 청년선교대회를 향한 성장에 의해 새로운 청년전도에 대한 기운이 돌기 시작했다.

전통적인 일본기독교단이나 성공회에 비해, 일본 침례파 연맹이나 복음주의 계열이 성장한 데에는 복음주의 계열 쪽이 비교적 전도열심이었던 것에 기인한다고 한다. 또한, 같은 복음주의 계열에 대해서도, 복음을 전하는 데에만 열심인 그룹은 별로 성장하지 못하고, 거기에 더해 목회적 지도와 교회적 훈련을 두루 행한 교단은 크게 성장했던 것이다. 즉, 복음주의 계열이나 펜테코스테·카리스마 계열 교회들의 성장에는 성서의 권위에 서서, 제자화와 개척 전도를 강조하면서, 실제적인 소목자훈련회, 교회성장 연수소와 같은 제자훈련, 소그룹 활동을 했던 것에 그 이유가 있다.

일본인 크리스챤 스스로의 손에 의한 개척전도에 대한 정열이 부족한 것이 두드러지지만, 이러한 움직임은 전도와 전도의 열매를 확실하게 양육시키는 제자양성 시스템을 갖추기만 한다면, 일본선교도 가능성이 있다는 것을 시사해 준다. 그러나, 여전히 일본에서는 한 때 조합교회를 쇠퇴시킨 자유신학과 같이 자유주의·신정통주의와 같은 신학적 영향에 의해서, 일부 복음 주의·보수주의와 같은 성서 신앙에 서서, 적극적으로 전도하며, 열심히 기도하기 보다 신학적 논의에 빠져 버리는 경향이 현저하게 보여진다. 즉, 현재로서는 자유주의파 내에 종교신학에 대한 경향이 현저하며, 힉코와 같은 다원주의 입장을 취하는 신학적인 입장을 갖는 교회에서는 전도에 대한 불길을 끄는 역할을 신학이 하고 있다고 지적되고 있다.

이어서, 80년대 기독교의 정체와 쇠퇴에 영향을 미치는 요인과 관련되지만, 신흥종교의 급성장과 여전히 천황제로 기우는 내셔널리즘의 경향이 강하게 일어 나면서, 일본에서의 교회성장을 막고 있다. 첫 번째, 신흥종교의 문제로서는 1950 - 1970년대에 급격하게 성장한 창가학회(創価学会)나 입정교성회(立正佼成会) 등의 성장이 있다. 1980년대 이후에는 조금 정체되었지만, 그 대신에 최근까지 지하철 사린가스사건으로 매스컴을 시끄럽게 했던 옴 진리교의 신자 체포 이전에는 행복의 과학(幸福の科学), 신혜수명회(神慈秀明会), 진광(眞光), 진여원(真如苑), 아곤종(阿含宗) 등이 성장했던 것이다. 게다가 최근에는 TV에도 자주 등장하고 있듯이, 운세 인구도 3천 만 명이라고 말해질 정도로 운세 붐이 일어나고 있으며, 오칼트도 왕성하다. 또한 창가학회는 1999년부터 여당인 자유민주당과 연립정권을 수립하고 있는 공명당의 주요한 지지 모체이며, 정교일치라고 하는 비판에 노출되어 있다. 창가학회는 다른 신 종교와 달리 매우 전도에 열심이며, 2003년 시점에서 821만 세대, 신자 수는 1000만 명이라고도 알려지고 있다. 물론 NHK 출구 실수 조사에서는 400만 명 정도라고 하지만, 대체로 기독교의 10배의 세력을 가지고 있다. 창가학회는 1951년에 토다 죠우세이가 「청년훈(靑年訓)」을 발표하면서, 청년부를 중심으로 절복대행진(折伏大行進)이라고 불리는 대대적인 권유 캠페인이 1969년까지 행해졌다. 이 때의 강렬한 권유 활동은 사회문제가 되어, 타 종파나 매스컴의 비판을 받기도 했지만, 이 기세로 정치권력과 유착함으로써 일본 기독교 선교에 있어서는 매우 위험스러운 존재가 되고 있다. 이에 비해, 전통적인 일본기독교단을 중심으로 한 기독교는 민중의 필요를 충족시키면서 성서를 증거한다고 하는 점이 미약해, 민중과의 괴리가 커질 뿐이다.

두 번째로, 천황제로 기우는 내셔널리즘의 과제는 여전히 풀어야 할 과제이다. 전후, 천황제는 「신권(神權) 천황제」에서 「상징 천황제」로 바뀌었다. 그러나 상징 천황제를 정치적으로 이용하려고 하는 지배층의 정치적 의도와 그것을 중심으로 삼는 국민의 의식구조는 별로 변한 것이 없다. 오히려, 천황의 좌위 50주년 기념축전(1976.11.10), 공립학교에서의 「일장기」게양, 「키미가요(일본국가)」제창의 강제화(1977.7.13 이후), 건국기념일의 축전에 대한 정부의 후원(1978.2.11 이후), 원호의 법제화(1979.6.12), 천황의 좌위

60주년 기념축전 실시(1986.4.29) 등에서 볼 수 있는 것처럼 천황제 강화의 움직임이 분명해지고 있다. 이에 대하여 일본 기독교는 어떤 태도를 취하고 있는 것일까? 도이 아키오는 크게 두 가지 태도를 생각할 수 있다고 말한다. 하나는 무관심하는 태도이며, 다른 하나는 대결하는 태도이다. 전자는 천황제를 터부(Taboo) 시하고, 자신과 아무 관계도 없다고 생각하는 태도이다.

세계대전 중에 일본기독교단이 이러한 태도를 취함으로써, 결국 침략전쟁과 타협하면서 협력하는 결과를 초래했던 것이다. 그것을 반성해서 일본 기독교 속에서도 적극적으로 천황제 강화를 우려하며 반대하는 소리를 내기 시작하고 있다. 예를 들면, 1962년 11월의 「헌법 옹호에 관한 성명」, 1970년대 후반부터 야스쿠니 신사의 국영화 법안이나 각료들의 공식 신사참배에 대해 강하게 반대하는 운동, 1976년 10월 8일에 있었던 천황의 좌위 50주년 기념 축전에 대한 반대 성명 등을 들 수 있다. 일본기독교단도 1967년 3월에 전쟁에 대한 책임을 일본기독교단 총회 의장인 스즈키 마사히사가 발표했다. 전시 하에서의 잘못을 인정하고, 우익 세력이 강화되는 시대상황에 맞서 싸워 나갈 것을 공표했던 것이다. 물론, 교단 내에서 찬반양론이 격렬하게 부딪히면서 교단 내에서 대립하는 문제도 있었지만, 그것은 과거를 회개하고 새로운 역사를 쌓아 올리기 위한 첫 발을 내디딘 것이라고 보여진다. 그러나, 여전히 우익 세력의 신파시즘적인 발상과 헌법 개정 움직임 등이 계속되고 있어, 이 문제에 대한 진지한 대응이 앞으로도 강구될 필요가 있다고 생각한다. 이러한 전쟁책임과 관련해서, 1960년대에 들어와 구체적으로 한국교회에 사죄하는 운동도 행해졌다. 이미 앞에서 언급한 것처럼, 1965년 10월 28일 일본의 교계와 무교회의 신자들이 제암리를 방문해 사죄하였으며, 1965년 12월 5일에는 제암교회의 기념 회당 재건을 신청하는 의사 표시가 있었던 것이다. 또한, 교회가 불타버린 사건 당일로부터 50년째인 1969년 4월 15일, 실제로 기공식이 거행되어 1970년 9월 22일에 교회가 완성되었던 것이다. 이러한 일본 기독교와 한국 기독교의 화해 움직임에 의해서, 전후 성장을 계속해 온 한국교회가 일본선고에 적극적으로 나서는 계기가 되었다고 여겨진다.

마지막으로, 전후 일본 기독교에 남겨진 과제에 대해서 생각해 보자. 한일 기독교사를 연구해 온 서정민은 향후 일본기독교에 남겨진 과제로서 3가지를 들고 있는데, 그것을 정리해서 제시하고자 한다. 첫째로, 일본 기독교는 사죄의 고백 부분에서 전술한 것처럼, 전시하에서 일본의 파시즘에 동원되어 봉사한 역사적 잘못을 가지고 있다. 물론, 1960년대 이후 계속적인 반성과 회개하는 과정이 지속되고 있지만, 앞으로도 역사적 반추를 통한 회개와 신앙 회복에 성의를 다할 필요가 있는 것이다. 두 번째로, 최근에 부각되고 있는 일본국가·사회가 가지는 역사적 과제, 특히 파시즘으로의 회귀 징조, 부분적 국수주의, 역사적 잘못에 대한 합리화 등 정치사회적인 함몰에 대해서 예언자적 사명을 재확인해야 할 것이다. 세 번째로, 일본 기독교가 역사를 통해 지속적인 문제로서 남겨지는 과제는 성장하는 교회로서의 사명이다. 기독교가 전래된 이후, 계속해서 소수 종교로서의 위치에 머물면서 일본사회의 마이노리티로서 위축되어, 본래의 성서적 사명을 완수할 수 없었던 역사적 과제가 아직도 남아있다고 보여진다.

3) 일본의 복음주의와 부흥의 가능성

여기에서는 80년대 이후 일본 개신교의 부흥을 담당해 온 복음주의와 펜테코스테파·카리스마 운동과의 관계에 대해서 간단하게 정리하면서 일본 기독교역사를 마무리하기로 한다. 후루야 야스오는 우선 일본의 복음주의를 9개의 항목으로 정리하고 있다. 첫 번째로, 성서의 축자영감설 혹은 성서무오설을 믿는 사람들, 미국에서의 근본주의(Fundamentalism)와 성서비평학을 인정하는 모더니즘의 대립 후, 전자를 믿는 교회와 그룹에 속한 사람들이다. 두 번째로,「신생, 성화, 신유, 재림」의 사중 복음을 강조하는 성결교 교파와 사람들로, 열렬하게 기도하며 회개를 촉구하는 전도에 열심인 사람들을 말한다. 세 번째로, 본서에서도 소개한 나까무라 사토시의「일본에서의 복음주의 역사:또 하나의 일본 기독교사」에 등장하고 있는 모든 교파, 모든 교회, 모든 그룹과 거기에 속한 사람들이다. 네 번째로, 전쟁 전으로 말하자면, 일본기독교단을 결성했을 때의 일본성교회, 일본전도기독교단, 일본성화기독교단, 키요메 교회, 일본독립기독교회동맹, 일본 구세단 등이다. 다섯 번째로, 전후에 전쟁 전부터 있었던 복음주의 교회와 그룹들 외에, 중국의 공산주의 혁명에 의해서 추방되어, 중국에서 일본으로 옮겨 온 구미의 선교사들에 의해서 시작된 그룹이다. 여섯 번째로, 일본기독교협의회(NCC)가 아닌 일본복음동맹(JEA)에 속한 교파들로, 와세다의 기독교회관이 아니라 오차노미즈 크리스챤 센터에 모이는 사람들, 생명의 말씀사가 출판하는 서적이나「크리스챤 신문」을 주로 읽는 사람들이다. 일곱 번째로, 동경 기독교 대학을 경영하면서 크리스챤학생회(KGK)를 통해서 학생 전도에 열심인 사람들이다. 여덟 번째로, 빌리그래함 국제대회 등 대중전도집회나 크루세이드 및 부흥집회에 열심인 교파들과 사람들이다.

아홉 번째로, 일본성서협회가 아니라 일본성서간행회의 신개역 성서를 읽고,「신성서 주해」전7권을 이용하며,「성가」로 찬미하는 사람들로 정의되고 있다.

이른바 복음주의 속에는 교단에 속하지 않는 이른바 개교회가 많다고 한다. 따라서, 일본의 복음주의에 속하는 신자가 어느 정도 있는지는 복음주의의 사람들에게 물어도 확실치 않지만, 후루야는 일본의 개신교 약 50만에서

60만 명 중 많게는 3분의 1, 적어도 4분의 1, 즉 15만 명에서 20만 명 정도라고 추측하고 있다. 일본 교회는 전술한 것처럼, 처음에 기독교가 무사계급에 들어갔기 때문에, 지식계급에 퍼졌다고 하는 특징이 있다. 또한 의무교육이 빨리 퍼졌기 때문에, 지식계층 뿐 만 아니라 대중계층이라고 해도, 성서의 축차영감설을 믿기가 용이하지 않았던 것이다. 그 때문에, 미국 복음주의의 기반이 되는 남침례파 선교사들도 미국인의 보수적인 성서관 등을 그대로 일본의 교회에 요구하지는 않았다고 한다. 즉, 일본에는 미국 혹은 한국과 같은 근본주의나 성서무오설을 믿는 지적 혹은 정신적 풍토는 강하지 않은 것 같다. 예를 들면, 일본 복음주의의 초대 혹은 1세대 지도자의 자제로 후계자로 주목받고 있었는데, 2세대인 그들은 높은 교육을 받고, 더나아가 유학을 통해 성서학이나 신학을 연구하고 귀국하면, 단순하게 성서무오설을 가르칠 수 없게 되기 때문에, 복음주의를 떠나는 경우가 많다고 한다. 또한, 일본에서는 아직도「창조론인가, 진화론인가」하는 재판문제가 계속 되고 있는 것에서도 알 수 있다. 이와 같이, 일본에서는 미국이나 한국과 달리, 진화론을 지식계급 만이 아니라 일반대중도 문제의식 없이 받아 들이고 있어, 성서를 이른바 과학주의 혹은 성서비평으로부터 어떻게 구제할 것인가가 과제이기 때문에 신학이 발달할 수 밖에 없어 설교가 어렵다고 한다. 그 때문에, 후루야는 이러한 일본의 토양을 이해한 다음, 서민 혹은 대중을 향한 전도의 가능성을 복음주의에 요구하고 있다고 언급하고 있다. 그리고, 그 가능성으로서 후루야도 협력한 2001년 11월에 오사카성 홀에서 행해진 페스티벌 2001을 들고 있다. 이 집회는 즈로 복음주의와 카리스마파가 주도하고, 3일간 합계 1만 7천 명이 모여 천 명 이상의 결심자가 나왔다고 한다. 또한, 영화화된「미션 바라바」의 간증도 있어, 일본에서 복음주의에 의한 대중전도의 가능성을 강하게 믿게 되었다고 한다. 최근, 일본의 복음주의는 정치나 사회문제에 관심을 가지면서 NCC와도 협동하게 되었으며, 월드 비젼이나 국제기아대책기구(IFH) 등에도 적극적으로 참가하고 있다는 사실이다. 무엇보다도 후루야는 복음주의에 기대되는 것은 원래 신학적인 사람이 전도에 열심을 내거나 사회 행동에 참가한다든지 하는 것은 극히 드물지만, 복음주의에서 신앙을 받아들인 사람들 중에는 신학을 연구하거나 사회 실천에 참가하게 되어도, 여전히 복음 전도에 열심인 사람이 적지 않기 때문에, 일본의 장래에는 복음주의 교회들이 「주류」가 되는 날이 올 것으로 전망했다.

이어서, 카리스마 운동의 영향을 보자면, 전후 일본에도 펜테코스테파의 선교사가 방문해 선교를 개시했지만, 전기까지는 복음주의를 포함한 타 교파 교단에까지 강렬한 영향을 줄 정도까지 이르지는 못 했다. 그러나, 1960년대 말부터 70년대에 들어서 카리스마 운동이 일본에 들어 온 이후, 큰 영향을 미치고 있다. 카리스마 운동은 1교파에 의하지 않고, 모든 교파·교단에 영향을 주었던 것이다. 이 운동이 일본에 소개되었을 무렵, 방언이나 성령 세례 교리의 차이 때문에 복음주의를 포함한 여러 교파·교단에 혼란이 생겼다고 한다. 그러나, 80년대부터 전세계에서 복음주의의 성령운동에 의한 성령의 제 3 의 물결이 일어나고, 90년대에 들어서 세계 복음주의에 현저해지고 있는 성령의 흐름은 일본에도 미치게 되었다. 1993년에 초교파 집회가 많이 열린 것을 보면, 이러한 영적 경향이 일본에 얼마나 영향을 많이 미쳤는가를 알 수 있다. 그리고 1994년에는 1월에 빌리그래함 대회가 동경 돔에서 열렸으며, 같은 해에 파워 전도나 영의 싸움을 추진하는 피터 와그너 등이 일본을 방문했다. 또한, 과거 복음주의는 방언문제, 성서의 권위 문제를 논했지만, 그것들은 90년대에 들어서면서 잠잠해졌다. 하지만, 90년대에 들어서면서 파워 전도·영의 싸움을 추진하는 성령의 제 3 의 물결이 JEA나 복음주의 속에서 논의되게 되었던 것이다. 이러한 가운데 일본의 부흥을 위해서 기도

하며 싸우고 있는 교회들 전체를 결집하는 일본부흥동맹(NRA) 결성의 비전이 일어나, 1996년 5월 27일에 설립총회를 가졌다. 또한, 세계의 모든 교회들의 경향이 펜테코스테파, 카리스마파, 복음주의의 울타리를 없애고, 일치 협력해서 세계선교에 힘쓰고 있는 영향을 받아서, 일본도 이러한 일치의 움직임과 성서론에 있어서 견해를 달리해 온 자유주의파에도 성령의 물결이 파급되고 있는 것을 느낄 수 있을 것 같다.

제 **III** 부

근대 일본 기독교의 통합 모델과 사상가들
近代日本キリスト教の統合モデルと思想家たち

1. 일본 기독교에 대한 통합 모델
2. 근다 일본 기독교 사상가들

1. 일본 기독교에 대한 통합 모델

1) 사와 마사히코(澤正彦)의 일본 기독교사 시대적 분류 모델

사와 마사히코는 일본 기독교의 근대사를 시대별로 개관해 도시화했다. 한 가운데 기독교를 둘러싸고, 당시 지배하고 있는 4개의 사상, 즉 서구 자유주의(민주주의 : D), 국가주의(N), 마르크스주의(M), 실존주의(E)와의 관계를 도시화했던 것이다. 그리고 일본 기독교의 근대사를 네 시기로 나누고, 모델을 제시하고 있다. 우선, 개신교 역사가 시작되는 메이지시대(1860 - 1910년대), 메이지천황 뒤에 병약한 타이쇼 천황이 즉위한 타이쇼시대(大正期)(1910 - 1920년대), 그리고 군국주의의 마지막을 장식한 쇼와 천황 시대의 쇼와시대(1930 - 1945년), 마지막으로 제2차 세계대전에서 패배한 후를 배경으로 하는 전후시대(1945 - 현재)로 나누고 있다. 여기에서는 네 시기의 사상적 변화가 어떻게 움직였는지를 중심으로 정리한다.

[그림 1] 일본 기독교의 근대사 모델

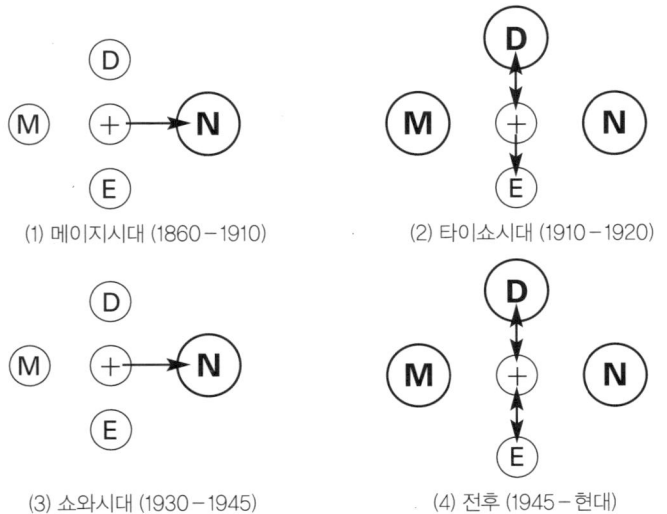

(1) 메이지시대 (1860 – 1910)   (2) 타이쇼시대 (1910 – 1920)

(3) 쇼와시대 (1930 – 1945)   (4) 전후 (1945 – 현대)

첫 번째로, 메이지 시대(1860 - 1910년대)에는 초기 개신교 선교사들의 영향 아래에서, 기독교는 본래의 복음주의를 유지하지만, 1889년 일본 대일본제국 헌법, 1890년의 교육칙어에 의해서 시작되는 일본 국가주의의 영향이, 1891년 우치무라 간조의 불경사건, 1892년의 이노우에 테츠지로에 의한 「교육과 종교의 충돌」이라고 하는 공격이 계속되면서, 일본 기독교는 국가주의에 억눌리는 형태를 취한다. 그 결과, 1890년대의 기독교공격에 의해서, 신자 수는 격감했으며, 미션·스쿨에 등록하는 학생도 적어졌다. 이러한 국가주의적인 보수 반동의 지배에 가세해서, 기독교 내에서는 독일신학의 영향을 받아 근본으로부터 동요가 시작되면서 신앙의 에너지를 잃어 갔다. 교회 자체도 분열을 반복했다. 그 때문에, 사와는 메이지시대에는 1889년의 대일본제국 헌법으로부터 시작되는 국가주의의 사상이 팽창해, 일본 기독교의 세력이 약해지고, 더나아가 국가주의에 전향되기 쉬운 시대라고 평가하고 있다. 당시의 일본 교회는 국가주의의 색채가 강하고, 러일 전쟁을 정당화하려고 했다. 에비나 단죠, 우에무라 마사히사, 고자키 히로미치, 혼다 요이치 등 당시의 교회 지도자들이 모두 전쟁의 정당성을 주장했다.

두 번째로, 타이쇼시대(大正期)(1910 - 1920년대)에는 몸이 그렇게 건강하지 않은 타이쇼 천황이 등장해 강한 리더쉽을 발휘하지 못하면서 비교적 자유로웠던 타이쇼(大正) 데모크러시의 시기가 시작되어, 개인의 사상의 자유가 어느 정도 부여되었던 시기였다. 한편, 이 시대는 사회주의 운동이 나타나는 시대이기도 하다. 초기의 사회주의자들은 「만조보」, 후에는 「평민신문」을 통해서 전쟁의 부당성을 주장했다. 당시의 교회의 주류가 전쟁협력으로 기울었기 때문에, 기독교에서 떨어져 사회주의에 간 사람도 많았던 것이다. 그러나, 일본의 국가 권력은 1925년의 치안 유지법, 1928년의 치안유지개정법을 제정해서 국체에 맞지 않는 사람들을 단속했다. 교회는 처음에 공산주의자와 사회주의자가 유물사상, 무신론, 반종교적이었기 때문에, 그들을 단속하는 국가의 정책을 묵인했다. 치안유지법이 개정되었을 때, 적색 분자를 단속하는 법은 교회와는 관계없다고 생각했지만, 나중에 전시에 들어가면서 이 법이 교회를 단속하게 되었던 것이다.

세 번째로, 쇼와시대(1930 - 1945년)인데, 쇼와기에 들어가면 전쟁이 격렬해지면서 국가 권력의 영향은 강해져 간다. 표면적으로 마르크스주의자들을 단속하기 위해서, 1925년 제정한 치안 유지법은 공산주의 운동을 근절시킨 뒤, 1937년 이후부터는 종교단체의 통제나 기독교의 직접 탄압으로 이어지게 된다. 1937년 종교단체법이 제정되면서 1941년 일본 기독교는 국가 권력의 탄압에 의해서, 어쩔수 없이 일본기독교단에 통합되게 된다. 결국 기독교는 사회주의, 공산주의자의 탄압이 시작된 1920년대에 유물사상을 부정했기 때문에, 국가 권력과 함께 공산주의 일소의 한 부분을 담당하지만, 일본의 기독교도 그들과 같은 운명이 되었다고 사와는 해석하고 있다.

네 번째로, 전후(1945 - 현대)시대로, 전후가 되면서 처음으로 일본 교회는 전쟁 전의 국가 권력과의 타협이 큰 잘못이라는 것을 깨달았다. 전후, 천황이 신이 아니라 인간이라고 하는 인간선언에 의해서, 일본 기독교는 사상적으로 자유를 맛보게 되면서 자유주의와 실존주의가 상호작용하게 된다. 그러나, 일본 기독교를 억압한 국가주의는 직접적인 영향을 미치지는 않았지만, 일본인의 사상의 기저에서는 여전히 영향을 미치면서 일본 기독교는 성장하지 못하고, 정체 또는 쇠퇴의 길을 걸었다고 평가하고 있다.

2) 일본기독교사의 분류 모델

사와는 일본 기독교의 역사를 시대적으로 나누어 그 사상적 움직임을 고찰했지만, 본 절에서는 일본 문화와 기독교와의 관계라는 시점에서 모델을 제시하면서 일본 기독교를 분류해 본다. 우선, 본서 전체의 프레임워크로서 문화와 기독교와의 관계를 나타내는 모델들을 제시하기로 한다.

(1)문화와 기독교에 대한 분류 모델들

여기에서는 기독교와 문화와의 관계를 분류한 연구를 먼저 소개한 뒤, 본서의 이론적 범위를 저자의 논문 모델을 인용해서 고찰한다. 리처드 니버(H. Richard Niebuhr)는 「그리스도와 문화」에서 그리스도와 문화와의 관계를 체계적으로 논했다. 그는 이 저서에서 그리스도와 문화와의 관계를 ①「문화와 대립하는 그리스도」, ②「문화의 그리스도」, ③「문화 위의 그리스도」, ④「역설적 관계를 가진 그리스도」, ⑤「문화의 변혁자 그리스도」의 5가지로 분류했다. 그러나 니버는 개인의 불완전한 지식이나 개인의 신앙 정도, 그리고 각자의 역사적 위치와 사회적 지위에 대한 의무, 사물에 대한 상대적 가치 때문에 자신이 내린 결론은 상대적이라고 덧붙이고 있다. 이는 니버 자신도 그리스도와 문화의 관계는 어느 일정한 모델에 단순하게 환원시킬 수 있는 것이 아니며, 개인이나 사회문화적인 상황에 따라서 다양하게 표현될 수 있다고 생각하고 있음을 의미한다.

로버트 웨바(Robert E. Webber)는 이러한 니버의 모델을 기초로 해서 이 것을 우선 3가지로 재분류했다. 신과 인간, 즉 기독교와 문화를 분리할 것인지, 동일시할지, 그렇지 않으면 양자를 조화시킬 것인가에 의해서 ①「분리 모델」, ②「동일시 모델」, ③「변혁 모델」의 3가지로 분류했던 것이다. 그는 이 3가지 모델 모두 각각의 상황에 따라서 전부 다 적용될 수 있다고 한다. 그는 각각의 모델에 대해서 성서적 근거를 제시하고 있다. 그리고 그는 이 3가지를 종합하는 모델로서 ④「성육신 모델」을 제시하고 있다. 그는 성육신모델도 성서에 근거를 두면서, 복음주의 입장에서「육체로 오신 신은 "크리스챤들"의 세상 참여에 대한 궁극적인 모범이다. 그가 오셨을 때, 그는 우리들 속에 살아 계시는 것을 통해서 자신을 생의 구조 속에 맡긴다[동일시]. 그러나 악의 영향력으로부터는 분리되며, 자신의 죽음과 부활을 통해서 악을 멸하고, 새로운 창조를 시작하셨다[변혁]라고 설명하면서 이 모델이 앞의 3 모델을 통합하는 것이라고 한다. 그리고「복음주의적 기독교가 기독교신앙을 완전하게 표현할 때까지 성숙해지려면, 신이 성서 속에서, 교회사 속에서, 그리고 성육신으로 나타난 사회참여에 대한 명령에 보다 면밀한 주의를 기울여야 한다」며, 이 모델이야말로 기독교적 실천의 이상적인 모습이라고 결론을 내리고 있다.

그러나, 그의 이러한 분류도 기독교에 의한 종합이라고 하는 실천적인 입장 때문에, 통합 지향성에 의해서 각 모델을 단계적으로 구분해 버리는 위험성도 없지는 않다.

타케다 키요코는 기독교가 문화에「토착화」(indigenization) 하는 유형을, ①「매몰형」, ②「고립형」, ③「대결형」, ④「접목형」, ⑤「배교형」의 5개로 나누었다. 그리고 우치무라 간조의 불경사건은「분리」형에, 일본무교회는「접목」형에 대응시키고 있다.

칼로 카르다로라(Carlo Caldarola)는 일본 기독교의 토착화의 유형들을 ①「대립형」, ②「타협형」, ③「접목형」으로 분류하고, 이것을 일본의 기독교사에 적용했다. 카르다로라의 분류도 웨바의 3가지 모델과 유사한다. 그러나, 그는 일본이라고 하는 하나의 지역을 대상으로 기독교와 문화의 토착화를 말했다고 하는 점에서 다른 연구와 성격을 달리하며, 역사적 특수연구의 경향이 있다.

한편, 기독교와 문화와의 관계에 대해서 최근에는「토착화」보다「상황화」(contextualization)라는 용어가 사용되는 경우가 많다. 상황화라고 번역된 용어는 1972년에 WCC계의 신학교육기금에서 처음으로 소개되어 주목받았다. 토착화에 대한 연구가 진행되면서 학자들은 토착화와 상황화를 구별하게 되었던 것이다. 선교 학자 프레밍(Bruce C.Flemingm)은「토착화란 복음이 전통문화 속에 어떻게 효과적으로 전파되는가에 그 초점을 맞추고, 복음이 하나의 문화권 내에서 적절하고 의미있는 언어와 전달형태로 전달되어지는 과정을 말한다. 반면에, 상황화란 역사적 상황 속에서 신앙이 현실에 도전해서, 이것을 변화시킨다고 하는 신의 말씀과 이 세상과의 접촉점을 찾으려고 하는 데에 초점을 맞추면서, 사람들의 삶 속에 존재하는 결정적인 문제에 대한 메세지에 중점을 두면서 사용한 용어이다」라고 언급하고 있다. 또한, 야지마 케츠로는 다음과 같이 말하고 있다. ""토착화"는 문화를 전통적·정적인 것으로 파악한다고 하는 전제 위에서 복음을 선교지에 뿌리내리게 하려고 하지만, "상황화(contextualization)"는 문화를 살아있는 것, 끊임없이 변동하는 동적인 것으로 이해한다고 하는 전제를 깔고 있다. 물론, 토착화를 반드시 정태적으로 파악하지 않는 연구자도 보여진다. 예를 들면, 타케다 키요코의 경우「기독교의 토착화라고 하는 것을 복음이 일본인의 정신적 토양에 뿌리를 내림으로써, 일본인의 정신구조의 내심부에 침투해, 누룩(이스트)과 같이 자연발생적인 혁신력을 갖추고, 정신구조를 내부에서부터 새롭게 해 나가는 가치관, 에너지, 생명력이 되는 것을 의미한다」고 파악하고 있다.

19세기부터 20세기 초까지는 전 세계 국가들의 사회변동은 그렇게 격렬하지는 않았으며, 나라 또는 지역마다 전통적인 문화가 존재하고 있었다. 그러나, 20세기 중순 이후가 되면서, 많은 나라들에서 민족 독립이나 경제적 정치적 개혁을 목표로 하는 움직임이 활발하게 진행되었다. 지금까지의 전통 문화는 격렬하게 흔들리면서 변동되기 시작했다. 이러한 상황에서는 "토착화"론은 조금 진부하며, "상황화(contextualization)"가 요구되어진다고 말할 수 있다」. 지금까지의 토착화 논의는 단지 기독교의 서구문화를 심는다고 하는 방향 속에 서 있었다. 그러나, 앞으로는 기독교의 수용자 측의 상황을 고려하면서, 그리고 그들의 삶과 관련된 기독교이어야 한다고 하는 비판적 자각이 상황화라고 하는 논의를 낳았다고 말할 수 있을 것이다. 본서에서도 단순하게 기독교를 일본사회에 이식하는 것이 아니라, 오히려 일본사회라고 하는 상황을 이해한 다음, 기독교의 복음을 전하는 데에 주목하고 있기 때문에, 이러한 기독교의 복음이 일본인의 정신구조의 내심부에 침투해서, 실제적인 개인변혁에서 사회변혁에 도달하는 것을 전망하는 상황화연구와 문제의식을 공유하고 있다. 하지만 상황화라는 표현이 널리 사용되지 않고 있기 때문에 본서에서는 토착화라는 표현을 공유하지만, 본서에서 사용되는 토착화의 의미는 위에서 언급한 상황화를 대용하는 것이다.

(2) 상황에 대한 재모델화

위에서 기존 학자들에 의해서 행해진 기독교와 문화와의 관계에 대한 논의를 살펴 보았다. 본서에서는 이러한 논의를 기반으로 해서, 기독교와 문화와의 만남에 대해서 다음의 3가지 모델—서브 모델까지 포함하면 4개의 모델을 제기하고, 일본기독교사 분석을 위한 가이드 라인으로 삼고자 한다. 그러나, 이러한 분류는 어디까지나 저자 등의 자의적인 분류이며, 이 테두리에 모든 것을 적용시키는 것은 어렵기 때문에, 일정한 기준을 제시하는 측면이라는 것을 이해해 주시기 바란다.

① 분리·대립 모델

기독교와 문화와의 관계에 대한 모델 중 가장 먼저 거론하고 싶은 것은 「분리·대립」모델이다. 분리·대립 모델은 기득교(복음)와 문화의 관계를 대립적으로 위치시키고, 이를 분리시키는 경향이다. 이것은 웨바의「분리」모델에 해당한다. 웨바는「[분리주의자들은] 크리스챤들의 생의 타계성을 강조하는 성서의 말에 근거해 문화에 접근한다. 그들은 십자가의 약함이야말로 그의 능력이라고 하는 고난을 받으신 그리스도에 따르려고 한다. 또 스스로를 이 세상의 나그니와 순례자로서 보고 있다. 그들은 의를 위해서 고난을 받으며, 오해받고, 박해를 받는 것을 바란다」고 말하고 있다. 표 1을 참조해 주길 바라지만, 이「분리·대립」모델로 묶을 수 있는 것은 웨바의「분리」모델 외에, 니버의「문화에 대립하는 그리스도」와 트케다의「고립」, 「대결」형, 카르다로라의「대립」형이다.

초기의 일본 기독교의 경우, 다수의 크리스챤이 문화와 기독교 사이의 긴장을 급진전인 방법-완전한 분리-에 의해서 대응한 것처럼 보여진다. 예를 들면, 카톨릭의 예수회 이후에 일본을 방문한 프란시스코회나 도미니코회, 그리고 개신교 타무라 나오오미에 의한 신부사건, 우치무라 간조의 불경사건, 요코하마 밴드의 으에무라 마사히사와 그의 제자들에게 일부 볼 수 있으며, 나중에는 전시하의 무교회 사상가나 성결교계의 일부의 개신교 및 카톨릭교회로 보여진다. 위에서 인용한 칼로·카르다로라(Carlo Caldarola)에 의하면, 장로파 교회의 보수주의와 강한 퓨리턴적 윤리의 영향을 받아 우에무라 마사히사는 외국의 영향으로부터 독립적이며, 비타협적인 신앙을 소유하는 크리스챤를 육성히, 그들이 이 세상과의 싸움에서 승리하도록 돕는 견고한 일본의 교회를 만들고자 노력했다. 그러나, 실제로 그의 노력은 강화의 교리 순화에 한정되어, 사회에 대한 관심을 상실했다고 하는 지적도 있다. 그러나, 일본 기독교사 속에서 개인 전도를 통해 사회를 변혁하고자 한 복음적인 초기 선교사들의 지도를 받은 요코하마 밴드는 분리 대립의 면도 보여지지만, 다음에 제시하는 필자의 개인변혁 모델의 색채도 띠고 있다고 말할 수 있다. 그러나, 요코하마 밴드 만이 아니라 극히 일부의 그룹을 제외하고, 대부분의 일본 기독교계는 천황제가 점차 확립되고 우익적인 노동운동이 전개되자, 교회는 농민노동자 계층으로부터 몸을 빼, 대부분 결정적으로 중산계급의 교회로 전락한 결과가 되었던 것이다.

② 변혁 모델

기독교와 문화와의 관계에 대한 모델 중에서 두 번째에 해당하는 것이 「변혁」모델이다. 변혁 모델은 기독교(복음)와 문화와의 관계에서 복음의 역동적인 능력을 통해 문화를 변혁하고자 하는 태도이다. 그러나, 변혁 모델은 그 관심의 중심이 개인변혁이냐, 사회변혁이냐에 따라서, a.개인변혁 중심 모델과 b.사회변혁 중심 모델로 나눌 수 있다. 두 가지 모델 모두 복음이 문화를 변혁시키지만, 변화의 원천을 개인중심에 두느냐, 사회중심에 두느냐에 따라서 입장이 달라진다. 개인변혁 중심 모델은 개인의 변혁을 통해 사회의 변혁이 이루어진다고 하는 입장이며, 사회변혁 중심 모델은 개인의 변혁보다 사회변혁이 우선되어야 한다고 하는 입장이다. 양자는 관심을 어디에 두느냐에 따라 나뉘어지지만, 반면에 연속적이기도 하다. 따라서, 같은 주체가 상황에 따라서 a.b에 모두 나타나는 경우도 생각할 수 있다.

a. 개인변혁 중심

개인변혁에 중심을 두는 변혁 모델에 관해서는 웨바의 「변혁」모델, 니버의 「문화의 변혁자 그리스도」와 「역설적 관계를 가진 그리스도」, 타케다와 카르다로라의 「접목」형이 여기에 해당된다고 생각할 수 있다.

일본의 기독교사에서 보면, 헵번 선교사 등으로부터 영향을 받은 초기 요코하마 밴드의 리더들, 구세군의 리더인 야마무로 군페이, 전후에 나타난 복음주의 계열도 개인변혁 중심이라고 할 수 있을 것이다. 또한 카르다로라는 「접목」형으로서 우치므라 간조와 일본무교회를 제시하고 있다. 무교회 기독교는 일본의 「무사」계급 (=나무)에서 발생한 후예(=나뭇가지)이며, 회심을 기독교적 가치와 재리의 문화적 특징이 살아있는 종합을 확립하는 고유의 요건으로 생각하고 있다고 한다. 그들에게 있어서 일본식 크리스챤이 되는 것은 모든 제도의 매개에 의한 것이 아니라, 그리스도와의 직접적인 인격적 만남에 의해서 복음의 정신을 자기 내부에 살려가는 것을 의미했다. 이러한 개인변혁적인 무교회 크리스챤은 일본이 국가주의로 치달을 때도, 우치무라 간조의 1891년 불경사건에서도 보여지듯이, 정치적인 타협을 하지 않고 나중에 야나이하라 다다으처럼 적극적으로 전쟁을 반대하는 운동을 전개하게 된다. 카르다로라의 연구에 의하면, 무교회 크리스챤은 「신에 대한 직접적 신비적 접근」, 「퓨리턴적 윤리」, 「신앙으로 맺어진 사제 관계 및 책임있는 엘리트로서의 사회생활에 대한 적극적인 공헌」을 추구했던 것이다. 그러나, 무교회의 특징으로서 자주 언급되는 것처럼, 뛰어난 리더에게 의지하는 엘리트주의의 영향 때문에, 그 리더가 없어지던 다음 세대로의 계승문제가 발생하지 않을 수 없다. 우치무라 간조로부터 시작된 무교회는 현대가 되면 다른 일본기독교단처럼 노령화해, 개인변혁의 계승에는 치명적인 약점을 가지고 있는 것도 사실이다.

이러한 개인변혁적 입장은 개인의 변혁을 통해서만 사회를 변혁시킨다고 하는 입장이 강하지만, 개인을 통해 사회 참여를 시도하는 면도 공존하고 있기 때문에, 그 사회참여방법에 따라서 좀 더 구분할 수 있다. 즉, 사회변혁의 경계를 개인의 주변이나 사회환경으로 실천하는지, 그렇지 않으면 국가적·

민족적 환경에서 실천하느냐에 따라서 미시적 개인변혁과 거시적 개인변혁으로 나눌 수 있다. 미시적 개인변혁은 복음을 통해 개인의 변혁을 이룬 후, 자기 주위의 환경에서 삶의 실천적 행동이나 모습으로 나타난다. 예를 들면, 일반적 크리스챤들이 복음을 받아 들인 후, 학교나 직장 등 자신이 있는 곳에서 성서적 가치관에 근거해 실천하거나 더나아가 궁핍한 이웃을 돕고 봉사하는 것 등을 들 수 있다. 한편, 거시적 개인변혁은 복음을 통해 개인의 변혁을 이룬 후, 국가 및 민족적 차원에서 사회문제에 공감해 동참하는 입장이다. 카가와 토요히코의 빈민굴 활동이나 하나님나라운동을 보면, 거기에는 이러한 거시적 개인변혁이 느껴진다.

b. 사회변혁 중심

사회변혁에 중심을 두는 변혁 모델의 구체적 운동으로서는 거시적 개인변혁에 근사하다고 여겨지는 카가와 토요히코의 사회참가와 전후의 일본 NCC 계열에 의한 기독교의 사회운동을 들 수 있다. 예를 들어, 야스쿠니 신사참배 반대와 천황제문제, 노동자나 재일 한국인들의 인권문제, 시민문제들을 해결하고자 하는 기독교 사회운동을 들 수 있다.

③ 혼합 · 타협 모델

기독교와 문화와의 관계에 대한 모델 중에서 세 번째에 해당하는 것은 「혼합 타협」모델이다. 혼합 타협 모델은 기독교(복음)와 문화와의 관계를 동일한 선상에서 보면서 일치시키려고 하는 태도이다. 혼합 타협 모델과 연결지을 수 있는 것은 웨바의 「동일시」모델 외에 니버의 「문화의 그리스도」, 「문화 위의 그리스도」, 타케다의 「매몰」형과 카르다로라의 「타협」형이 있다. 특히, 니버의 「문화 위의 그리스도」는 혼합 · 타협 모델적인 성격도 있지만 다른 모델과의 복합적인 요소도 있다. 따라서, 니버는 분리 · 대립 모델과 혼합·타협 모델 사이에 이 모델을 두었지만, 본서의 모델에서는 분리·대립 모델적인 성격도 있지만, 혼합·타협 모델적인 성격이 더 강하다고 보고, 여기에 넣기로 한다. 퀘바에 의하면, 동일시주의자들은 이 세상과 동일시되고자 하는 열망 때문에 세상의 삶의 구조 속에 들어가 있는 악의 영향력을 올바르게 인식하지 못하고, 너무 급속히 문화의 관행을 받아들여 기독교의 메세지마저도 거기에 동화시킬 수도 있다고 생각하는 것같다. 그래서, 이러한 태도는 교회의 예언자적 입장이나 문화에 대한 객관성을 상실함으로써 문화의 비판자로서의 역할을 망각해, 악에 대한 지적이나 회개를 촉구할 수 없게 되는 위험성이 있다.

일본 기독교 역사에서 보면, 대표적인 예로서는 독일의 자유주의의 영향을 받은 쿠마모토 밴드의 조합교회의 흐름과 종교단체법에 따라 1941년 통합된 일본기독교단을 들 수 있다. 일본기독교단은 군국주의의 일본정부와 타협하면서, 기독교가 가져야 할 사상으로부터 빗나간 행동을 취하는 결과를 초래했다. 앞에서 언급한 칼로·카르다로라(Carlo Caldarola)도 도시샤대학을 중심으로 한 하나의 일본 신학사상의 흐름이 독일의 자유신학의 영향을 받은 사실에 근거해서 타협형 모델로서 분류하고자 했다. 이러한 사상적 영향으로 사회적 기독교신학이 나타나면서 1920년대 중반 학생기독교운동(SCM)이 적극적으로 전개되었다고 본다. 대표적인 신학자로는 쿠마모토 밴드를 이끈 에비나 단죠 등이 들 수 있다. 필자는 이상의 3가지 모델을 하나의 프레임워크 안에 분류했다(표 1). 이 프레임워크 안에서 II부에서 살펴본 일본사회의 토양과 일본기독교의 역사를 정리하고, 일본 사회와 기독교를 어떻게 분류할 수 있을지, 더나아가 이러한 토양과 역사 위에서 일본선교를 위해서 어떠한 시도가 필요할지를 검토하고자 한다.

(3) 본서의 모델에서 본 일본 기독교의 역사

위에서 제시한 모델을 기초로 해서 일본 기독교의 역사를 분류해 보면, 칼로・카르다로라(Carlo Caldarola)의 ①「대립형」, ②「타협형」, ③「접목형」이 필자의 모델에 가깝다고 말할 수 있지만, 그의 접목형은 무교회에만 한정되기 때문에, 필자의 개인・사회변혁 모델이 보다 일반적이라고 말할 수 있을 것이다. 여기에서는 본서의 모델에 기초해서 일본 기독교의 전체적인 흐름을 검토해 본다.

본 연구의 모델			로버트 / 웨바	타케다 키요코	칼로 /카르다로라	리챠트 / 니버	일본 기독교
분리・대립 모델			분리 모델	고립・대결형	대립형	문화에 대립하는 그리스도	초기 카톨릭교회의 프란시스코와 도미니코회, 요코하마 밴드의 일부, 우치무라 간조(內村鑑三)의 불경사건, 성결교
변혁 모델	개인 변혁 중심	미시적	변혁적 모델 (Augustin / Calvin)	접목형	접목형	・문화의 변혁자 그리스도 ・역설적 관계를 가진 그리스도	초기 선교사들의 영향을 받은 요코하마 밴드의 일부, 구세군의 야마무로 군페이(山室軍平), 복음주의 계열, 삿포로밴드의 우치무라 간조(內村鑑三)와 무교회, 카가와 토요히코(賀川豊彦)의 하나님나라 운동
		거시적					
	사회 변혁 중심		변혁적 모델				카가와 토요히코(賀川豊彦)의 사회참가, 독일의 자유주의의 영향을 받은 쿠마모토 밴드의 일부, 전후의 NCC활동
혼합・타협 모델			동일시 모델	매몰형	타협형	・문화의 그리스도 ・문화 위의 그리스도	쿠마모토 밴드의 일부, 군국주의의 일본기독교단, SCM운동

초기 카톨릭의 선교에서 시작된 일본사회의 토양과 문화에 대한 분리·대립 모델이 일본 기독교의 역사 속에 깊게 뿌리내리고 있는 것이 밝혀졌다. 그러나, 1859년 정통주의를 표방하는 복음적인 개신교의 일본 방문으로부터 시작되는 교육과 사회복지활동에 의한 개인변혁 모델이 나타나며, 그 영향을 받은 요코하마 밴드의 일부 교회 리더들과 우치무라 간조(内村鑑三)에 의한 무교회 운동, 구세군의 야마무로 군페이(山室軍平)에 의한 개인의 신생과 성서연구, 개인전도 운동, 또 전후 정체되고 있는 일본기독교단에 대한 반동으로 나타난 한국 선교사들을 중심으로 한 복음주의 운동에 의해서 복음주의에 근거하는 개인 신생과 사회 기여 활동은 계속 되고 있다고 말할 수 있을 것이다.

그러나, 독일의 자유신학의 영향을 받은 도시샤를 중심으로 한 쿠마모토 밴드는 일본의 토양과 혼합하면서 타협해 버렸으며, 그것이 일본 기독교에 많은 영향을 미치고 있는 것도 사실이다. 이러한 타협의 움직임은 메이지시대의 후반 천황제의 부활과 함께 강력해진 군국주의 아래에서, 정치적으로 타협해 버렸고, 1941년 종교단체법에 의해서 통합된 일본기독교단은 이러한 혼합 타협 모델의 대표적인 흐름이 되어 버렸다. 즉, 일본 기독교는 I부에서 검토한 것처럼, 다른 나라와 다른 독특한 일본사회의 토양 때문에, 분리 대립하거나 그렇지 않으면 혼합 타협하는 움직임이 되어 버리면서, 오늘날 볼 수 있는 것처럼 크리스천이 전 인구의 1%에도 못 미치는 결과가 되었다고 말할 수 있을 것이다. 앞에서도 인용한 것처럼, 이러한 특성 때문에 일본의 복음주의 조차도 일본적인 환경에 따라 변형되었다고 후루야는 지적하고 있다. 미국의 남침례파 교회는 거신교 중에서도 최대의 교파이지만, 동시에 신학적으로도 정치적으로도 보수적인 교파이기 때문에 복음주의의 대표이다. 하지만, 이에 대응하는 일본 침례파 연맹은 미국의 남침례파 교회와는 완전히 성격이 다른 보수적인 교회가 되지 않았다. 즉, 일본에는 미국이나 한국과 같은 근본주의나 성서무오설을 믿는 지적 혹은 정신적 풍토는 강하지 않다고 후루야는 지적하고 있다.

그렇지만, IV부에서 제시하는 것처럼 1990년대 이후 글로벌화의 움직임과 IT기술의 진보에 의한 인터넷의 등장으로 일본 사회도 급속히 변화하고 있어, 지금까지 일본 사회의 토양 속에 뿌리 내리고 있던 집단 주의 등의 과거의 사회질서는 무너지기 시작하고 있다고 볼 수 있다. 이런 변화 속에서 일본 선교에도 새로운 변화의 조짐이 보여지고 있다. 무엇보다도 일본 사회에서 뿌리깊은 민족주의 경향 때문에 많은 구미 선교사들에 의한 선교가 뿌린 만큼 소득을 얻지는 못 했지만, 1990년대 이후 같은 동양문화권의 한국 선교사들에 의한 활발한 일본선교가 행해지고 있어, 21 세기의 진정한 부흥이 기대되는 것도 과장은 아니다. 이에 대해서, 김수진도 한국 선교사들을 중심으로 전도에 힘을 쏟고 있는 복음주의 계열의 성장에 일본선교의 미래가 있다고 말할 수 있을 것이다. 즉, 향후의 일본 선교에서는 이 점을 어떻게 살려 나가느냐가 큰 과제일 것이다.

2. 근대 일본 기독교 사상가들

일본 기독교의 역사를 개관해 보면, 어느 시대에나 기독교가 당시의 사회에 끼친 영향은 매우 컸다는 것을 알 수 있다. 이러한 시점은 단지 기독교의 역사적 분석 뿐 만이 아니라 성서사상적으로 봐도 동일한 현상을 지적할 수 있을 것이다. 하나님으로부터 온 메세지는 어느 시대나 동일하지만, 그것을 받아들이는 사람들에 의해서 큰 차이를 보여준다. 하나님의 메세지에 민감하게 반응하는 사람이 있는가 하면, 그 사람을 둘러싸고 있는 환경이나 제약 조건들 때문에, 그렇지 못 한 사람도 있었던 것이다. 여기에서는 일본 기독교의 대표적인 사상가들을 들어서 그 생애와 일본 기독교계에 미친 영향에 대해서 개관한다. 그 후 필자가 제1장에서 제시한 모델에 근거해서, 개략적이기는 하지만, 일본 기독교의 사상가들을 분류하기로 한다.

1) 타무라 나오오미(田村直臣) (일본의 신부사건)

(1) 타무라 나오오미의 생애

타무라 나오오미(1858 - 1934)는 기독교의 목사·교사로서 메이지 유신의 다이나믹한 격동사회를 살아가며, 1882년부터 1886년까지의 미국유학의 체험을 통해서 일본과 미국의 「여성의 삶의 방법」이라는 주제를 비교문화적 관점에서 2권의 책을 출판했다. 그 중에서 일본어로 집필해서 일본에서 출판된 것이 『미국의 부인』(1889년)이다. 그 다음에 타무라는 영어로 『The Japanese Bride』

타무라 나오오미목사의 저서 〈일본의 신부〉

(1893년)를 집필해서 미국에서 출판했다. 그런데 이 책을 일본어로 번역해서 일본에서 출판했을 때에, 일본 기독교회로부터 면직 처분을 받는다. 이른바 「신부사건」이다.

타무라는 에도시대에 태어나 막부 사족의 가정에서 양자로 가게 된다. 인생의 출발부터가 매우 피로운 사건으로 시작되었던 것이다. 어려서 부모 곁을 떠난 심경에 대해서 타무라는 전혀 언급하지 않고 있다. 부모에 대한 분노나 슬픔이라고 하는 것이 어린 생각에 있었을지도 모르지만, 그는 따뜻한 가정과는 무연으로 모든 일을 스스로 결정해 행동하는 생활을 하지 않을 수 없었다. 심경은 차치하고, 외면적으로는 약한 소리를 하지 않는 아이였다고 한다. 그는 어릴 때부터 양자로 보내지고, 군사학교에 들어가 훈련을 받고, 서생으로 보내지기도 했다. 금이야 옥이야 하며 보살핌 속에 자라나는 요즘 아이들이라면 도저히 견딜 수 없을 유년시절을 보낸 것이다.

이런 타무라에게 일대 전환기가 찾아왔다. 기독교와의 만남이다. 그는 16세의 젊은 나이에 선교사로부터 세례를 받았다. 당시 기독교도가 된다고 하는 것은 친척이나 친구들로부터 업신여김당하는 것이기에 큰 결심을 필요로 했다. 그가 기독교에 발을 디딘 것은 기독교의 가르침에 확신이 있었기 때문이 아니다. 일본이 문명개화하고 있는 여러 나라에 대등하게 교제하려면, 원래의 불교, 신도, 유교의 가르침으로는 안 된다고 하는 생각이 마음 속에 있었기 때문이다. 당시 일본어로 번역된 성서조차 존재하지 않았으며, 선교사의 설교도 일본어인지 아닌지 모를 정도의 설교였기 때문에, 메이지 초기의 크리스챤에게 깊은 성서의 지식을 바탕으로 한 신앙이나 신학 지식을 요구하는 것은 무리였을 것이다. 그러나 신기하게도 타무라는 장로직 안수를 받을 무렵에는 성서의 가르침에 대해 흔들리지 않는 확신을 가지게 되었다. 그는 인생을 예수그리스도에 드리고 섬길 것을 결심했다. 22세의 젊은 나이에 목사가 되고 나서는 어떤 장해에 부딪혀도 인내하며 꿋꿋이 일생 동안 목사직을 완수한다.

여기서는 타무라에 대한 문헌을 인용하면서 일본 기독교와의 관련 속에서 그의 위치를 검토해 가기로 하겠다. 먼저 첫 째로 일본의 교회는 외국 미션에 의지하지 않는 독립된 교회가 되지 않으면 안 된다고 강하게 주장한 점이다. 미션으로부터 고액의 자금적인 지원을 받으면서, 과연 자유롭게 말을 할 수 있을 것인가? 일본인을 주체로 한 교회를 지을 수 있을 것인가? 이러한 독립적인 사고는 교회 건설 및 운영 뿐만이 아니라 그의 자영관 경영이나 일요학교협회 운영에 있어서도 동일하게 나타났다. 이와 같은 독립주의 때문에, 미션 관계자들 중에서 타무라를 좋게 생각하지 않는 사람들이 있었던 것 같고, 결과적으로 여기 저기에서 충돌을 일으키게 된다. 이러한 타무라의 독립주의는 그가 사족 출신이라는 것과 무관하지 않을 것같다. 일본인의 일은 일본인 스스로가 결정해서 행동하는 것이 당연하다고 생각했을 것이다. 또한 그의 어린 시절의 인생과도 관련이 있을지 모르겠다. 그가 어릴 때 타무라의 아버지는 그가 군인이 되는 것을 바라고 있었지만, 일찍이 양자로 보내진 뒤, 이어서 양부로부터 다시금 서생으로 보내지게 된다. 그는 어린 아이임에도 불구하고, 자립과 자율을 피할 수 없게 되었다. 어릴 적부터, 항상 독립행보를 걷지 않으면 안 되었기 때문일 것이다.

둘째로, 타무라는 정통적이면서도 보수적인 교의 신앙을 신조로 하며, 교회 정치는 장로주의를 내걸고 있었다. 신신학이 여러 나라로부터 유입되면서, 성서의 사실성이나 그리스도의 신성, 그리스도의 속죄의 의의 등이 공격 받게 되자 많은 사람들이 신앙을 버렸으며, 타무라는 이에 대해서 마음 아파 했다고 한다. 또한 타무라는 교회의 진정한 일치라고 하는 것은 교의나 정치가 일치되지 않으면 불가능하다고 확신하고 있었던 것 같다. 따라서, 일치교회와 조합파 교회의 합동에는 처음부터 반대했다. 미국 등에서 각 교파의 실태를 파악하고 있었던 타무라는 신학·주의·주장이나 정치형태가 다른 교회와의 합동이 잘 이루어지지 않을 것이라는 것을 예측하고 있었다. 이에 대해서는 미국에서 배운 조합파 교회의 니이지마 죠도 마찬가지였다고 생각된다. 실제로 교회의 합동이 잘 이루어지지 않고 있을 때, 합동에 반대하던 타무라는 일치 교회의 일부 사람들로부터 원한이나 반감을 꽤 산 것 같다. 원래, 일치교회는 무종파를 표방하고 있던 요코하마 교회(요코하다 밴드 계열)의 흐름을 따르고 있는 사람들과 동경의 장로파 교회(츠키지 밴드 계열)의 흐름을 따르고 있는 사람들이 혼재하고 있었기 때문에, 장로주의의 필두 주자라고 할 수 있는 타무라를 향한 비난의 화살은 강력했다. 당시 일치교회의 주된 생각은 「일본에 기독교가 들어 온 지 얼마 지나지 않았기 때문에, 신조도 가능한 한 간단하고 명료한 것이 좋으며, 교파에 구애받지 않는 교회 쪽이 일본인에게는 좋다」라고 하는 것이었다. 실제로 처음에는 외국의 신조들을 채용하고 있었지만, 나중에는 간이 신조를 채용했다. 이러한 생각은 앞에서도 언급한 것처럼, 타무라의 교회에 대한 생각과는 달랐다.

셋째는, 그가 강력한 크리스챤 홈(가정)의 육성을 고집한 점을 들 수 있다. 크리스챤 가정을 이루어, 바른 가정생활을 하면서 아이를 교육하는 것은 타무라의 신앙생활에서 절대 떼어낼 수 없는 것이었다. 주위에서 강하게 반대했음에도 불구하고 『일본의 신부』를 출판했던 것도 이러한 확신에 찬 그의 신념이 배경에 있었다. 그는 어릴 적에 마치 물건처럼 양자로 보내지거나 서생으로 보내지거나 하면서 계속 여기저기로 끌려다녀야만 했다. 그 때문에 그는 진정한 가정의 따뜻함이라는 것을 알지 못하고 자랐다. 그러한 그가 미국에서 처음으로 크리스챤 가정에서 생활하면서 크리스챤 가정의 따뜻함과 훌륭한 자녀교육에 접했을 때, 그가 일본의 봉건적인 가족의 모습에 크게 의문을 가졌던 것은 당연하다고 말할 수 있을 것이다. 또한 그가 살았던 시대에는 여자와 남자가 함께 있는 것은 수치라고 하거나, 여자는 남자보다 비천하다고 하는 사고가 어릴 적부터 주입되어지던 시대였기에, 자유로운 연애결혼도 마음대로 하지 못 하는 시대였다. 또한 여성의 매춘업이 법적으로 공공연하게 인정되어, 국가가 그녀들로부터 세금을 징수하고 있었던 시대였기에, 여성의 지위가 극히 낮은 시대였다. 그 때문에 여성의 지위에 대해서, 타무라는 기독교의 양심에 따라 「남녀의 동등권」을 간절히 바라면서 호소하였으며, 또 기독교가 「올바른 남녀관계를 형성하며」, 「좋은 가정을 만드는」 일에 힘써야 한다고 강하게 계속 주장했던 것이다.

넷 째는, 인생의 후반, 아이들에 대한 교육의 중요성을 확신한 것이다. 메이지 시대에 두 번씩이나 크게 부흥이 일어났으며, 수 많은 사람들이 세례를 받았지만, 교회의 신자 수나 교회 수는 늘지 않았다. 일시적인 감정의 복받침이나 주위의 기세 때문에 세례를 받는 사람이 대부분이었지만, 이런 사람들에게는 그 속에 기독교의 신앙이 확실하게 뿌리 내리지 않으면, 나중에는 교회를 떠나 버린다는 사실을 오랜 세월의 곡회 경험을 통해서 타무라는 인식하고 있었다. 이러한 문제에 대한 해결방법은 신자의 훈련과 교육 밖에 없다고 생각한 것이다. 그래서 타무라는 일찍부터 학생들을 위해서 말로 다 하기 어려울 정도의 노력을 해왔다. 그는 자영관을 설립해 고학생을 돌보거나 일본의 기독교 청년회 설립을 위해서도 동분서주했다. 그러나 나중에 타무라는 어린 아이들에 대한 교육의 필요성을 통절하게 느꼈던 것이다. 그 힘을 모아 유아교육을 위해 힘을 쏟아 유치원도 설립했으며, 그 유치원이 현재도 스가모에 남아 있다.

(2) 신부사건의 의미와 일본 기독교계에 미친 영향

타무라는 1893년(메이지 26년), 『일본의 신부』라고 하는 영문 저서를 뉴욕에서 출판했지만, 이 저서가 일본 내의 일반잡지에 소개되면서 기독교인들에 대한 새로운 공격 자료가 되었다. 타무라는 이 책 속에서 일본인의 결혼관이나 결혼제도를 통해서 일본 여성들의 비참한 상황을 통속적으로 그려냈다. 예를 들자면, 그녀들은 남성보다 뒤떨어진다고 교육받을 뿐 만 아니라 부모가 결정한 결혼에 의해서 마치 물건처럼 상대의 집에 건네진다. 그리고 아내로서 부모나 남편에 대한 절대적인 복종이 요구되며, 남편이 다른 여성과 불륜관계를 가져도 어떤 항의도 하지 못하며 재산상의 권리도 없다. 그녀들은

본의 아니게 이러한 일을 강요당하고 있으며, 그러한 의미에서 일본의 도덕이라고 하는 것은 형식적이며 진심에서 나온 것은 아니다. 기독교에 의하지 않으면, 일본에 진실된 사랑의 가정은 태어나지 않는다고 하는 내용이었다.

　기독교측의 반응도 신속했으며, 교계의 저널리즘은 빠짐없이 타무라를 비판하면서 글의 철회를 요구했다. 그러나 타무라는 그러한 비판이나 설득에 일체 응하지 않았으며, 마침내 그가 소속한 일본 기독교회 제일동경중회(第一東京中会)에서는 타무라에 대한 교회법정을 열기까지 되었던 것이다. 가장 심하게 비판한 사람은 우에무라 마사히사였다. 우에무라와 타무라 사이의 뿌리 깊은 의견충돌은 자주 지적되고 있지만, 우에무라가 비판하게 된 근본적인 동기는 개인적인 문제를 뛰어 넘은 다른 곳에 있었다고 오노는 평가하고 있다. 도이 아키오도 타무라와 우에무라로 대표되는 이른바 요코하마 밴드 사이에 뿌리 깊은 대립이 있었음을 다음과 같이 지적하고 있다.

　타무라는 일찍이 공회주의를 표방한 요코하마와 동경의 양 공회를 정면으로부터 대립한 동경제일장로교회에서 세례를 받았으며, 당시에는 그 후신인 긴자교회의 목사였다. 또한 1986년 이후의 일치, 조합 양교회의 합동운동 때도 우에무라 등은 추진파에 속했지만, 타무라는 합동에 반대한 소수파의 지도자였던 적이 있기에, 그러한 관계가 우에무라로 하여금 타무라를 공격하게 만들었다고 한다. 제일동경중회는 고소장을 받고 타무라를 견책 처분했지만, 타무라는 이에 복종하지 않고 대회(大会)에 상소했다. 사건은 일본의 기독교회사 중에서도 드문 본격적인 교회재판이 되었다. 타무라의 상고 이유의 요점은 첫째로, 사회 습속 등에 대한 비판이나 논평의 종류는 사람에 따라 관찰에 차이가 있다. 따라서 교회 회의가 시비를 판정해야 할 문제는 아니다. 둘째로,「참무(讒誣)」라고 하는 죄명은 악의를 가지고 다른 사람을 덫에 빠뜨리는 것이나, 자신은 일본인에 대해서 어떠한 악의도 갖지 않았기에

이 죄명은 부당하다고 하는 것이었다. 그 때 많은 선교사가 타무라를 지지했으며, 교회 재판이 이런 종류의 일을 거론하는 것은 바람직하지 않다고 보고 있었다. 그러나, 대회(大会)는 제일동경중회(第一東京中会)의 처분을 불충분하다고 보고, 타무라를 면직한다고 하는 어려운 결정을 내린다. 실제로 우에무라와 타무라와의 대립관계는 그 후에도 계속 되면서, 우에무라의 사후 타무라의 교회 복귀가 겨우 실현되었다고 한다. 도이는 이에 대해서 일본기독교일치교회(日本基督教一致教会)가 우에무라를 정점으로 하는 피라미드적 질서의 집단이며, 바꾸어 말하자면 우에무라가 이 교회의 「소천황」이라는 것을 보여주는 증거라고 혹독하게 평가했다. 두엇보다도 우에무라는 타무라가 비판한 가족 도덕이 일본의 「중류층 이하의 야비한 사회」에 들어맞는 것이라고 함으로써, 우에무라는 자신을 상류 지도자층에 위치시키고 있는 것으로 보여진다고 했다. 이러한 일련의 사건을 통해서 우에무라의 사족의식(士族意識)이 점차 상류의 계급의식으로 변모해 가는 것을 엿볼 수 있다고 도이는 지적하고 있다. 오노도 같은 입장에서 이 결정이 커다란 문제를 안고 있었음은 말할 필요도 없다고 했다. 즉, 타무라를 공격한 일본 기독교회의 지도자들 자신 속에 봉건적인 옛 제도나 도덕을 아름다운 것으로 간주하는 사상이 잔존하고 있어, 천황을 중심으로 한 가족국가의 일치화합을 위해서 기독교회도 국가의 일원으로서 본분을 다해야 한다고 하는 사상이 지배하게 되는 경향이 나타났다고 한다.

그런데 오노는 교회가 스스로의 명예 뿐만 아니라 교회의 존립성이 걸린 아슬아슬한 싸움으로서 이 문제를 받아들였음을 엿볼 수 있다고 했다. 당시의 교회는 증대되는 외압에 숨을 죽이면서 참고 있었다. 메이지 20년대의 논의의 초점이 일본의 전통적 정신과 기독교적 가치의 상극에 있었다고 한다면, 타무라의 문제 제기는 견디고 견뎌 온 교회의 방벽을 안쪽에서 쓰러뜨리는 행위로 보였다고도 생각할 수 있다. 그 때문에 당시의 교계에서는 이를 방치하면 교회의 사회적 고립은 더욱 더 심각해지며, 전도의 문은 닫혀질 것이라고 하는 두려움이 있었음에 틀림없다. 이 때, 타무라를 파면함으로써 교회로서 증거를 보여주지 않으면 안 된다고 하는 마음이 들었던 것을 반드시 비난할 수 만은 없다고 오노는 보고 있다. 그러나 오노는 일본 기독교의 역사에서, 천황제 국가의 법제적인 측면과의 대결은 물론 그 종교적 측면에 있어서도 대결의 자세를 상실하고, 안전한 진로로 방향을 정해 가는 최초의 분명한 표시가 바로 「일본의 신부사건」이었다고 지적했던 것이다.

2) 고자키 히로미치(小崎弘道)

(1) 고자키 히로미치의 생애

제2대 도시샤대학 사장을 역임한 고자키 히로미치 목사(도시샤대학 자료)

고자키 히로미치(1856 - 1947 ; 安政 3 - 昭和 22)는 쿠마모토 번사의 집에서 태어났다. 쿠마모토 양학교에서 제임스 대위의 훈육을 받고 크리스찬이 된 쿠마모토 밴드의 한 사람이다. 그는 1871년(메이지 4) 쿠마모토 양학교에 입학한 뒤, 1876년 제임스로부터 세례를 받고 그 해 학교 폐교와 함께 도시샤로 옮겨 니이지마 죠에게 배웠다. 1879년에 졸업한 후, 다시 동경으로 돌아와 쿄우하시 교회, 이윽고 합병한 뒤 레난자카 교회의 목사가 되어 평생 전도에 힘썼다. 다음 해 1880년에는 우에무라 마사히사 등과 함께 동경기독교청년회를 조직했다. 그 기관지 「육합잡지

(六合雜誌)」에 발표한「정교신론(政教新論)」(근대적 유교 비판으로 평가되었다) 등의 언론은 당시의 사상계에 큰 영향을 주게 된다. 그리고 1885년 반쵸 교회를 설립한 뒤, 니이지마 죠의 사후 1890~97년에는 도시샤의 사장 겸 교장이 된다. 이후 러난자카 교회에서 전도에 종사하면서 교회를 성장시켰으며, 나아가서 조합교회파를 지도했다. 1912년의 3교 회등, 즉 신도·불교·기독교의 대표자가 정부 제창에 의해서 행한 회담에서는 기독교측 대표자로서 출석했다. 즉, 그는 초기 일본 기득조합교회의 대표적 인물이었다.

고자키는 메이지 16년 10월호의「육합잡지」어 실은「신앙의 작용」에서 미국의 신학자 스미스의 견해를 인용하면서, 신앙은「지·정·의, 즉 전 영혼의 동작」이며, 직접적인 신과의 인격적인 만남을 갖는 계기는 성서라고 말했다. 그리고, 성서무오설에는 완전하게 만족이 되지 않기에 고등비평을 하지 않으면 안 된다고 했다. 특히, 메이지 22년 교토 도시샤에서 제1회 하계 학교가 개최되었을 때, 고자키는「성서의 영감(inspiration)」이라는 타이틀로 강연을 행하는데, 이 강연에는 그의 성서관이 드러나고 있다. 성서가「하나님의 감화 속에서 성령충만한 마음으로」쓰여진 것, 또한 성서 저자는 모두「정직한 마음으로 성설하며 진지하게 사건」을 기록한 것이라는 것에 대해 이론을 제기할 여지는 없다. 그러나 그 자신은 과연 자신이 쓴 것에 결코 오류가 없다고 할 수 있을지, 아마 그렇게는 생각하지 않고 있다고 말했다. 즉, 성서무오설을 거의 부정하고 있었던 것으로 보여진다. 고자키는 성서의 특징을 다음의 4가지로 설명하고 있다. 첫 째로, 지구상의 여러 나라의 서적 중에서 이를 읽고 우리의 품격을 높여주며 지조를 고상하게 하면서, 우리의 몸을 천국으로 인도해 주는 것처럼 느끼도록 해 주는 것은 성서 박에 없다. 두 번째로, 양심이 타오를 때, 성령충만해질 때, 죄에 대해서 지각하는 사람이 마음에 찔림을 느끼는 것은 성령을 느끼기 때문이다 세 번째로, 성서의 감화력이 실로 위대하다고 하는 것은 그것이 하나님으로부터 온 것이기 때문이다. 네 번째로, 성서는 사람의 마음의 기본적인 필요를 채운다. 오오우치 사부로는 이러한 고자키의 「성서의 영감(inspiration)」을 분석할 때 분명해지는 것은 우선 성서무오설의 부정과 성서에서 보여지는 하나님과 인간과의 인격관계의 강조라는 두 가지로 평가했다.

(2)성서 사상과 일본 기독교계에 미친 영향

고자키는 일본 조합교회의 리더로서 일본 기독교의 역사에 커다란 영향을 끼친 인물이었다. 그러나 전술한 것처럼, 자유신학의 영향을 받은 그의 성서이해는 성서무오설을 부정함으로써 조합교회가 성장하지 못 하고 정체될 수 밖에 없는 결과를 초래하게 만든다. 이 때문에 고자키는 나중에 조합교회의 역사를 회고하면서, 조합교회의 전도에 대해서 깊은 반성의 말을 많이 남기고 있다. 미국에서 조합교회(회중파)가 18 세기말에는 제1위 교회였던 것이 19 세기에는 제2위, 20 세기에 이르러 제7위가 되었다는 사실을 인용하고 있다. 고자키는 미국에서처럼 일본의 조합교회도 초기에는 제1위였지만, 메이지 30년대에는 제2위, 나중에는 제3위, 제4위의 교회가 되어 버렸던 원인은 무엇인가 라고 자문하면서, 스스로 거기에 대답하려고 노력했다고 한다.

조합교회의 침체가 메이지 30년대에 시작된 것은 조합교회가 메이지 20년대의 타격으로부터 회복되지 못 했음을 이야기해 주고 있다. 고자키가 들고 있는 원인들의 대부분이 메이지 20년대의 시련과 관련되어 있다. 첫 번째 원인은 많은 인물을 잃은 것이다. 「신앙의 동요나 그 외의 원인으로, 교직을 맡은 많은 사람들이 교회를 떠난 것은 다른 교파에서도 없는 것은 아니지만, 조합파와 같은 대변동은 어느 곳에서도 없었다고 지적했다. 메이지 20년대에 일본에 유입된 자유주의 신학은 엄청난 타격을 여러 교회에 주었지만, 그 중에서도 조합교회는 유력한 사람들이 「신신학」에 의해 동요되어 전도활동에서 멀어져 갔다. 20년대는 또한 내셔널리즘에 의해 공격을 받은 시대였으며, 기독교 중에서도 국가주의에 동조해 복음주의에서 멀어져 떠나가는 경향이 있었다. 두 번째는, 전도자 양성기관이 부족했던 것이다. 일본 기독교회에는 메이지 학원, 토호쿠 학원, 히가시야마 학원, 동경 신학사, 고베 신학교, 오사카 신학원 등 복수의 교사 양성기관이 있어 많은 인재를 배출했다. 감리교에는 아오야마학원, 칸사이학원, 규슈학원의 3교, 성공회에는 릿쿄 대학, 모모야마학원이 있었다. 그러나, 조합교회는 도시샤 하나 만 갖고 있으며, 고자키에 의하면 도시샤 자체도 교육기관으로서는 불비했으며, 게다가 인사의 분쟁이나 노선의 불안정 등의 이유로 「건전한 발달을 하지 못 했다」고 평가했다. 조합파는 메이지 30년대에 이르기까지는 각지에 몇 개의 관련 교육기관을 갖고 있었지만, 도시샤를 제외하고 다른 기관들은 모두 경영에 실패해 폐쇄되고 말았다. 이것도 「30년대」이후의 침체를 결정적으로 만든 원인이다. 세 번째는, 전도계획을 세우지 않았던 것이다. 일정한 방침을 세우지 않고 형편에 맡긴 것이다. 아메리칸 보드(회중파)의 미션은 케이한신에 본거지를 만든 뒤에는 거기에 만족해, 고자키가 동경에서 전도하려고 계획했을 때도 별로 찬성하지 않았다고 알려지고 있다. 네 번째로, 조합교회의 신앙 그 자체가 소극적, 타협적이며, 적극적인 확신이 부족하다는 것이다. 신신학은 전도자를 잃은 직접적인 원인이 되었을 뿐 만 아니라 신앙의 활력을 빼앗아 버렸던 것이다. 비록 매우 보수적이고 시야가 좁은 신앙이라도 적극적인 확신만 있으면 그 교회는 성장한다고 고자키는 보고 있다. 조합교회가 신신학으로부터 받은 영향에 대해서, 고자키의 관찰은 날카로우면서도 절실했다고 오노는 평가했다. 물론 현대 미국이나 한국교회에서 보여지는 것처럼, 성서의 사상과 대치된 맹목적인 교회 교리에 대한 복종은 예수 그리스도 당시의 종교지도자이나 중세 카톨릭과 같은 오류를 범할 수 있다는 사실도 부인할 수 없지만, 고자키의 냉철한 자기반성처럼 인간사회의 논리로 하나님의 사상을 상대화시킬 때 교회는 교회로서의 존재가치를 상실하게 되는 것이다. 이를 통해서 볼 때, 절대적인 성서를 상대적으로 끌어내리는 오류는 하나님으로부터 온 성서의 생명력을 상실하게 할 뿐 만 아니라 성장 자체를 멈추게 하고 교회 자체를 시들게 하는 것을 새삼스럽게 깨닫지 않을 수 없다.

이어서 조합교회의 정체된 전도문제를 어떻게 타개해 나갈 것인가에 대해서, 고자키는 5개의 처방전을 제시하고 있다. 첫 째로, 「신앙의 부흥」이다. 그것은 「교역자들을 비롯해 교회 전체가 하나님 앞에서 겸손해져, 재차 헌신의 서약을 함과 동시에 그리스도와 그 십자가를 고조시키는 데에 있다」고 설명하고 있다. 두 번째는, 전도의 계획을 세우는 것이다. 「우선 10년 계획을 세우고, 전국의 주된 도시에 새로운 전도지역을 개척하는 것이다. 그러나, 전도 착수의 방법으로서는 도처에 일요학교를 열어, 이를 통해서 강의소 교회를 만드는 것이다. 또한 지방의 유력한 교회에서 가능한 한 많은 소집회소를 만들어, 점차 이것을 성장시키고 교회로 삼아나가야 한다」고 했다. 세 번째는, 「교사 양성의 방법」이다. 신학교를 증설해 전도 지원자를 열심히 받아들이고, 뛰어난 후보자들에게는 장학금을 지급해서 신학교에 입학하도록 준비시켜야 한다고 했다. 네 번째로, 교회 발전 수단으로서 회당 신축을 위해 원조하는 것이다. 이를 위해 교회 본부에서 상당한 자금을 비축한 뒤, 대출 또는 보조의 규칙을 만들어 그 기금을 운용하는 것이 필요하다고 말한다. 다섯 번째로, 교육사업의 발전이다. 초등학교, 중학교의 신설을 말하면서, 신학교는 「적어도 10개 학교 정도」를 증설해야 한다고 하였으며, 후보지로서 삿포로, 센다이, 니가타, 동경, 교토, 오사카, 오카야마, 쿠마모토, 경성(서울), 타이뻬이를 들고 있다.

3) 에비나 단죠(海老名彈正)

(1) 에비나 단죠의 생애

제8대 도시샤대학 총장을 역임한 에비나 단죠 목사 (도시샤대학 자료)

에비나 단죠(1856 - 1937, 安政 3 - 昭和 11)는 후쿠오카현 야나가와의 번사의 집에서 태어났다. 이른바 쿠마모토 밴드의 한 명임에는 틀림없지만, 쿠마모토번 출신이 아니라는 점은 주목할 만한다. 그러나, 어쨌든 쿠마모토에 와서 쿠마모토 양학교에 재학중에 제임스 대우의 지도로 기독교를 신봉하기에 이르렀다. 1879년(데이지 12년) 도시샤 영어학교를 졸업한 후, 1879년(게이지 12년)에 군마현 안나카 교회를 설립해 목사가 된다. 계속해서 혼고·고베 교회를 역임한 뒤, 다시 혼고 교회의 목사가 되어 잡지 「신인(新人)」을 간행해, 이를 통해서 자신의 주의주장(主義主張)을 강력하게 호소했다. 그 후 일본전도회사 사장, 1920년(大正 9년)에 도시샤 총장을 역임했다. 연설의 능숙함은 정평이 나 있었으며, 초기 일본기독조합 교회 더나아가 일본 가 신교 교회의 대표적 인물이 된다. 그의 신학은 진보적·자유신학적(신신학)인 영향을 강하게 받았으며, 신앙 이해를 둘러싸고 정통주의 신앙의 우에므라 마사히사와 복음주의 논쟁을 일으켜 교계 내외의 주목을 받았다. 그의 사상의 평신도적·무사도적·국수주의적인 성격은 러일 전쟁에 대한 적극적인 긍정으로까지 이어지고 있다. 에비나는 학생시절에는 이른바 잔소리가 많은 학생으로, 도시샤의 아침 설교시간에 선교사들에게 거리낌없이 통렬한 비판을 해 물의를 빚었다. 친구들은 교토 주변의 학교나 교회에 취직하지만, 에비나만 관동(안나카)에 부임하게 되었다. 위험시된 인물이 니이지마의 혜안과 용기와 관용에 의해 한 명의 유능한 전도자를 낳았다고 말할 수 있을 것이다. 그 때의 기분을 에비나는 이렇게 기록하고 있다. 「안나카 교회는 일찍이 나를 초청해 교사들과 함께 나의 졸업을 기다리고 있었다. 나도 개척의 의무를 완수했기 때문에, 또 안나카는 시골이기도 하기 때문에, 어떤 망설임도 없이 승낙했던 것이다. 나는 일단 고향에 돌아간 뒤, 부모에게 작별인사를 드리고 군마현을 향해 여행을 떠났다.」 이렇게 해서 에비나는 목사로서의 자격은 갖추었지만, 24세의 젊음에도 불구하고 외관은 초라했다. 하지만 목사같은 모습은 해를 거치면서 서서히 완성되어 간다. 메이지의 초반 무렵, 당시의 목사들은 여름에는 전통 일본식 유카타(여름철에 입는 무명 홑옷)에 허리띠를 맨 차림새였다고 한다. 더나아가 에비나 자신 목사가 된 후에도 복장에 무관심해서 오히려 행자와 같은 모습을 하고 다녔다고 한다. 에비나의「안나카 전도 수기」는 기독교연구서에 인용될 정도로 후에 유명하게 되지만, 놀랄 정도도 열심을 낸 전도를 안나카 중심으로 전개하고 있다. 설교 수가 많은 것과 하루의 보행거리가 긴 것도 놀라울 정도이다.

그러나, 이들 지역은 아리타 가게의 장사권 안이며, 에비나의 열심 전도에 의해 비교적 많았던 안나카 교회의 상인 신자들도 잠란지(누에의 알을 덧입힌 판지)나 그 외의 행상 때문에 부근의 마을에 나갈 때는 전도의 일을 겸하고 있었다고 알려지고 있다. 일요일이 되면, 각지의 신자가 안나카 교회에 모여 메이지 16~17년 경에는 100명에서 150명이 예배를 위해 모였다. 니이지마 죠가 과거에 절에서 설교를 행했지만 불교와의 대립은 확실히 없었다. 그것은 불교 측에서도 기독교에 대한 충분한 인식이 없었기 때문에 지각하지 못 한 점이 있었다. 진종(真宗)의 승려인 시마지 모쿠라이가 유럽을 방문하고 종교 사정을 시찰한 뒤, 귀국하면서 서서히 불교 옹호와 반기독교 운동의 소지를 만들어, 이윽고 진종을 중심으로 공세에 나온다. 안나카에서도 일찍이 니이지마 죠가 아침 강연을 했던 용창사(조동종)나 광서사(진종 오오타니파)를 회장으로 해서 불교 강연회를 열고 반기독교를 전개하게 된다.

이에 맞서 에비나와 동료들은 불교와의 대결, 논쟁 뿐만이 아니라 신도와도 논쟁, 토론을 시도했다고 한다. 불교와 신도는「불교 배척운동」이래 서로 소원한 관계가 지속되고 있었는데, 기독교가 들어 오면서 문제가 한층 더 악화되는 예가 많았다고 한다. 시골에서는 문제가 악화되면, 종교의 문제를 벗어나 인간관계가 거북해지기 십상이다. 그러나 안나카의 경우, 에비사와 동역하고 있던 유아사의 명망과 에비나의 학식이 그러한 트러블을 막고 있었다고 한다.

(2)성서 사상과 일본 기독교계에 미친 영향

그러나 에비나의 성서사상은 고등비평을 받아들이면서 기적을 부정하는 것처럼 보인다. 그 때문에, 그리스도를 믿지만 그리스도를 하나님이라고 생각하지 않았던 에비나는 기적이 하나님의 권위를 나타내는 것으로 파악하지 않았다고 한다. 에비나의 종교 이해의 특징은「신의 갓난아이의 경험」이나「내계(內界)의 그리스도」라고 하는 에비나 특유의 용어에서 나타나듯이, 종교를 종교경험이나 종교의식에 있어서의 내면성으로서 파악하고 있는 점이라고 볼 수 있다. 에비나의 신앙 이해에서 가장 주목할 만 한 특징은 신앙을 인격의 전체성(全体性)과 관련해서 파악하고 있는 점일 것이다. 그의 신학적 특징을 정리하면, 이하의 3가지로 정리할 수 있을 것이다. 첫 째로, 신학의 활동영역으로서의 종교 경험・종교 의식이다. 에비나의 기독교사상은 슈라이아맛하에 의해서 확립된 근대 독일・개신교 신학의 특징을 갖는다. 즉, 자유주의 신학의 특징을 분명히 가지고 있으며, 반복적으로 등장하는 마음, 인격, 내면 등의 용어를 통해서 이를 확인할 수 있으며, 에비나 자신도 이 점을 명확하게 의식하고 있었다고 말할 수 있다. 예를 들어, 에비나의 자전적 회상인 「우리 신교의 유래와 경과」에서 신의 갓난아이의 경험・의식이 반복해서 등장하고 있는 것은 확실히 이 점을 보여주는 것이다. 두 번째로, 이상사회로서의 「신의 나라」이다. 에비나는 자유주의 신학의 종교이해에서 스스로의 사상을 전개하고 있지만, 그러한 종교의 내면성의 강조에 대해서는 그것이 종교를 개인의 내면성이나 마음으로 환원했다고 이해하는 것은 잘못이며, 오히려 이러한 내면성에서의 도의(道義)의 확립은 사회관계 속에서 표현되며 구체화된다고 생각하지 않으면 안 된다. 이는 자유주의 신학의 특징이기도 하며, 특히 자유주의 신학의 「하나님 나라」에 대한 이해 속에서 보여진다. 이러한 하나님 나라에 대한 이해는 앞에서 언급한 종교 경험의 강조와 모순된 것이 아니라, 오히려 자유주의 신학의 경우에서처럼 개인의 내면성은 사회적 현실과 긴밀히 결합되어 있다고 하는 것이다. 세 번째로, 그리스도의 인성의 강조이다. 우에무라와의 논쟁은 에비나의 기독교 사상의 특징이자 문제점으로서 그의 그리스도 이해(그리스도론)를 부각시켰다. 이러한 그리스도 이해는 죄의 이해와 밀접하게 관련되어 있다. 그리스도가 인간의 죄를 해결하는 존재자(즉, 구제자)로서 인식되고 있는 것은 에비나에게도 일반적인 기독교 사상과 같지만, 에비나는 그리스도의 십자가에 의한 죄의 속죄나 대속죽음이라고 하는 생각을 비판하고 있다. 에비나의 논점은 죄의 논의는 중요하다고 해도 기독교에 있어서 그것보다 더 근본적인 것은 그리스도에 있어서의 하나님의 은혜라고 하는 것에 있다. 결론적으로 말하면, 그리스도는 기본적으로 신은 아니고 인간이었다고 하는 것이다.

　이상의 죄에 대한 이해나 그리스도 이해는 전통적인 정통신학과는 상당히 차이가 나지만, 이미 살펴본 것처럼 에비나 자신 스스로가 이단시되는 것을 충분히 알고 있었던 것이다. 그러나 에비나가 강조하는 죄나 그리스도의 이해의 방향성은 기독교 자체 안에 존재하고 있다. 특히 에비나가 기반으로 삼고 있는 19세기 자유주의신학에서는 에비나와 같은 죄나 그리스도의 이해와 거리가 멀었던 것이다. 이러한 그의 독자성은 인정한다 할지라도, 조합교회의 가나모리 쓰린 등과 함께 그의 성서사상은 개인적인 성서이해를 벗어나 일본교계에 왜곡된 성서이해를 야기시키는 악영향을 끼쳤다고 볼 수 있다. 앞에서 후루야가 지적했듯이, 이러한 조합교회 지도자들의 자유주의신학 경향은 중류층 이상의 지식인층에 주로 도입된 일본 기독교의 특징과 맞물리면서 전후 일본 기독교계의 주류 신학사상이 되어 버렸다. 그로 인해 조합교회의 실패에 대한 고자키의 반성에서 인용한 것처럼, 상대적인 기독교신앙은 교회 성장을 둔화시키고, 일본기독교 자체를 생명력 없는 기독교로 변질시켜 버렸다고 달할 수 있을 것이다.

4) 우에무라 마사히사(植村正久)

(1) 우에무라 마사히사의 생애와 사상

우에무라 마사히사 목사
(메이지학원대학 자료)

우에구라 마사히사(1856 - 1925 ; 安政 3 - 大正 14)는 토쿠가와 가신 그룹의 무사 집안에서 태어났다. 메이지 유신으로 인해 주군이 와해되면서 농가로 돌아가, 곧바로 요코하마 미나미오타로 이사간 뒤 바라학원・브라운학원・동경일치신학교에서 배웠다. 그 사이 메이지6년에 서례를 받고, 10년에 시타야에 전도소를 열었으며, 그 후 이치탄쵸 교회를 설립했다. 그것이 후지미쵸 교회의 전신이다. 메이지 37년 동경 신학사를 창설, 전도자의 양성에 주목할 만한 성과를 올렸다. 구 일본기독교회파의 지도자이며, 일본 개신교 사상에 오랜 동안 기억될 만한 제1인자이다.

1888년(메이지 21년) 부터 그 다음 해에 걸쳐 우에무라는 미국, 영국으로 외유를 다녀온다. 귀국후의 1890년에 「중등사회」라고 하는 글을 썼다. 일본 사회가 현재까지도 「상등사회」 즉 일부의 특권 계층에 의해서 지배되고 있는 것을 비판하며, 나라의 활력은 「중등 사회」의 실력에 의해 고양될 수 있다고 지적한다. 산업화되어 가는 근대사회 속에서 중산계급이 담당해 온 역할을 영국이나 미국에서 보고 배운 결과의 발언이었다. 그리고 우에무라는 일본 전도의 노선을 이 중등사회와 기독교의 결합이라고 하는 점에 초점을 맞추었다고 생각할 수 있다. 우에무라는 그 노선을 일본 기독교회에 침투시키기 위해, 크게 나누어 3가지 수단을 이용했다고 한다. 첫째로, 「복음신보(福音新報)」라고 하는 교계 잡지를 발행해, 스스로 정력적으로 집필진을 구성해서 신학사상 및 전도의 구상을 널리 일본기독교회(日基敎会) 내외에 호소해 나갔다. 두 번째로, 신학교를 경영해 일본인에 의한 일본 전도를 인재면에서 가능하게 한 것이다. 1904년(메이지 37년) 동경 신학사를 설립해서 자급 독립의 신학 교육을 궤도에 올렸다. 세 번째로, 일본기독교회대회(日基敎会大会)의 「전도국」을 강화해서 전도 방침을 강력하게 지도한 것이다(1894년, 제9회 대회). 제9회 대회(大会)에서는 대회 전도국 조례를 발본적으로 개정해서 일본 국내전도에 대한 대회(大会)의 지도성 확보를 목표로 했다.

또한 위에서 언급한 것처럼, 우에무라 자신은 동경에 후지미쵸 교회라고 하는 명실공히 일본기독교회(日基敎会)를 대표하는 유력한 교회를 형성한 뒤, 거기를 거점으로 해서 주로 동경의 도심(야마노테지역) 쪽으로 전도를 확산하면서 가지가 되는 교회를 설립해 나간다. 그가 최초로 개척한 시타야 교회는 동경의 변두리(시타마치 지역)에 있었지만, 거기서의 전도는 너무 부진해서 어떤 의미에서는 변두리를 철퇴하고 도심 쪽으로 방향을 바꾸었다고

도 말할 수 있다. 동경은 메이지 30년대에 인구의 집중이 이루어져, 특히 도심에는 새로운 산업 사회의 담당자, 그 중에서도「중등」이상의 사회층에 의해서 급속히 팽창했다고 전해지고 있다. 후지미쵸 교회는 동경 도심(야마노테 지역)의 도시화 현상과 병행해서 성장을 한 전형적인 도시교회이다. 우에무라의 전도는 그러한 도시의 동향을 간파한 충분히 전략적인 것이었다고 평가되고 있다. 그는 동경의 중심부 뿐 만이 아니라 근교에도 눈을 돌렸다. 1911년(메이지 44년) 우에무라는 예루살렘과 베다니의 관계를 예로 들면서, 대도시와 그 근교와의 다이나믹한 관계를 인식하려고 했던 것이다. 그러나 앞서 언급한 것처럼, 타무라의 신부사건과 관련해서 우에무라의 사후에야 면직된 타무라의 교회 복귀가 겨우 실현되었던 것에 대하여, 도이 아키오는 일본기독교일치교회(日本基督教一致教会)가 우에무라를 정점으로 하는 피라미드적 질서의 집단이며, 바꾸어 말하자면 우에무라가 이 교회의「소천황」이라는 것을 보여주는 증거라고 혹독하게 평가했다. 그 이유로서 무엇보다도 우에무라는 자신을 상류 지도자층에 위치시키고 있기 때문이라고 했다. 이러한 일련의 사건을 통해서 우에무라의 사족의식(士族意識)이 점차 상류의 계급의식으로 변도해 가는 것을 엿볼 수 있다고 도이는 지적하고 있다. 즉, 중류계급을 목표로 하고는 있지만, 자신이 알지 못하는 사이에 상류계급 의식에 물든 것은 아닌가 하는 비판이다. 이 점은 여러 연구자로부터도 언급되고 있는 요소이다.

(2)성서 사상과 일본 기독교계에 미친 영향

가나모리 쓰린・에비나 단죠 등 당시의 일본 개신교 교회의 선봉장들이「신신학」에 편승할 때, 정통적 신학의 입장에서 성서 본래의 신앙을 주장하며 그 혼란을 훌륭하게 헤쳐나왔을 뿐 만 아니라 영향력도 있었던 인물은 초기 일본기독일치교회에서는 우에무라 마사히사, 초기 조합교회에서는 고자키 히로미치였다. 특히 우에무라는 메이지 23-24년 「신신학」의 문제가 본격적으로 거론되던 당시부터 가나모리의 신앙 및 주장에 아주 비판적이었으며, 메이지 34년 일본의 모든 교회가 하나 되어 「20 세기 대거전도」를 계획했을 때, 「복음신보(福音新報)」를 통해서 에비나의 기독교 사상의 근저에 흐르고 있는 「신신학」적 성격을 비판했다. 에비나도 자신의 기관지 「신인(新人)」에서 이에 대응한다. 이 논쟁이 유명한 「우에무라-에비나 기독론 논쟁」이며, 그 결과 메이지 35년 5월 제12회 「복음동맹회」에서 우에무라의 복음주의가 사실이라고 인정되면서 교회의 전도 대상은 어디까지나 복음이라는 것이 확인되었지만, 이처럼 「신신학」을 극복한다고 하는 형태로 일본의 교회가 나아갈 바른 방향성을 주장한 우에무라의 공적은 기억되어져 한다고 오오우치 사부로는 평가했다.

또한 후루야 야스오도 우에무라의 사상에 대해서 일본 개신교 기독교의 교회적인 정통적 복음 주의라고 평가하면서 그의 사상을 3가지로 정리하고 있다. 첫 째로, 우에무라는 교회 역사가가 호칭하듯이 「정통적인 복음주의적 입장의 대변자」라고 하는 점이다. 마루야마 마사오도 우에무라의 이러한 특징을 평가하고 있다. 즉, 메이지시대의 크리스챤 중에서 원죄성을 의식하고 속죄의 의미를 이해한 것은 우에무라와 우치무라 등 소수였다고 한다. 두 번째로, 우에무라는 우치무라와 달리 교회주의자라는 것이다. 우에무라는 교회를 형성하지 않고는, 일본에 기독교를 뿌리내릴 수 없다면서 교회를 통해 열심히 전도한 교회인이었다고 평가한다. 세 번째로, 우에무라는 우치무라와 달리 반선교사적이지 않았지만, 일본인의 주체성을 잃지 않고, 가능한 한 빨리 미션으로부터 독립된 일본인에 의한 일본인의 교회와 학교를 건설하려고 했다. 이처럼, 당시의 기독교계에 미친 우에무라의 영향은 컸으며, 우에무라의 노선은 그 유효성을 증명하면서 일본기독교회(日基教会) 속에서 착실하게 뿌리내려 갔다고 전해지고 있다.

이어서, 우에무라 마사히사의「비젼(志)」측면에서 보자면, 도시 전도가 그의 뜻에 맞는 최선의 기능이었다. 그는 도시와 시골을 비교하면서 도시를 좋아한다고 말한다. 앞에서 언급한 것처럼 상류계급 지향적인 우에무라를 비판한 도이 아키오는 카가와 토요히코와 우에무라 마사히사와의 비교를 통해서 우에무라는 카가와를 별로 인정하려고 하지 않았다고 말하고 있다. 왜냐하면, 우에무라는 농민들이나 하층 계층을 경멸하고 있기 때문에, 일부러 빈민굴에 들어간 카가와를 이해하지 못 하였으며, 여기에 우에무라의 계급 차별적인 사상이 간접적으로 나타나 있다고 지적한다. 물론 도이의 비판처럼 우에무라가 하층계층을 경멸하지는 않았다고 보지만, 그의 의지는 농촌보다는 도시, 그리고 하류층보다는 중류층 이상의 지식인층 전도에 치중되었다는 것은 부인할 수 없는 사실인 것같다.

한편, 우에무라 마사히사의「비젼(志)」이라고 하는 것은 메이지시대의 일본인에게「국민의 영혼」이라고 할 만한 것을 주는 것을 의미한다. 당시 법이나 제도는 갖추어지고, 문물은 수입되어 근대사회의 체재는 만들어졌지만, 이들 국민에게는 영혼의 내부 제단(祭壇)이 없다고 하는 것이 우에무라의 한탄이며, 메이지시대의 일본사회에 대한 통절한 비판이기도 했던 것이다.「마음 속에 제단(祭壇)을 갖지 못 한 커다란 영혼의 외로움」이라고 표현한 우에무라의 말처럼, 그것은 바로 신을 알지 못 하는 인간 영혼의 원래의 풍경이며, 그것은 또한 표면적인 문명 개화를 서두르는 일본인의 마음의 모습이었던 것이다. 우에무라는 그것을「영성의 위기」로서 파악하고, 따라서 그의「비젼(志)」은 일본인에게 인간의 천직인 진실된 예배를 드리게 함으로써 영성을 회복시켜, 복음으로 일본 국민의 영혼을 지도하는 곳으로 향해졌던 것이다. 그 때문에「중등사회」에 관심을 갖고 전도하면서 그리스도를 향하게 했던 것이다. 그들을 이끌어 교회 형성에 참여시키고, 새로운 공동체인 교회 안에서 하나님 앞에서의 책임을 배우게 한 뒤, 독립할 수 있는 비전을 제공함으로써 일본 및 일본인을 하나님 앞에 준비시켜 나간다고 하는 원대한 환상을 품고 우에무라의 전도는 전개되어 갔던 것이다.

그러나, 우에무라에게도 몇 가지 문제가 없었다고는 말할 수 없다. 위에서 지적한 대로 우에무라 마사히사는 농촌이나 도시 노동자들에 대한 전도의 시야가 보이지 않았다고 하는 점이다. 또한, 도시의 중간층을 주체로 한 교회 형성으로 인해 기독교 이해가 내향적이 되었으며, 국가나 사회의 본연의 모습에 적극적인 관심을 보이지 않는 이른바 교회중심주의가 정착된 점도 들 수 있을 것이다. 물론 이러한 문제는 일본의 개신교 전체가 안고 있는 과제이기에, 우에무라의 사상이나 실천에게만 그 원인을 돌려서는 안되지만, 우에무라가 일본기독교회(日基敎会)의 전도 노선의 핵심 위치에 있었기 때문에 그 사상과 실천이 가져오는 영향이 특별히 컸던 것도 사실이다. 또한 오오무라 하루오는 우에무라의 성서관에 대해 고자키와 비교하면서 몇 가지 문제점을 제시하고 있다. 예를 들면, 고자키의 영감(inspiration)에 대해서, 극단적인 영감(inspiration)설은 받아들일 수 없지만, 만약 고자키의 이른바 영적 윤리적 영감(inspiration)설 정도라면 지장없다고 하는 우에무라의 평가에 대해서, 그렇게 되면 고자키와 우에무라의 성서관에는 거의 차이가 없다고 지적했다. 또한 그리스도 중심의 우에무라의 신학 원점을 인정하면서도, 성서해석에 있어서는 각자의 판단에 맡기고 있어 성서가 주관주의에 맡겨져 버렸다고도 지적한다.

그러나 이러한 우에무라에 대한 일부 지적에도 불구하고, 초기 복음주의적인 개신교 선교사들에 의해 시작된 일본 기독교가 초기 독일의 신신학의 영향을 받은 자유주의 신학과 사회주의 경향에 맞서 그나마 복음주의적 정통주의 성서사상을 유지할 수 있도록 했던 그의 역할은 필설로 형용키 어려울 정도라고 본다. 그런 의미에서 일본 기독교 역사에 우에무라가 존재했다고 하는 것은 일본기독교에 대한 하나님의 놀라운 은혜라고 볼 수 있을 것이다.

5) 우치구라 간조(內村鑑三)

(1)우치무라 간조의 생애

우치무라 간조

우치무라 간조(1961-1930;文久 원년-昭和 5년)는 타카사키 번사의 자녀로서 에도에서 태어났다. 어릴 때부터 혹독한 무사도나 유교의 가르침을 받고 자란다. 1877년(메이지 10년)에 동경 외국어 학교에서 삿포로 농업학교로 옮겨, 1881년(메이지 14년)에 제 2 기생으로서 졸업한다. 그 사이, 기독교 정신으로 가득 찬 학교생활 속에서 기독교에 입신해, 1878년(메이지 11년)에 세례를 받는다. 삿포로 농업학교에서 우치무라 등에 영향을 준 클라크 선교사는 당시 경건주의의 영향을 받은 뉴잉글랜드의 제 2 차 신앙각성운동에 의해서 시작된 해외전도에 의해서 일본에 왔으므로 우치무라의 경건주의에 영향을 주었다고 볼 수 있다. 또한 우치무라는 1884년(메이지 17년)에 약혼을 파기하고 미국에 건너가 혼자서 유학생활을 했다. 미국유학 중에 가장 중요한 사건은 독일의 하레 대학에 유학 경험이 있는 경건주의자인 아마스트 대학의 시리 학장의 영향을 받은 것으로, 이 때 우치무라는 제2의 회심을 체험했던 것이다. 이처럼 미국 경건주의의 영향을 받고, 우치무라는 1888년(메이지 21년)에 귀국했다. 우치무라와 경건주의에 대해서는 후술하겠다. 1891년(메이지 24년)에 제일고등중학교 재학 중에 이른바「우치무라 간조 불경사건」에 휘말려, 1897년(메이지 30년)에 동경에 돌아올 때까지 떠돌이 생활을 계속했다. 1898년(메이지 31년)에「동경 독립잡지」, 그리고 1900년(메이지 33년)에「성서연구」를 창간하면서, 그 후 성서연구와 전도에 힘썼다. 그 뒤 1918년(타이쇼 7년)에는 그리스도 재림운동도 일으킨다. 열심있는 애국자인 우치무라는 기독교야말로 일본인의 정신적인 버팀목이 될 것이라고 확신하며,「두 개의 J」즉 예수(Jesus)와 일본(Japan)을 위해서 생애를 바치기로 결심했다. 용기·정직·청렴을 존중하는 일본인의 전통에 서서 그리스도를 믿을 때, 비로소 진짜 크리스챤이 된다고 생각한 우치무라는 자신의 이해타산(利害打算)을 버리고 사회정의를 위해서 싸우는 도의적 정신에 기초한 기독교를 이상으로 했다.

그리고 우치무라는 진정한 신앙은 제도나 의식에 의한 것이 아니라 한 사람 한 사람이 하나님 앞에 서서 성서의 말씀을 읽음으로써 마음 속에 주어지는 것이라고 생각하면서 제도로서의 교회를 부정하는 무교회주의를 주창했다. 러일전쟁(1904 - 1905)이 시작했을 때, 우치무라는 하나님이 사람에게 명하는 것은 절대적인 평화이며, 어떤 이유로도 칼을 가지고 싸워서는 안 된다고 하는 절대평화주의를 주장했다. 일본 국민이 승리의 기쁨에 들떠 있을 때, 우치무라는「전쟁은 실로 사람을 금수화하는 것이다」라고 말하며 사람들에게 생명의 고귀함을 잊게 만드는 전쟁에 반대하면서 철저한 비전론을 주창했다. 나라를 사랑한다는 것은 무력으로 전쟁을 행하는 것이 아니라 평화를 지키면서 근면하게 올바르게 사는 것이다. 우치무라 간조는 기독교 신앙을 근간으로 전쟁에 반대하고 평화를 추구하면서, 정의를 관철한 진정한 애국자로서 살려고 했던 것이다.

(2)성서 사상과 일본 기독교계에 미친 영향

우치무라 간조는 1900년(메이지 33년)에 잡지「성서연구」를 간행한 이후, 일관되게 더욱 더 성서연구에만 집중해 나갔다. 또한 성서가 필수적인 이유를 시종 일관되게 언급한 것은 그의 생애를 아는 사람들의 기억에 선명히 남아 있을 정도로 잘 알려져 있다. 우치무라는 성서연구 중에서도 구약성서를 중시해, 구약의 예언자인 예레미아와 같이 자기를 발견하고 예언자의 애국심을 가지고, 더나아가「하나님의 의(義)」가 하나님의 사랑의 일환으로서 중요한 의의를 가진다고 했다.

게다가 그것은 그의 사상의 기본적인 원리와 결코 별개의 것이 아니다. 그리고, 성서를 뒤적일 때, 하나님의 사랑에 의해서「개인」의 독립을 얻지 않으면 안 된다. 그것은〈「무교회」는 교회가 없는 사람의 교회입니다. 즉 집이 없는 사람의 합숙소라고도 말할 수 있습니다〉(무교회론, 1902년)에서도 그 사상이 나타나고 있다. 우치무라는 무교회주의를 주창하는 자신의 입장을 간단하게 단언하고 있지만, 그것은 그러한 소극적인 의의 밖에 갖지 못한 것이라고는 생각할 수 없다. 그 이유로는 몇 가지를 들 수 있는데, 첫째로, 하나님께 세움받아, 국가·사회·가족 그리고 교회로부터도 개방되고 독립해서 자유로워야만 한다는「독립」과「자유」이다. 둘째는, 신학, 종교론에 구애받지 않고, 어디까지나 그것에만 집중한다고 하는「성서연구」이다. 그리고 마지막으로 하나님께 의지해서 자유롭게 사회를 비판하면서, 이 지상의 조국 일본을 사랑하고자 하는「조국애」이다. 이들은 무교회주의의 삼위일체가 되고 있는 것처럼 보여진다.

우치무라 간조의 무교회주의가 일본의 교회와 일반 지식인에게 미친 영향은 크다. 우치무라는 교회 밖에 서서, 언제나 일본의 기독교를 감시, 비판하며, 시류의 외부에 서서 일본의 국가주의를 비판하면서 러일 전쟁의 의미를 부정했다. 우치무라는 삿포르밴드 출신으로, 그의 독립심과 비판정신은 그 누구보다도 강했다. 그리고「무교회」로서의 성서연구 집회가 모습을 드러낸 것은 1901년부터이며, 몇 년 후에는 아주 명확한 집단을 형성했다.

우치무라에 의하면, 무교회의「무」라고 하는 것은「교회에 속하지 않은 자」의 교회라고 하는 의미로, 결코 교회를 무시한다든가 없앤다고 하는「무」는 아니라고 한다. 무교회야말로 진짜 교회이며, 영적인 교회이다. 교직제도 때문에 목사, 평신도를 나눌 필요가 없고, 만인이 제사장이라고 하는 것이다. 세례와 성찬은 부정하지 않지만, 구원에 필수적인 것은 아니다. 루터의 종교개혁은 성서주의, 복음주의로서는 정당했지만, 철저하지 못 했으며 제도화하면서 국가권력과 결합해 타락했다. 그 때문에, 제2의 종교개혁 혹은 종교개혁의 철저화가 필요하며, 이것이야말로 무교회주의라고 말한다. 이상과 같은 우치무라의 주장과 철저한 성서주의에 공감해서, 그의 성서연구 집회에 문을 두드린 청년들은 많았다. 그러나 우치무라는 누구나 다 집회에 출석하는 것을 허락하지 않고 엄선해서 허가했다. 우치무라의 집회에 출석할 수 있다는 것은 어떤 의미로는 일본 기독교의 엘리트라는 특권과 같은 것이었다. 여기에 우치무라가 주장하는 만인제사장주의로서의 무교회와 배치되는 요소가 있는 것은 아닌가 한다. 후술하는 무교회 비판에서 가장 많이 차지하는 부분은 엘리트주의, 선생주의인데, 루터의 종교개혁 중에 불완전한 만인제사장주의를 실현한 무교회에서도 이 부분을 뛰어넘지는 못 했다고 보여진다. 어쨌든 그처럼 엄선된 제자와 스승 우치무라 사이의 사제사랑은 다른 곳에서 찾아볼 수 없을 정도로 돈독했다. 우치무라 사후, 그의 제자들인 야나이하라 다다오, 츠카모토 토라지, 후지이 다케시, 쿠로사키 코키치, 미타니 다카마사 등은 훌륭하지 스승의 정신을 계승하여, 성서연구에 의한 집회와 문서전도에 진력하는 것을 볼 때, 그들이 얼마나 스승 우치무라를 사모했는지 상상할 수 있겠다.

후루야 야스오도 동일한 해석을 하고 있다. 우선, 우치무라의 무교회사상에 대해서, 트레르치의 종교사회학적인 유형으로 보았을 때 경건주의에 기초한 신비주의에 가깝다고 평가하고 있다. 그리고, 트레르치의 경건주의(Pietismus) 요소와 무교회를 비교 제시하고 있다. 트레르치가 말하는 경건주의는 16, 17 세기를 중심으로 한 낡은 프로테스탄티즘과 달리, 18, 19 세기의 신프로테스탄티즘 정신의 하나의 반등이며, 그 본질적 요소는 다음과 같다. 첫째로, 믿음으로만 의롭게 되며, 또한 하나님의 사람 예수와의 마음의 교제에 의해서 죄를 극복한다고 하는 오래된 루터주의의 핵심사상이다. 일본의 무교회에서도 우치무라에서 타카하시 사부로에 이르기까지, 루터를 높게 평가하면서, 동시에 그 한계 때문에 제2의 종교개혁을 주장하고 있는 것으로 이어지고 있다. 두 번째 요소는 성서와의 결합이다. 이것은 종교개혁의 근본 사상이었지만, 경건주의에 의해서 처음으로 진정하게 성서와의 진지한 대면이 이루어지게 되었다. 경건주의라는 말의 본래의 의미로 볼 때 성서적 기독교이며, 이것은 일본 무교회에서도 그대로 계승되었다고 한다. 세 번째 요소는 경건주의의 윤리이지만, 사람들은 이 세상이나 세속문화로부터 매우 엄격하게 격리되어야 한다는 것을 배워서 터득했다고 한다. 이는 소위 무교회의 퓨리턴적 윤리와 일치하는 것이라고 한다. 즉, 경건주의는 신학자와 평신도를 구별하지 않고, 평신도 기독교의 기치를 내걸고 신학자로부터는 사람들의 영혼을 이끌 수 있는 특별히 강력한 에너지 이외의 어떤 것도 요구하지 않는다고 하는 것이 분명히 우치무라의 무교회사상과 일치하고 있다고 볼 수 있다. 결국 우치무라에게는 경건주의와 퓨리턴적인 정통주의가 흘러 들어 간 것이다. 또한 같은 신비주의적인 요소가 있는 퀘커 교도인 니토베 이나조와는 비전론 등의 평화주의, 개인경건을 공유하면서도, 결정적으로 다른 것은 성서관이라고 한다. 즉, 우치무라 스스로「기독교를 배워 또 전할 뿐만 아니라 성서의 지식을 깊이 체득해서 이것을 주는 것 외에 길이 없는 것이다. 평화를 진정으로 실행할 때는 성서가 깊게 사람의 마음 근저에 자리잡았을 때에야 비로소 시작되는 것이다」라고 명언하고 있는 것에서도 그 차이는 분명하다.

그러나, 후루야는 우치무라의 무교회사상에 대해서, 4가지 점에서 문제가 있다고 지적하고 있다. 첫 째로, 조직을 갖지 않는 무교회의 애매성 때문에, 그 확장성에 문제가 있음을 들고 있다. 일본에는 교회에 대한 비판과 불만을 공공연하게 표명할 수 있는 자각적인 무교회 사람들 외에, 이른바「숨은 크리스챤」적인「무교회」신자가 꽤 있음을 지적하고 있다. 일본의 여론 조사들에 의하면, 기독교도는 500만 명 이상이며, 교회 보고의 5배 이상이나 되기에 일본의 신앙 평균수명은 불과 2.8년이라고 하는 통계와 일치한다고 한다. 즉, 무교회라고 하는 것은 이러한 의미에서도「무명 크리스챤」를 환영하는 일본의 정신적 풍토에 적합한 기독교라는 사실을 비판적으로 제시했던 것이다. 두 번째로, 앞에서 언급한 것처럼 무교회는 경건주의를 기반으로 하는 신비주의적 요소가 있기에 세례와 성찬과 같은 예전을 인정하지 않지만, 더 엄격한「선생 중심주의」라고 하는 예전을 가지고 있다고 하는 것이다. 무교회의「선생 중심주의」는 성서의 진리는 인격적이라고 하면서 실은 극히 일본적인 낡은 사제관계에서 온 것으로, 교사는 절대적인 권위를 가지고 가르치며, 제자들은 스승의 말에 절대적으로 복종해 나간다고 하는 관계가 되어 버린다고 했다. 송길섭도 이에 대해서「무교회는 성직자와 평신도와의 관계를 대립·종속 관계로서 보고 있는 것 같지만, 양자의 관계는 보충관계에 있으며, 더나아가 목회신학이 부재하게 되면 장기적으로 지속적인 평신도의 훈련과 참가를 활성화할 수 없다」고 지적하고 있다. 세 번째로, 무교회에서는 여성의 위치가 낮다고 하는 문제이다. 교회는 일반적으로 여성이 남성보다 많은데, 무교회에서는 여성보다 남성이 많기 때문에「남자다운 기독교」라고 자랑해 온 것을 지적하고 있다. 마지막으로, 무교회에서의 목회 문제를 들고 있다. 평신도를 양육시킬 수 있는 목회자가 없기 때문에, 노령화되어 버린 현대무교회는 그대로 간다면 성장은 할 수 없으리라고 지적하고 있다. 실제로 필자의 조사에 의하면, 현대무교회는 노령화되어 성장이 기대되기 어려운 것이 현상이다. 이처럼 우치무라의 무교회주의는 일본 기독교회에 공헌한 측면과 그렇지 않은 측면을 동시에 가지고 있기 때문에 어느 한 쪽으로 평가하기는 어렵다.

그러나, 무교회의 평신도운동으로서의 의의는 높게 평가되어야 할 것이다. 필자의 설문분석에 의하면, 현대 일본무교회의 경우에도 실제 생활 속에서 신앙을 실천하려고 하는 의식이 강하며, 젊은이들에 대한 세대계승을 이루지 못 한 채 정년 퇴임한 사람들이 많아 현재 직업을 갖고 있는 비율은 낮게 나타났지만, 평신도로서 세상의 실제 삶 속에서 신앙을 중시하고 있는 점은 역시 변하지 않았다. 이러한 평신도 생활의 중시는 그들의「만인제사장주의」의 필연적인 귀결이기도 하다. 옥한흠 목사는 평신도 신학의 중요성을 강조하고 있다. 본래 종교개혁의 의미는 성서를 평신도의 손에 돌려주는 것에 목적이 있었음에도 불구하고, 한국교회가 이것을 놓치는 것은 종교개혁의 뿌리를 놓치는 것이나 다름이 없다고 지적하고 있다. 이상과 같이 무교회주의가 평신도의 소명의식을 재강조한 것은 높게 평가할 수 있지만, 평신도만의 선교와 목회에는 한계가 있다고 하는 비판도 많이 있는 것도 사실이다. 후루야 야스오가 지적한 것처럼, 우치무라의 무교회운동은 외관상의 조직을 갖지 않았기 때문에, 다음 세대의 계승에 있어서 큰 문제를 노출하게 되었다. 특히, 뛰어난 엘리트 리더들이 세워졌던 우치무라 시대와 1, 2세대까지는 일본사회에도 큰 영향을 미쳤지만, 전후 일본기독교단이 정체·쇠퇴의 길을 걸은 것처럼, 현대무교회도 전도가 잘 되지 않은 결과 현저하게 쇠퇴해 버린 것도 부정할 수 없는 사실이다.

6) 카가와 토요히코(賀川豊彦)

(1) 카가와 토요히코의 생애

카가와 토요히코 목사(위)와 1920년 〈사선을 넘어서〉 소설 연재

카가와 토요히코(1888 - 1960)는 메이지 21년(1888년)에 고베시에서 태어난다. 4세에 부모님을 잃고, 아버지의 본가에서 자라게 된다. 카가와는 어릴 적부터 두뇌가 명석했지만, 그의 폐병도 그에 못지 않게 심각했다. 11세 9개월에 다른 사람보다 1년 빨리 현립 토쿠시마 중학교에 입학해 기숙사생활을 시작했지만, 그 다음 해에는 벌써 흉부질환이라는 진단을 받게 된다. 카가와는 토쿠시마 중학생 시절부터 기독교 사회주의 사상에 깊이 공명하게 되었다고 한다. 그 후 17세에 메이지학원 신학부 예과에 입학했지만, 역시 가끔 각혈을 했으므로 자신도 힘들었을 뿐 만 아니라 주위 친구들에게도 폐를 끼쳤다. 메이지 학원의 예과를 마치고, 하

계 전도를 위해 오카자키의 일본기독교회에 부임한 뒤, 토미바시 일본기독교회로 옮겨가 맹렬한 전도를 시작했다. 매일 목사의 아들 3명을 데리고 노방전도에 나가, 큰 목소리로 40일간이나 전도하자 41일 째에 대객혈을 해 버렸다. 그의 나이 19세 때의 일이다. 그 후 약간 건강을 회복해, 신설된 고베 신학교에 입학하기 위해 고베로 옮겨 가지만, 거기서도 증상이 또 악화되어 위생병원에 입원하게 되었다. 그 후 다시금 아카시미나토 병원으로 옮겨 가지만, 거기서 중태에 빠졌다. 담이 인후에 꽉 차 호흡이 곤란해지자, 의사도 포기해 버리는 절망적인 상황에 빠졌다. 하지만, 마루의 기둥에 기댄 채 저물어 가는 태양의 빛을 응시하고 있자, 신기하게도 아주 큰 혈담이 목에서 한 번에 나온 뒤 소생했다. 그래서 돌보던 사람이 의사를 부르러 가자, 「사망진단서는 써 두었으니 가져 가시오」라고 말했다고 하는 유명한 이야기가 남아 있다. 증상이 조금 안정되었으므로, 그는 고베 신학교에 다시 들어갔지만, 좋아지지 않았기 때문에, 다음 해 1월부터 9월까지 마야스 박사의 배려로 아이치현의 해안으로 옮겨가, 거기서 투병생활을 보냈다. 그 후 고베 신학교에서 배웠지만, 가슴은 여전히 나빴다고 한다. 당시 폐병에 걸리면 사람들이 다 싫어했을 뿐 만 아니라 피도 멈추지 않아 그는 매일 죽음을 응시하면서 괴로운 번민의 시간을 보냈다고 한다.

 아마도 어차피 죽을 것이라는 생각이 있어서 그런지, 그는 고베의 신카와 빈민굴에서의 빈민구제 활동을 하겠다는 결심을 하게 된다. 그러나, 궁핍한 사람들을 위해서 결사적으로 일하자 폐병이 오히려 조금 좋아져 1913년(大正 2년)에는 시바하루 부인과 결혼도 하게 되어, 그 다음 해에는 미국의 프린스톤 대학원에 유학도 하게 되었다. 그렇다고 해서 폐병이 그에게서 완전히 떠나 간 것은 아니었다. 1917년에 프린스톤대학을 마치고 시카고대학으로 옮기려고 했지만, 다시 피를 토함으로써 중지하지 않을 수 없었다. 일본으로 돌아온 다음에는 앞에서도 언급한 것처럼 한 때 칫솔 만드는 개인사업을 시작하지만 실패하고, 그 후에 빈민굴에서의 전도는 물론, 노동운동, 농민운동, 보통선거권 획득운동, 생활협동조합 설립 등의 활동을 하면서 타이쇼(大正) 데모크러시의 기수가 되었다. 이처럼 사회운동으로 대활약하지만, 지병인 폐병 뿐만이 아니라 안질, 신장 병까지 더해졌다. 이러한 심각한 상황 속에서도, 1928년(昭和 2년) 40세가 되었을 무렵부터 쿠로다 시로를 데리고 전국을 순회하며 하나님나라운동을 3년간 실시하면서 대중전도에도 힘을 쏟았다. 카가와 토요히코의 자전 소설 「사선을 넘어」(1920년)는 당시 대베스트셀러가 된다.

(2)성서 사상과 일본 기독교계에 미친 영향

고베 신학교 시절 카가와의 사상에 가장 큰 영향을 미친 인물은 고베 신학교에서 만난 마야스 박사이다. 마야스가 속한 남장로파 미션은 신앙은 극히 보수적이고 성서를 그대로 믿는 것을 견고하게 지키고 있었다. 그 때문에, 그를 지도하고 있던 마야스 박사는 성서는 하나님의 말씀이며, 영원한 진리라고 믿는 남장로파 선교사로서 일본에 왔던 것이다. 그 영향을 받은 카가와도 전혀 성서를 의심하지 않았다. 특히 어릴 적에 빨리 부모님을 여의고, 의붓어머니로부터 매일 같이 「너는 원수 자식이야!」라는 싫은 소리를 들으며 자랐다. 12세 무렵부터 당시 제일 무서워하며 사람들이 가장 꺼려했던 폐병에 걸려 버리면서 자부심 강한 그는 절망에 빠져, 열등감 속에서 살지 않을 수 없었다. 그러한 무명의 인생에서 그를 희망의 생애로 이끈 것은 성서 그 자체였다고 보여진다. 「또 너희가 어찌 의복을 위하여 염려하느냐 들의 백합화가 어떻게 자라는가 생각하여 보라 수고도 아니하고 길쌈도 아니하느니라. 그러나 내가 너희에게 말하노니 솔로몬의 모든 영광으로도 입은 것이 이 꽃 하나만 같지 못하였느니라. 오늘 있다가 내일 아궁이에 던져지는 들풀도 하나님이 이렇게 입히시거든 하물며 너희일까보냐 믿음이 작은 자들아」(마태복음 6:28 - 30)의 성구를 통해서 그는 구원받았다고 한다. 이 한 마디 말씀이야말로 그의 유일한 빛이며, 스승이며, 힘이었던 것이다. 말씀 없이는 그는 살아갈 수 없었다. 그러므로 그는 말씀 만을 그대로 완전히 믿었던 것이다. 과학적 진리 추구에 가능한한 모든 정열을 기울인 그이지만, 성서를 숙독하고, 성구를 연구하며, 그것을 암기해서 명상하는데 전심전력했다. 특히 그는 시력이 나빴기 때문에, 성서의 장절을 전부 기억하고 있었다고 알려지고 있다.

이상의 배경을 통해서 볼 때, 카가와의 성서사상은 매우 보수적이고, 근본주의에 가까우며 성서무오설을 견고하게 믿었다고 여겨진다. 이에 대해 쿠로다 시로는 하나님나라운동으로 전국을 순회했을 때의 에피소드를 전하고 있다. 어느 마을에 가니 친절한 사람들이 숙박할 곳을 마련해 주는데, 처음 3일간 체재하게 되었을 때 숙박을 희망하는 가정이 많았기 때문에 하룻밤씩 돌아가며 다른 집에서 자기로 정했다고 한다. 그런데 카가와는 완고하게 처음 묵은 집에서만 숙박하기 때문에 수행하고 있던 쿠로다 자신이 어찌할 바를 몰라 난처했다고 한다. 카가와가 왜 다른 가정으로 옮기려 하지 않았는가 하면, 마태복음 10 : 11「어떤 성이나 마을에 들어가든지 그 중에 합당한 자를 찾아내어 너희가 떠나기까지 거기서 머물라」라고 하는 말씀에 따르기 위함이었다고 한다. 또한, 폐병으로 죽어가면서도 빈민굴에 뛰어들었던 것이나, 최후의 옷 한 벌까지도 벗어서 나눠주었던 것도 말씀 대로 살기 위함이었다고 한다.

카가와는 말씀 연구이도 매우 힘썼다. 빈민굴의 예배 설교는 강해설교로써 신약성서는 물론 구약성서의 연구가 주로 이루어졌으며, 일요일의 아침 6

시부터 시작되었다고 한다. 하나님나라운동을 진행할 때에도 격렬한 전도를 계속하면서도 가능한 한 아침 6시경부터 성서연구를 강행함으로써, 거기에 살고 있는 크리스챤들의 신앙생활을 고양시키는 데에 힘썼다고 한다. 즉, 카가와의 경우에도 성서중심주의이며, 성서연구에 힘쓴 것을 알 수 있다. 그리고 성서연구를 통해서 말씀을 전하는 데에도 힘썼다고 한다.

한편, 카가와는 일본의 교회에 대해서는 매우 비판적이었다고 한다. 카가와는 일본 기독교가 지식중심주의, 목사중심주의, 자기중심주의인 것을 지적하고 있다. 그 때문에 평신도 전도자를 양성하기 위해서, 1928년에 동경에서 평신도 전도학교를 시작했다. 2회 밖에 행해지지 않았지만, 그런데도 그는 반 년 동안이나 가르쳐, 이것이 지금도 세 학교에서 매년 행해지고 있는 일본복음학교의 전신이 되었다고 한다. 그러나 일본 기독교측의 카가와에 대한 평가도 혹독하다. 위에서 인용한 오노의 지적에도 있었던 것처럼, 그 평가는 다양해서 일률적으로 말하기는 어렵다고 생각된다. 다만, 도이 아키오는 죄와 속죄의 이해에 있어서 약간 문제가 있다고 지적하고 있지만, 카가와 자신은 그리스도가 모든 인간의 죄를 위해서 십자가에서 죽으셨다고 하는 속죄 사랑을 확실히 자신의 것으로 할 때 비로소 인간은 자유로운 존재가 되며, 타인을 위해서 사는 존재가 된다고 적고 있다. 또한 후루야 야스오도 일본조합교회의 에비나 단죠의 평론 속에 나타난 카가와의 말을 인용해서, 카가와는 「나는 피를 믿는다. 그리스도의 피! .... 따라서 에비나 단죠와 속죄 사랑의 신앙에 대해서는 아주 차이가 난다」라고 한 그의 신앙의 기초는 그리스도의 십자가 위에 서 있음을 인정하고 있다. 이러한 카가와의 신앙의 기초는 확실히 그리스도의 십자가를 받아들인 개인변혁을 통해서 사회변혁을 이루고자 했다고 평가할 수 있을 것이다. 게다가 카가와의 하나님나라운동으로 보여지는 일본전도론은 오늘날 정체하고 있는 일본선교의 현상에 대해서 분명한 시사를 준다고 말할 수 있을 것이다. 카가와는 우에무라, 우치무라와는 달리 당시의 엘리트인 지식계급과는 구별된 민중에게 깊은 관심을 가졌던 것이다. 즉, 카가와로서는「십자가 종교의 절대성」을 믿고, 그에 따라 일본의 재생도 가능하다는 것을 믿었던 결과가 대중 전도였던 것이다. 카가와의 성서사상은 이 세상이나 사회와 떨어진 것이 아니라 항상 일치를 유지하면서, 성서의 사상을 실천하는 방법으로서 사회운동을 선택했던 것이다. 즉, 성서중심주의의 입장을 유지하면서도, 사회구조의 변혁을 통해 성서의 사상을 실행하려고 한 대표적인 사상가라고 생각할 수 있다.

7) 기독교 사상가들의 분류

지금까지 일본 기독교의 대표적인 사상가들을 정리했지만, 1장에서 제시한 본서의 일본 기독교의 분류 모델에 따른다면, 어떤 분류가 가능할까? 아래의 표 2에서 제시하는 것처럼, 타무라 나오오미의 신부사건, 우치무라 간조의 불경사건은 분리·대립 모델에 가깝다고 생각할 수 있다.

이어서 군국주의에 타협한 기간을 제외하고 복음주의에 기초한 개인변혁을 추구했던 우에무라 마사히사와 성서연구를 통해 개인변혁을 추구한 우치무라 간조는 변혁 모델 가운데서도 개인변혁에 가깝다고 할 수 있겠다. 또한, 카가와 토요히코의 사상적 배경은 근본주의의 영향을 받고 있지만, 전 생애의 활동은 사회변혁에 있었으므로 사회변혁 중심에 가깝다고 보여진다. 다만, 빈민굴 활동에서 보여진 성서연구 및 강연과 하나님나라운동에서 보여진 것처럼 십자가신앙을 근간으로 한 개인변혁 추구는 개인변혁 중에서 거시적모델에 가깝다고 할 수 있을 것이다.

마지막으로, 조합교회의 사상가들인 고자키 히로미치, 에비나 단죠 등이나, 또 군국주의 일본시절 전쟁에 타협할 당시의 우에무라 마사히사의 사상은 전형적인 혼합·타협 모델에 가깝다고 생각할 수 있다.

그러나 전술한 기독교사의 분류모델에서도 언급한 것처럼, 이러한 분류는 어디까지나 저자들의 자의적인 분류이며, 이 틀 속에 모든 것을 적용시키는 것은 어렵기 때문에 단지 일정한 기준을 제시하는 측면이 강하다는 것을 덧붙인다.

[표 2] 일본 기독교의 사상가들의 분류

본서의 모델			일본 기독교의 사상가들
분리·대립 모델			타무라 나오오미(田村直臣), 우치무라 간조(内村鑑三)의 불경사건
변혁모델	개인변혁중심	미시적	우에무라 마사히사(植村正久)의 복음주의, 우치무라 간조(内村鑑三)
		거시적	카가와 토요히코(賀川豊彦)의 하나님나라운동
	사회변혁중심		카가와 토요히코(賀川豊彦)의 사회운동
혼합·타협 모델			고자키 히로미치(小崎弘道) 에비나 단죠(海老名弾正) 우에무라 마사히사(植村正久)의 전쟁 타협

제 IV부

일본 기독교의 현황과 전망
日本キリスト教の現状と展望

1. 일본 기독교의 현황
2. 일본 선교의 전망과 전략

1. 일본 기독교의 현황

1) 통계상의 일본 기독교

현재의 일본의 크리스챤 인구의 움직임을 조사해 보자. 우선, 「기독교연감」에 의하면, 1984년에 약 33만명 크리스챤이 있었지만, 이것은 개신교, 카톨릭, 그리스정교 모두를 포함한 숫자로, 당시의 일본인의 인구의 0.423%에 해당한다. 그리고 10년 간격으로 보면, 조금씩 증가해 2005년 통계에 의하면, 113만 8000명으로 0.892%가 된다. 즉, 소폭이지만 계속해서 증가하고 있는 것이다.

한편, 문화청의 2006년(平成 18년)에 발간된 통계에 의하면, 2004년 12월 31일 시점에서 기독교계는 2161707명(1.2%)이지만, 기독교를 자칭하고 있는 단체도 포함하고 있어 올바른 통계 수치라고 말하기는 어렵다. 오히려, 위에서 언급한 2005년의 기독교연감 통계 쪽이 올바른 수치를 반영하고 있다고 생각된다. 어쨌든 1960년대부터 2005년까지의 카톨릭과 개신교의 신자수와 전체인구 대비 비율을 보면, 카톨릭과 개신교를 합해도 1%에 미치지 못하는 현상이다.

2003년 현재 일본 개신교 교회는 160이상의 교파·교단을 갖고 있다. 그 중에서도 제일 큰 교단은 앞에서 언급한 것처럼 「일본기독교단」이며, 전국에 1726개의 교회가 소속되어 있다. 오늘날 일본기독교단은 신자수 300명 이상의 교회는 2개, 100명 이상이 되는 교회는 10개로써, 일본 개신교 전체의 절반을 차지하고 있다고 한다. 또한, 일본기독교단을 중심으로 하는 일본 개신교 교회의 대표적인 조직인 NCC(일본 기독교 협의회)에 소속해 있는 교회 수는 3181개이다. 한편, 1967년 빌리그래함 목사의 방일을 계기로 복음주의적 연합체로서 1968년 일본복음동맹(JEA)이 결성되어 1974년에는 「제1회 일본 전도회」를 교토에서 개최했다. 현재, JEA에는 1498개의 교회가 가맹되어 있다. 이 수치를 보면, 일본에 있는 에큐메니컬 계통의 교회 등이 복음주의 교회보다 많지만, 실제로는 앞에서 언급한 것처럼 복음주의 교회는 통계 숫자 보다 많다고 한다. 2001년도판 「Operation World」에 의하면, 근년 일본에서는 복음주의 교회가 성장하고 있으며, 2000년 조사에 따르면, 복음주의가 전체의 60% 이상을 차지하고 있다고 한다. 특히, 펜테코스테 계열의 교회가 현저하게 성장하고 있다.

[표3] 현대 일본 기독교의 신자수의 추이

	1960年	1970年	1980年	1990年	1995年	2000年	2001年
카톨릭 (인구비 : %)	266,608 (0.28)	337,243 (0.32)	387,204 (0.33)	412,023 (0.33)	434,844 (0.34)	464,725 (0.37)	441,772 (0.34)
개신교 (인구비 : %)	340,583 (0.36)	454,297 (0.43)	472,680 (0.40)	546,583 (0.44)	602,353 (0.47)	592,924 (0.47)	592,934 (0.46)
합계 (인구비 : %)	607,281 (0.64)	791,540 (0.75)	859,884 (0.73)	958,606 (0.77)	1,037,197 (0.81)	1,057,649 (0.84)	1,034,706 (0.8)

<출처 : 기독교 신문사 「기독교 연감」(2003)>

2007년 10월에 개최된 코리아기독교평신도세계대회의 자료에 따르면, 일본의 전체 개신교 교회수는 8008개이며, 과거 5년간 216교회가 증가하였으며, 지난 1년 사이에 59교회가 증가하였다고 알려지고 있다. 그리고 카톨릭 성도를 제외한 개신교 자체 성도수는 555,742명으로써 인구의 0.44%에 지나지 않는다고 한다. 이런 현상을 감안할 때, 2006년 통계로 본 일본 총 인구 127,055,025명에 대해서, 2007년 현재 1교회가 15866명의 일본인을 섬기지 않으면 안 되면 상황이다. 그러나 실질적 주일예배출석자는 279,750명으

로 인구의 0.22%에 지나지 않으며, 한 교회당 평균예배출석자는 41명으로 개신교 신자 중 절반 정도 만이 예배에 참석하는 현상이다. 일본의 1100여 교회는 10-15명 만이 주일예배에 참석하고 있는 것이 현실이다. 1990년 통계와 비교해 볼 때, 당시의 인구 1억 2천 3백만 명에 대한 교회수는 약 7000개였으며, 1개 교회당 인구비율은 17532명이다. 또한, 7000개 교회 가운데 주일 출석신자가 100명을 넘는 교회는 약 180개에 지나지 않았다. 교회의 50% 이상이 10 - 30명이 참석하여, 60 - 70%의 교회는 출석 신자가 30명 미만이라고 알려졌다. 이를 통해서 볼 때, 일본 개신교 교회는 거의 성장없이 정체되거나 노령화되고 있음을 보여준다.

더 나아가 2007년 현재 주일학교 출석자는 66,080명이며, 1교회당 주일학교 학생출석자의 평균은 9명에 지나지 않으며, 전국교회 중 54%의 교회가 주일학교가 없다고 알려지고 있다. 이는 최근의 일본사회의 경향인 노령화, 저출산율에 따라 교회도 노령화되고 있음을 단적으로 보여준 사실이다. 2005년도 세례를 받은 연간 수세자는 8,844명에 불과하며, 2006년 한 해 동안 수세자가 없는 교회도 65%나 되어 일본 개신교 교회의 정체 및 둔화 현상이 두드러지고 있다. 특히 이러한 현상을 뒷받침하는 사실로써, 목회자의 평균연령이 61세이며, 비율로 보아도 70대 목사가 가장 많다고 하는 점이다. 이로 인해 2004년 기독교연간 자료에 따르면, 지난 7년간 카톨릭을 포함한 성직자 8,056명이 감소하였으며, 현 교직자 수는 11,389명에 지나지 않는다고 한다. 전국 731시 중에서 15개 시에 교회가 하나도 없으며, 88시에는 겨우 한 교회만 존재하고 있다. 더나아가 1,795정·촌(한국의 군에 해당) 중에는 1,152도시에 교회가 하나도 없으며, 목회자가 없는 무목교회도 500여 곳이나 된다고 한다. 즉, 일본 전국에 인구 2만 명 이상 도시 76개 도시에 교회가 하나도 없는 실정이다. 2003년 츠카모토의 자료와 비교해 보면, 2003년 당시 일본의 모든 도시 664개 가운데 교회가 전혀 없는 도시는 8개 있으며, 모든 마을 2568개 중에서 교회가 전혀 없는 곳은 1756개나 되었다. 이 중 인구가 2만 명을 넘는 곳은 78군데나 된다. 2003년 당시 일본의 1개 교회당 평균 신자수는 70명이며, 주일 예배의 평균 출석자는 35명이었다. 두 자료의 조사단위가 약간 다르지만, 2003년 시점보다 교회가 노령화되고, 평균 예배 출석자도 감소한 것을 알 수 있다.

하지만, 1990년 이후 한국 선교사들이 일본선교에 참가하는 등 복음주의 계열의 일본선교에 의해서, 1990년대 중반이 되면서 약간 상승한다. 이러한 복음주의 계열 교회의 급속한 성장에 기여하고 있는 재일 한국교회의 최근 현황을 살펴보면, 재일 한국인 총인구는 전체 외국인 185만 명의 35.4%에 해당하는 655,000명이나 되며, 재일 한국인 중 82%인 54만 명이 영주권자이며, 12만 명이 1970년대부터 새롭게 일본에 온 뉴커머(New comer)라고 알려지고 있다. 현재 한국인 선교사 및 목회자 수는 820명이며, 2000년 이후 7년간 358명이 증가해, 겨울연가로 상징되는 한류붐을 타고 일본선교에 대한 기대와 관심이 급속히 증가하고 있음을 보여준다고 할 수 있다. 현저 재일 한국인 교회 현황을 보면, 대략적으로 재일대한기독교회 계열이 110교회 정도이며, 30년 전부터 한국순복음교회 조용기목사의 일본선교에 대한 관심으로 촉발된 재일 순복음교회 계열이 100교회 정도이며, 기타 복음적 독립교회 계열이 256교회 정도로, 조사에 의해서 파악된 통계는 466교회 정도라고 한다. 물론 여기에는 조사에 반영되지 않은 교회들도 많이 있을 것으로 보여지지만, 전체 일본교회 8008개의 6%에 해당하는 비율이며, 앞으로 이러한 비율은 최근 한국인 선교사들의 일본선교에 대한 관심증대로 인해 더욱 증가할 것으로 보여진다.

이어서 한국인 선교사들의 유형을 보면, 4가지 타입으로 분류할 수 있다고 한다. 첫째로, 재일대한기독교단 소속 선교사로서, 1908년 동경교회로 시작된 교회이며, 민족교회의 정체성 결여로 일본선교 마인드가 부족하다고 한다. 두 번째로, 뉴커머형의 선교사로서, 1970년 이후 새롭게 온 선교사들 그룹으로, 이민목회의 경향이 강하며, 한국어로 설교를 진행하고 있어, 일본 사람들의 관심을 불러 일으키지 못 하는 것이 아쉬운 점이라고 한다. 세 번째로, 일본인 교회 선교사 유형으로서, 일본인 사역만을 하려다 보니 한국인들에 대한 사역에 관심이 없다고 한다. 그로 인해 성공하는 케이스도 있지만, 일본인들에만 의존하다가 그 과정에서 상처받기도 하는 케이스가 있다고 한다. 네 번째로, 한국인 토대 위의 일본인 선교사 유형으로 한국인들에게 먼저 복음을 전한 후, 한국인 리더들을 기반으로 해서 일본선교를 하도록 훈련시키는 방식이다. 대표적인 예로써, 동경요한교회를 들 수 있으며, 한국인으로서 정체성을 가지면서 일본선교를 감당할 수 있는 모델로 제시되었다.

하지만, 앞에서 언급한 것처럼「일본기독교단」의 정체·쇠퇴에 의해서 1995년 이후 일본 개신교는 정체되기 시작했으며, 2000년 이후에 감소하는 경향이 나타나고 있음을 알 수 있다. 이러한 경향은 더욱 진행될 것으로 생각할 수 있다. 여기에서는 통계에 반영되어 있지 않지만, 2005년 가을 한국선교사들을 대상으로 한「일본선교전략」이라고 하는 심포지엄에서 일본기독교단 소속의 콘도 카츠히코 목사(동경신학대학 교수)는 과거 일본기독교단의 신자수 20만 명 가운데 실질적인 신자(성찬식 참석 회원)는 2004년말 시점에서 10만 명을 넘지 못해 9만 명대로 떨어졌다고 한다. 일본기독교단 소속 교회에서 매년 세례를 받는 사람의 총수는 최근 몇 년 사이에 2000명 정도로 떨어졌으며, 적은 해에는 1500명 정도 밖에 안 된다고 하는 놀라운 증언도 있었다.

게다가 1947년 이후 현대 일본 개신교의 신자수의 추이를 보면, 일본 개신교의 신자수를 총망라한 통계는 아니지만, JEA기록지편집위원회의 통계 데이터에서는 일본 개신교 중에서 일본기독교단이 차지하는 비율이 작아지고 있는 것을 알 수 있다. 표4에서 알 수 있듯이, 일본기독교단도 1947년부터 1994년까지는 정체·감소한 기간도 있지만, 계속해서 성장했기 때문에 일본 개신교 신자수의 성장에는 복음주의 계열 교회의 성장이 기여하고 있다고 말할 수 있을 것이다. 그러나, 1995년 이후가 되면, 일본 개신교는 전체적으로 정체되고 있다고 한다. 여기에는 몇 개의 요인이 있다고 한다.

[표4] 현대 일본 개신교의 신자수 추이

	1947年	1955年	1965年	1974年	1975年	1984年	1985年	1994年	1995年	2004年
일본 기독교단	133057	126903	194826	194059	194303	196148	198269	207690	205258	195851
일본성공회	45909	37290	47336	52143	53425	55987	56216	57644	57407	57666
일본침례교 연맹	1691	8014	18277	23113	23576	26845	27435	31541	31854	33167
임무누엘 종합전도단	963	2752	6682	8552	8810	12060	12382	12570	12637	12680
일본예수 그리스도교단		3799	6943	8441	8694	10045	10462	12456	12456	13017
일본성결 교단	389	2700	4991	5966	6410	9542	9359	12355	12655	13581
일본그리스도 개혁파교회	452	3030	4097	5798	6318	7918	6063	8943	8945	9467
일본동맹 기독교단		1365	3614	4867	5974	5972	6146	8839	8839	8895
일본복음자유 교회협의회					800	2459	2459	4207	4402	4550
일본침례교 연합					1349	1698	1818	1877	1888	2269
리벤젤라교회 연합					792	1373	1401	1471		
일본기독장로 교회					514	1320				
합계	182461	185856	286766	302939	310965	331367	332010	359593	356341	351143
일본기독교단 의 비율	73%	68%	68%	64%	62%	59%	60%	58%	58%	58%

<출처 : JEA기록지편집위원회편 『21세기 복음주의 패러다임(paradigm)을 추구하며』(2006)에서 필자가 인용·편집>

첫째로, 정치적으로는 글로벌화와 거기에 대항하는 EU의 확대, 경제적으로는 세계적 정체와 중국의 융성에 의해서 새로운 질서가 출현하는 것과 같은 복잡한 세계적 상황과 정치지도자의 세대교체 등도 있어 약간 혼미한 상태가 계속 되고 있다. 이러한 결과, 표에 나타난 것처럼 전체적으로는 정체하고 있다.

두 번째로, 2001년 9월 11일 뉴욕의 무역 센터 빌딩이 테러에 의해서 폭파된 사건에 의한 종교·문명의 충돌에 의한다. 이 사건은 세계에 큰 충격을 주었다. 그 결과 이라크전쟁이 일어났으며, 매스컴에서는 이를 문명의 충돌, 종교전쟁인 것 처럼 보도했었다. 일본의 매스컴은 이슬람 원리주의와 기독교 복음주의와의 싸움인 것처럼 보도하면서, 기독교에 대한 경계와 불교로의 회귀 현상이 일어났던 것이다.

세 번째로, 정치지도자 교체에 의해서 등장한 고이즈미 수상의 야스쿠니 신사참배와 아베정권에서 이루어지고 있는 헌법개정 추진에서 보여지듯이, 현저하게 우경화되고 있으며, 이러한 정치지도자들의 행동들은 이웃 아시아 국가들과의 사이에 새로운 긴장관계를 발생시켰으며, 기독교 선교에 큰 역류가 되었던 것이다. 일본선교의 구체적인 과제에 대해서는 다음 절에서 보다 자세하게 검토해 가기로 하겠다.

2) 왜 일본기독교는 정체되었는가?

(1)츠카모토 나츠코(塚本夏子)의 관점

츠카모토 나츠코는 기독교가 일본 사회에서 정체할 수 밖에 없었던 이유를 6가지로 정리하고 있다. 첫째로, 전국시대의 토요토미 히데요시 시대부터 에도시대까지의 대략 300년 이상 기독교의 금교를 실시한 것을 지적한다. 이들 공백 기간은 일본인에게 기독교는 친숙하지 않은 외래 종교이며, 국가 질서를 어지럽히는 하나의 저항 세력이라고 하는 인식을 갖게 했다고 한다.

두 번째로, 숨어서 믿는 종교가 되어 버렸다고 하는 지적이다. II부의 카톨릭박해의 역사에서 다룬 것처럼 박해 시대를 거치면서, 일본의 키리시탄들은 지하 혹은 밀실에서 예배를 드리게 되었다고 하는 점이다. 그리고, 사회에서는 자신이 키리스챤인 것을 숨기지 않으면 안 되었던 것이다. 그러한 영향을 받아 오늘날도 자신이 크리스챤이라는 사실을 숨기는 크리스챤들이 많다고 지적하고 있다.

세 번째로, 페리 함대의 내항(문호개방)으로 기독교 선교가 시작되었을 때는 이미 에도시대의 종문등록제도(宗門改:에도시대 키리시탄 신자를 색출하기 위해 절에 모든 집안 사람들을 등록하도록 한 당시의 주민등록)나 단가제도(檀家制度: 寺檀制度라고도 함. 에도시대 기독교탄압을 목적으로 한 호적관리로 의무적으로 절에 호적을 등록하도록 한 제도), 오가작통(五人組: 에도시대 기독교탄압을 목적으로 다섯 집을 하나로 묶어 연대책임을 지우는 시스템) 등의 사청제도(寺請制度)에 의해서 각각 절에 소속되어 절을 중심으로 한 공동체가 이미 완성되었다고 하는 점을 들 수 있다. 이에 대해서는 II부의 카톨릭 박해에서 자세하게 다루었기 때문에, 여기서의 자세한 설명은 생략한다. 즉, 이미 사원 지배의 토대가 확립되어 있어 쉽게 기독교에 관심을 가질 수 없었던 것이다. 이러한 경향은 도시 보다는 농촌 쪽이 강해, 어느 정도 도시 선교는 행해졌지만, 농촌 선교가 실패할 수 밖에 없었던 원인이 되었다고 생각할 수 있다.

네 번째로, 기독교가 지식인층에는 전달되었지만, 일반 시민이나 농민들에게는 그 영향을 미치지 못 했다고 하는 점을 들었다. 이 점에 관해서는 일본 기독교사 부분에서 다루었으므로 자세한 설명은 생략하지만, 세 번째 이유와 함께 일본 기독교 정체의 결정적인 이유라고 생각할 수 있다.

다섯 번째로, 국가주의와의 충돌이다. 이것도 천황제에서 다룬 논의와 관련된 문제이다. 특히, 개신교는 유일신을 강조하기 때문에 다른 종교에 대해서 배타적인 성격을 보였으며, 그것은 신도와 천황제를 부정하는 비애국적인「사교」로 인식되면서 더 탄압의 대상이 된 역사를 가지고 있다. 앞서 쿠로즈미의 지적을 인용했지만, 이러한 대립 논리는 근대에 들어 우치무라의 불경사건이 터지자 동경대학 교수 이노우에도 같은 논리로 우치무라와 기독교를 공격했다. 즉, 기독교인들은 비애국자라고 하는 부정적 인식에 대해서 앞으로 어떻게 대처할 것인가는 매우 중요한 과제라고 여겨진다.

여섯 번째로, 선교사들이 일본에 입국하는 것이 용이하지 않으며, 언어와 문자의 습득, 복잡한 문화를 이해하는데 상당한 시간이 필요한 점도 들고 있다. 또한, 생활비가 비싼 것도 외국인 선교사에게는 부담이 되어 일본 선교를 막는 요인이라고 말하고 있다. 이러한 지적은 일본처럼 물가가 비싼 선진국 등에 파견되는 선교사들 모두에 해당한다. 이 때문에 자국보다 물가가 비싼 나라에 풀타임 선교사를 보내는 것은 쉽지 않다는 점도 하나의 선교과제일 것이다. 예를 들어, 선진국의 경우 기본적으로 생활비가 비싸기 때문에, 1997년 한국의 외환위기가 터졌을 때에 급격한 환율변동으로 생활비가 비교적 싼 지역들의 풀타임 선교사들도 그러했지만, 선진국에서 일하던 풀타임 한국 선교사들은 더 큰 타격을 받으면서 어쩔 수 없이 귀국하지 않을 수 없었던 것을 들 수 있을 것이다. 이를 고려할 때, 계속적인 선교비 지원 없이 초기 선교훈련과 서포트 만으로 파견할 수 있는 평신도 선교사 파견이 선진국 선교의 하나의 대안이라고 말할 수 있을 것이다.

(2) 야마오리 테츠오(山折哲夫)의 관점

일본에 기독교가 정착할 수 없었던 이유로서 야마오리 테츠오는 3가지 논리구조를 제시하고 있다. 첫 째로, 정치·사회시스템의 압력이라고 하는 관점이다. 위의 츠카모토 나츠코의 세 번째에서 제시한 것처럼, 기독교의 선교 초기 단계에 에도시대의 종문등록제도(宗門改)나 사청제도(寺請制度)가 확립되어, 기독교가 받아들여질 여지가 없어진 것이다. 쿠로즈미도 앞서 지적한 것처럼, 불교와 신도는 서로 집합화해서 중세 이후 국가종교화했으며, 기독교의 세력을 완전하게 막는 데에 성공했다고 파악하고 있다.

두 번째로, 일본인들의 외래종교 수용방법에는 독자적 개성이 있다고 하는 점을 제시하고 있다. 즉, 일본인의 외래문물 수용 패턴에 불교는 성공적으로 토착화했지만, 기독교는 실패했다고 지적하고 있다.

세 번째로, 일본 종교의 근간을 이루고 있는 조선숭배와 관련된 문제를 지적하고 있다. 츠카모토도 언급한 것처럼, 일본인들에게 있어서 조선숭배문제는 서양인들의 「신」개념과 같은 비중을 차지할 정도로 큰 문제이기 때문에 불교는 이러한 조선숭배를 받아들이는 방침으로 전환했지만, 기독교는 일본인들이 생각하는 조선숭배에 대한 중요성을 진지하게 고려하는 것에 나태했기 때문에 뿌리내리지 못 했다고 본다. 이에 대해서는 Ⅰ부의 일본인의 종교관에서 다루었지만, 일본인은 무종교라고 하는 이름 아래에 실은 조선숭배라고 하는 자연스럽게 발생해 선조를 통해서 계승되고 있는 종교를 가지고 있어 일본 선교사들은 이 점에 대한 바른 인식과 이해가 필요하다고 생각된다.

(3) 콘도 카츠히코(近藤勝彦)의 관점

콘도 카츠히코는 일본의 전도가 곤란한 이유로 다섯 가지를 제시하고 있다.

첫 번째로, 일본의「반기독교국」의 역사를 들고 있다. 이미 언급한 것처럼, 16세기 후반부터 17세기 초에 걸친 카톨릭의 급속한 전도와 함께 급격한「키리시탄 박해」가 시작되면서 토쿠가와시대 250년간, 그리고 메이지 시대에도 공공연히 박해의 대상이 되면서, 박해는 전국적으로 퍼져나갔으며 이 때문에「종문등록제도」나「오가작통(五人組)」의 제도 등 기독교 배격을 목적으로 한 사회의 종교적 조직화가 이루어졌다고 지적하고 있다. 메이지 유신 이후에는 국제사회 참가의 필요성 때문에 유신 당초의「키리시탄 박해나 금지령」이 외형적으로 철폐되면서, 메이지 10년대((1877-1886년)에는 일시적으로 전도가 매우 잘 되었지만, 1889년「대일본제국헌법」의 제정과 1890년의「교육칙어」이후, 1891년「우치무라 간조의 불경사건」이나「교육과 종교의 충돌」등으로 나타나듯이, 비공식적인 기독교 박해는 계속 되었으며, 이러한 경향은 제2차 세계대전에까지 이르렀다고 한다. 콘도는「반기독교국 일본」의 정신적 지주에는「천황제 국체」나「국가신도(国家神道)」가 있으며, 더나아가「신사신도(神社神道)」와「불교」가 있다고 지적하고 있다. 게다가 그 근본에는 일본적인 다신교, 애니미즘적 종교, 초월적인 신 관념의 결여 등이 있다고 주장했다. 이에 대해서는 본서의 Ⅰ부에서 이미 쿠로즈미 등의 연구를 소개했지만, 콘도도 이러한「반기독교국가」적 성격은 국가와 사회의 이상적인 모습에 대해서 현재도 여전히 강력한 영향력을 미치고 있다고 지적하면서, 그 중심에 천황제가 있기 때문에 헌법을 천황으로 하는 헌법천황제(憲法天皇制)로 해야 한다고 강조하고 있다.

두 번째로, 일본사회는 기독교 전도 이전에 기독교 전도와 대항해서 다른 종교(신도와 불교)에 의한 조직화를 했다고 하는 점이다. 츠카모토도 지적하듯이, 에도시대의「단가제도(檀家制度)」의 존속 때문에, 여전히 어느 가정이나 장남의 전도는 항상 이 문제에 직면한다고 지적하고 있다. 또한, 지역사회의 종교적 조직화는 I부에서 설명한 씨족신에 의해서 신도적으로 행해졌으며, 그것을 현재는 반상회(町内会) 조직이 실천하고 있다고 한다. 기독교회는 이 때문에 지금도 여전히 이러한 반상회에서 배제되고 있다고 한다. 국가적으로는 신도에 의해, 야스쿠니 신사를 비롯해 국가행사 마다 종교가 아닌「의례」나「습속」이라고 하는 명목하에서, 신도가 역할을 수행하는 경우가 많이 있다고 한다. 가족, 지역, 국가 뿐만이 아니라 많은 기업, 많은 단체에서도 은연중에 종교적 조직화가 이루어지고 있다고 한다. 예를 들면, 교통 관계의 기업들인 JR(일본철도)이나 민영철도, 버스, 택시회사들의 종교행사를 들 수 있다. 구체적으로 많은 곳에서 신주단지(神棚:카미다나)·신사에서 파는 오후다(御札)·부적 등을 이용하고 있으며, 어느 기업에서는「첫 참배」를 간부에게 요구하고 있다는 사실을 소개하고 있다. 또한, 스포츠 단체의 경우, 유도나 검도, 궁도에서도 그 참가자는 종교적 행동을 강요당한다고 한다. 크리스챤이 그 속에 있으면 왠지모를 저항감을 느끼지 않을 수 없다고 지적했다. 이미 I부에서 인용한 것처럼, 크리스챤이 그 안에 있게 되면 가슴이 답답하고, 어떤 의미에서는 그러한 조직들로부터 배제되고 있다고 본 것이다.

세 번째로, 19세기부터 20세기에 걸쳐, 기성종교 중에서 현세적 가치를 강조하면서 민중의 마음을 다시 얻고자 하는「신흥종교」의 운동과 조직화가 이루어졌다고 한다.「천리교(天理教)」,「성장의 집」,「입정교정회(立正校正会)」,「창가학회(創価学会)」등이 그 예이다. 이러한 신흥 종교가 중산계급이나 더나아가 저변층을 종교적으로 재조직화했다. 이에 대해, 분명히 기독교는 뒤쳐졌던 것이다. 그 시기에 일본기독교는 신흥종교와 겨룰 만한 힘이 없었으며, 그것들이 침투한 사회층 속으로 기독교는 침투할 수 없었던 것이다. 이는 메이지·타이쇼기의 문제 만이 아니라 전후 1960년대 이후의 문제이기도 했던 것이다. 앞서 다루었던 것처럼, 기독교는 창가학회(創価学会)의「절복대행진」과 같은 전도도 하지 못하고, 도시의 중산계급이나 저소득자층으로부터도 괴리되면서 일본에서의 기독교는 애당초 사회층과의 연결고리를 갖지 못한 채 왔다고 하는 혹독한 지적도 있었다.

네 번째로, 교육의 문제를 들었다. 일본에서는 「반기독교적 내셔널리즘」이 강화되어 공립학교에서는 이미 「일장기」 게양, 「키미가요(일본국가)」 제창이 법에 의해서 규칙화되었으며, 나아가 「교육기본법」 개정을 주장하면서 「개인의 인격」이나 「인권」보다 「향토애」나 「애국심」을 강조하려고 하고 있다고 지적했다. 실제로 아베정권은 2007년에 교육기본법을 개정하면서, 이러한 경향이 더욱 노골적으로 진행되고 있음을 보여주었다. 개정된 교육기본법의 내용은 「낡은 내셔널리즘」이며, 새로운 국민성 육성을 구상한 것은 아니라고 보여진다. 또한 중학교·고등학교 학생들에게 끊임없이 촉진되고 있는 클럽활동과 상급학교 진학 준비를 위한 진학학원 등으로 인해 많은 학생들이 일요일에 교회 가는 것을 방해받고 있다고 지적하고 있는데, 이러한 그의 주장은 일본사회의 현실을 아주 잘 반영한 것이다.

다섯 째로, 1960년대 이후의 고도 경제성장 이후 사람들의 관심이 한층 세속화·현세화된 것도 지적했다. 「행복추구」, 「쾌락주의」에 의한 「자기실현」이라는 인생관이 일반화되고 있어, 이것도 사람들을 기독교로부터 멀어지게 한다고 지적했다.

(4) 전호진의 관점

마지막으로 전호진은 일본기독교 선교의 장해요소로서 첫째로, 동양적 집단주의를 들고 있다. 즉, 일본사회는 집, 마을, 국가라고 하는 삼각 구도를 이루고 있어 사회학자들은 이 3가지 구조를 일종의 자연적 종교집단이라고 규정하고 있다. 그러므로, 이러한 전통적 집단주의를 뛰어넘지 않으면 일본

선교는 어렵다고 하는 지적이다.

두 번째로, 천황제를 들고 있다. 앞에서 언급한 것처럼, 이 점은 대부분의 일본 사상가들에 의해서 지적되고 있는 문제이다. 예를 들면, 우치무라 간조의 불경사건이나 교육과 종교의 충돌, 군국주의의 대두와 같은 파시즘 등 일본의 역사상 이 문제는 언제나 따라다니고 있다.

세 번째로, 불교를 비롯해 이단과 신흥종교의 부흥을 제시하고 있다. 전술한 것처럼, 콘도도 같은 문제를 지적했다.

네 번째로, 강한 민족주의를 지적하고 있다. 예를 들면, 우치무라 간조의 2J(Jesus·Japan) 사상, 에비나 단죠의 민족신학 등이다. 즉, 일본인 속에는 항상 애국주의라고 할 수 있는 민족주의가 숨어 있음을 지적하고 있는 것이다. 이는 테라다도 지적하는 문제이기 때문에 후술하기로 한다.

다섯 번째로, 현실주의와 세속주의를 들고 있다. 콘도도 지적한 것처럼, 일본인은 불교, 유교, 신도의 영향을 받지만, 불교의 사상은 한국 보다 현실 지향적이며, 그 때문에 기래의 일을 다루는 종말론적인 기독교에는 별로 관심이 없다고 하는 지적이다. 이러한 지적은 일본인의 사생관(死生觀) 연구에서도 자주 언급되고 있는 내용이다.

여섯 번째로, 타협적인 일본인에게는 배타적 진리와 구원을 강조하는 기독교가 체질적으로 맞지 않는다고 지적했다. 그리고, 오야마 레이지(尾山令仁) 목사의 이야기를 인용하고 있다. 오야마는 「한국교회가 성장한 것은 한국인 특유의 배타적 기질이 배타적 구원관·진리관을 가르치는 기독교와 맞아 떨어졌지만, 일본인은 새로운 종교를 받아 들일 때, 기존을 버리는 것이 아니라 기존 종교에 새로운 종교를 혼합한다. 대표적인 예가 신도이다.」라고 주장했다. 또한, 구미 선교사들의 이야기를 인용하면서, 절충과 혼합의 일본문화를 힌두교에 비유하면서, 일본의 사상도 힌드교와 유사성이 높다고 지적했다.

(5) 공통적 요소

일본에 기독교가 정착하지 않는 이유로서는 위에서 소개한 것처럼 많은 이유가 있다고 생각할 수 있지만, 그 근본적인 요소는 콘도가 제시한 것처럼 반기독교적인 일본의 토양에 있다고 생각된다. 이는 모든 종교의 중층성을 형성한 일본의 독자적인 문화적 특징과 강하게 관계되어 있어, 유일신 만을 받아들이고 타협하지 않는 기독교는 박해를 받을 수 밖에 없었다. 위에서 소개한 이들 중에서 4명이 공통적으로 이 문제를 지적하고 있다. 츠카모토 나츠코의 기독교가 받아 들여지지 않는 역사적 환경, 야마오리 테츠오의 정치·사회시스템의 압력, 콘도 카즈히코의 반기독교국의 역사, 전호진의 동양적 집단주의나 천황제 등에서 지적한 것처럼, 일본선교에 뿌리 깊은 장해 요소로서 남아 있다고 생각된다. 이 문제는 일본 기독교의 태생적인 문제이며, 후루야 야스오가 지적하는 내셔널리즘 문제로 바꾸어 설명할 수도 있다. Ⅰ부에서 논의한 것처럼, 내셔널리즘은 일본의 천황제 기원과 강하게 결부되어, 이러한 천황제를 배경으로 한 내셔널리즘이 일본에서는 결정적으로 기독교와 적대관계를 형성하게 되었던 것이다. 이것은 Ⅰ부에서 검토한 것처럼, 당연히 사상·종교의 중층성과 관련되어 있다. 과거부터 일본에서는 모든 종교의 공생관계가 지배하고 있다. 즉, 고사기의 신화에서 시작된 천황제의 애니미즘에 근거하고 있는 신도와 외래종교인 불교, 유교는 서로 타협해서 깊은 중층성을 형성하고 있으며, 모든 종교는 시대마다 권력자들과 타협하면서 그 틀에 들어가지 않는 종교·사상은 배제되는 것이다. 그로 인해 일본에서는 기독교는 침입해 올지도 모르는 서양 제국의 종교이기 때문에 내셔널리즘과 적대관계에 있는 것으로 간주되었던 것이다. 이러한 적대관계

형성에, 기독교를 제외한 일본의 종교들이 이용되었던 것이다. 이는 지금도 여전히 헌법 개정문제, 야스쿠니 신사 참배 문제, 자위대 파견문제, 교과서 문제, 독도문제 등 강한 내셔널리즘의 풍토가 일본인들을 지배하고 있다고 생각된다. 이 때문에, 콘도 카츠히코나 후루야 야스오 등 일본 전도의 부흥을 주창하고 있는 사람들은 일본에서의 내셔널리즘은 전도상의 최대의 장벽이 된다고 보고 있는 것이다. 이에 대해서, 후술하는 선교전략에서 어떻게 대응할 것인가를 검토하고자 한다.

2. 일본 선교의 전망과 전략

1) 일본사회의 변화

지금까지 일본기독교가 정체될 수 밖에 없었던 요인들을 검토했지만, 21세기에 들어서면서 일본사회에도 새로운 변화의 물결이 닥쳐오고 있다. 이러한 변화는 지금까지 정체된 일본선교에 새로운 변화를 가져올 수 있는 잠재력을 가지고 있다. 여기에서는 구체적으로 일본사회에서 일어나고 있는 변화를 세 가지로 정리해 본다.

첫째로, 한류 붐 등의 글로벌화 시대의 도래이다. 국제적 관계가 폐쇄적인 관계가 아니라 향후 더욱 더 개방적인 관계가 요구되는 시대가 되고 있다. 메이지 시대에도 일본은 국제사회에 참여하기 위해서 기독교 탄압을 표면상 철회했던 적이 있다. 그러나, 이러한 국제화가 좋은 메카니즘으로서 작용하기 위해서는 기독교국가와의 좋은 관계가 선결 과제이다. 예를 들면, 현재의 일본정권은 미국과는 좋은 관계성을 유지하고 있지만, 가장 가까운 나라인 한국과 중국과의 관계는 별로 좋지 않다. 그러한 의미에서 정치적인 메카니즘의 영향은 매우 중요한 변수가 될 가능성이 높다. 21세기에 들어서면서 「겨울연가」를 필두로 한 한류붐이 일어나면서 구미 선교사 중심의 일본 선교 일변도에서 벗어나 한국 선교사들에 의한 선교활동이 활발하게 이루어졌지만, 일본 우익 세력에 의한 독도문제, 야스쿠니 신사참배 문제, 교과서문제에 의해서 한일간의 정치 정세가 급격하게 냉각되면서 막 꽃이 피려고 하던 한국 선교사들의 선교활동에 타격을 주고 있는 것이 현상이다. 또한, 기독교국가로서의 이미지가 강한 구미 국가의 정치적 프로세스도 일본 선교에 큰 영향을 줄 것이다. 예를 들면, 일본과 미국 사이의 정치적 관계성은 원만하지만, 미국의 이라크 침공에 의한 기독교국가의 도덕성 문제에 대한 비난 여론이 높아지면서, 이러한 이미지는 기독교에 대한 자연스러운 반발감으로 이어지고 있는 상황이다. 어쨌든 현재로서는 현저한 한국 선교사들의 선교활동을 서포트하기 위해서, 얼마나 현재의 한류붐을 효과적으로 활용할 것인가에 관한 전략적인 아이디어도 요구되는 것이다. 예를 들자면, 2007년에 열린 모 교회의 일본선교집회는 한류붐과 선교를 결합한 대표적인 집회라고 알려지고 있다. 이러한 선교집회는 오야마레이지 목사가 지적하는 일본인들의 정적인 요소에 호소하는 효과적인 집회라고 보여지며, 호응도 무척 좋았다고 알려지고 있다.

두 번째로, 정보화시대에 들어서게 된 것도 하나의 가능성을 제시하고 있다. 인터넷 시대가 되면, 반드시 조직에 모이지 않아도 일을 할 수 있게 된다. 이른바 텔레워크가 가능하게 되는 것이다. 그렇게 되면, 과거의 집단주의적인 일본식 전통은 차례차례로 무너져 갈 것이다. 그 때문에, 종래의 폐쇄적인 조직 논리가 아니라 개인의 의견이나 주장을 존중하는 사회로 변화될 가능성이 높아진다. 즉, 불교 사원 중심의 공동체의 성립 자체가 무너지게 되면서, 종래의 직장이 아니라 그것을 보충하는 새로운 커뮤니티의 형성이 필요하게 될 것으로 여겨진다. 저자는 한국과 일본의 정보화를 비교하는 연구도 행하고 있는데, 정보화가 매우 빠르게 진행되고 있는 한국에서는 많은 부작용도 나타나고는 있지만 과거의 직장 귀속의식보다 Cyworld 등으로 대표되는 개인 홈페이지나 Daum의 카페 등을 중심으로 한 공동체의식이 점점 강해지고 있는 것을 확인할 수 있다. 즉, 정치적 논점이나 사회문제에 대해서도 논의의 장소가 과거와 같은 오프라인 공간이 아니라 온라인공간으로 이동하는 경향이 나타나고 있다. 그러한 경향을 일본의 젊은이들에게 소개해도 아직 납득이 가지 않는 것 같지만, 이러한 움직임은 반드시 일본에도 가까운 시일 내에 일어날 것이다. 그것을 고려하면, 오프라인 교회와 함께 온라인 교회 활동도 보다 중요해질 것으로 여겨진다. 즉, 인터넷상의 전도도 점차 필요해질 것으로 예측된다.

그렇다면, 이런 추세 속에서 오프라인 교회는 약화될 것인가? 필자들은 반드시 그렇게는 생각하지 않는다. 왜냐하면, 컴퓨터 사회의 순기능도 있지만, 그 역기능도 많이 나타나고 있기 때문이다. 기독교의 인간관이 말해 주듯이, 이미 죄의 본성에 빠져 있는 인간은 인터넷의 긍정적인 기능보다는 부정적인 기능, 즉 마이너스 면에 더 많은 관심을 보이고 있다. 실제로, 최근 인터넷에 의한 각종 범죄나 성적 타락의 정도가 현저하게 심화되고 있는 것이 보고되고 있다. 이러한 추세는 익명이라는 온라인 공간특성과 인터넷 이용의 편리성 때문에, 향후 더욱 이용 연령이 낮아지면서 사회 전체의 타락 정도는 매우 심화될 것으로 전망되어진다. 이로 인해, 인터넷 공간에서는 진정한 만족을 얻지 못 하는 사람들이 급격히 증가하게 될 것이다. 그러한 인간의 근본적인 죄의 문제를 해결할 수 있는 곳은 오프라인 교회 밖에 없다고 생각한다. 이러한 상황을 고려할 때, 21세기에는 향후 더욱 더 오프라인 교회의 역할이 중요해질 것으로 전망할 수 있다. 이와 관련된 인간의 소외문제에 대해서는 다음 항목에서 보충하기로 하겠다. 어쨌든 이러한 정보화 추세 속에서, 오프라인 교회를 기반으로 해서, 인터넷사회의 진화에 따른 온라인 공간을 어떻게 활용할 것인가에 대한 대책이 앞으로 중요해질 것이다.

세 번째로, 고령화·저출산(소자화)가 진행되고 있는 점이다. 일본에서는 특히 전쟁이 끝나자 마자 태어난 전후세대가 2007년 전후에 대부분 퇴직함으로써, 숙련 노동력의 문제를 염려하는 2007년 문제가 자주 거론되고 있다. 이른바 고령화의 문제이다. 콘도 카츠히코는 노령화 사회 속에서 고독한 노인의 문제가 클로즈업 되고 있다고 한다. 이로 인해, 개인을 지키는 것이 국가에서부터 가족까지 불안정화·희박화되면서, 사람과 사람 사이의 「유대관계(정)」가 약해질 것으로 전망했다. 즉, 「인간의 정을 상실한 고독한 고령사회」의 출현을 예측한 것이다.

한편, 최근 일본사회도 자녀를 낳지 않으면서 소자녀화의 경향이 더욱 심화되면서 인구 구성 분포를 그려본다면, 가까운 시일 내에 역삼각형처럼 될 것으로 예상된다. 이것은 어떠한 문제를 야기시킬까? 경제적으로는 얼마 안 되는 젊은이들이 수많은 노인을 먹여 살리지 않으면 안 된다. 즉, 사회 전체적으로 볼 때 상대적으로 젊은이들의 심리적·정신적·육체적 부담은 향후 더욱 더 커질 것이다. 따라서, 젊은이들 중에는 상대적인 박탈의식이 생기면서, 과거의 부모 세대, 조부모 세대에 대한 존경·의존보다는 부담감이 강해질 것으로 여겨진다. 예를 들면, 한국과 일본에서 발생하고 있는 연금 납부에 대한 세대간의 의견 차이도 하나의 대표적인 예일 것이다. 게다가 전술한 것처럼, 일본에서는 니트족(NEET : Not in Employment, Education or Training)으로 불리는 60만 명 이상(2005년 현재, 실제는 100만 명을 넘는다고 한다)의 일하지도 않고, 아무 것도 하지 않는 젊은이가 장래를 비관해 범죄로 치달을 가능성이 높다고 한다. 벌써 매스컴에서는 믿기 어려운 사건이 매일 같이 보도되고 있으며 이러한 범죄에 대해서 경찰은 아주 무력하다. 결국, 일본 사회의 구조 자체는 한정된 자원의 배분문제에 대하여 능력주의를 강조하고 있으며, 이러한 경쟁에서 진 패자들이 선택할 수 있는 길은 자꾸자꾸 좁아질 것이다. 그들을 서포트하는 주체를 제도화된 사회시스템이 아니라 교회가 담당하지 않으면 안 될 것이다. 또한 선교전략 부분에서 후술하는 것처럼, 사회에서 패자 그룹에 속해 있는 사람들이 그리스도 안에서 거듭나, 사회변혁의 주인공이 될 가능성은 충분히 있다. 이러한 측면에서, 고령화·소자녀화의 경향은 일본사회의 위기이면서도, 선교의 가능성이라고도 할 수 있을 것이다.

2) 일본의 기독교 역사로부터의 교훈

(1) 부흥으로부터의 교훈

1883, 1884년(메이지 16, 17년)에 일어난 「제 1 차 부흥」, 1900 - 1901년의 대거전도로부터 얻는 교훈은 무엇일까? 이미 일본 기독교의 역사에서 언급한 것처럼, 오노 시즈오는 제 1 차 부흥의 성과에 대해서 적극적인 의의가 있다고 평가했다. 즉, 죄의 자각이 선명해져, 회심했다는 사실이 내면화·개인화 되었으며, 기독교를 속죄 신앙으로서 재인식하는 작업이 한 사람 한 사람에게 촉구되고, 신자에 의한 전도활동이 활발해져, 고직 중심의 활동에 새로운 힘을 쏟아 넣고, 교세의 비약적인 증가를 가져왔다고 하는 것이다. 또한 1900 - 1901년의 교파를 뛰어넘은 「20 세기 대거전도」를 통해서, 모든 교회가 힘을 합친 최초의 조직적인 전국 전도가 이루어졌으며, 반기독교적 일본 사회에 전국의 교회가 성서를 적극적으로 선전함으로써 사회에서 침체되어 있는 기독교에 대한 오해나 선입관을 해소시켰으며, 교파·교단이나 지역사

회의 전도열을 북돋우는 효과, 메이지 초기의 선교사 중심이 아니라 일본인 크리스챤에 의해서 이루어졌다고 하는 놀라운 특징이 있었던 것이다. 그러나 전술한 것처럼 오노는 대거전도에 열심히 임한 몇 개의 교회를 대상으로 2년 후 조사한 인브리의 조사 결과를 인용하면서, 교회 자체는 대거전도 자체에 의해서는 조금도 강화되지 않았다고 하는 분석 결과를 제시하고 있다. 즉, 대거전도 그 자체가 의미가 없는 것은 아니지만, 각 교회나 교파의 치밀한 전도 계획이 이러한 대규모 플랜에 의해서 교란되어서는 안 된다는 것을 시사하고 있다.

한편, 나카무라 사토시는 일본에서는 16세기부터 4회의 부흥(16세기의 카톨릭에 의한 부흥, 1880년대의 구미주의의 영향, 1930년대의 성결교에 의한 부흥, 전후의 점령군 시대)이 일어났지만, 전시 중에 일어났던 성결교에 의한 부흥과 그 외의 3회의 부흥의 성격은 다르다고 평가하고 있다. 즉, 3회 모두 일본의 역사 속에서, 전례 없는 외부로 향한 개방적인 시대이며, 구미의 문화와 함께 기독교가 힘차게 들어왔던 것이다. 그러나 신앙으로서가 아닌 문화로서 일본에 들어 왔으므로, 맥아더장군에 의해 주도된 점령군 시대가 끝나갈 무렵부터 기독교 붐은 바닷물이 빠지듯이 사그러져 버렸다고 한다. 이처럼, 교회의 기도와 전도에 의해서 주도된 것이 아니라 구미주의, 전후의 점령군시대 등의 외발적인 영향으로 시작된 부흥은 역사의 풍향이 바뀌면 가라앉을 수 밖에 없다고 지적하고 있다. 나카무라의 분석이 시사하는 것은 기도와 전도, 제자양성 등의 교회가 주도하는 부흥이야말로 진정한 부흥의 열매를 맺을 수 있다고 하는 교훈일 것이다.

(2) 제자양성의 중요성

앞에서 언급한 일본에서의 부흥운동과 마찬가지로, 1929년부터의 하나님나라운동, 전후에 복음주의 중심의 빌리그래함 목사의 대중전도 등도 행해졌다. 이들은 모두 정체하고 있던 일본 기독교를 활성화시키는 기폭제가 되었다고 알려지고 있다. 특히 1980년대 이후의 복음주의 중심의 성장에 많이 기여했다고 알려지고 있다. 그러나, 대중전도가 견실한 제자양성 시스템을 갖추지 않으면 교회는 수고한 만큼의 열매를 거두지 못할 가능성도 부정할 수 없는 것이다. 도히 아키오도 1980년 빌리그래함 목사의 국제대회의 성과를 인정하건서도, 이벤트 중심의 국제 대회에 대해서 일시적으로는 그들의 마음을 잡을 수 있을지는 모르지만, 그것은 뿌리가 없는 풀처럼 시들어 죽어 버릴 가능성이 있다고 지적했다. 특히, 일본에 기독교가 뿌리내리지 못한 것을 극복하기 위해서는 보다 깊은 배려, 철저한 대응, 더나아가 생생한 고통이 필요하다고 언급하고 있다. 즉, 교회의 열기 있는 집회나 수양회에 참가한 후, 냉정하게 본래의 자신의 모습으로 돌아오면, 집회에서 느낀 생각과 일상생활 사이에서 느끼는 갭을 메우지 못해 방황할 수 밖에 없다고 본 것이다. 전술한 것처럼 오가타 마모루도 이러한 역사적 교훈 위에서 복음주의나 펜테코스테 · 카리스마 계열 교회들의 성장에는 성서의 권위에 서서 명확한 복음 선교, 신자의 훈련, 개척 전도, 젊은이의 리더 양성, 제자화와 개척전도의 강조, 실제적인 소목자훈련회, 교회성장 연수소와 같은 제자훈련, 소그룹활동을 했던 것에 그 이유가 있다고 평가했다. 또한 나카무라 사토시도 어느 출판사의 근대의 저명한 인물 100권 시리즈에서, 10% 가까이가 과거에 크리스챤이었거나 세례를 받은 적이 있는 사람인데, 일본의 일반적인 크리스챤 인구의 0.9%와 크게 괴리가 있다고 지적하면서, 입신 때의 신앙교육과 그 후의 제자훈련의 중요성에 대해서 강조하고 있다. 이러한 지적은 기독교에 관심 갖고, 세례까지 받은 신자들이 신앙 안에 굳게 서서 세상의 빛이요 소금으로서의 역할을 할 수 있도록 돕는 교회의 신자양육프로그램의 중요성을 언급하고 있는 것이다. 즉, 전도에 의해서 얻어진 전도의 열매를 확실히 키울 수 있는 제자양성시스템을 갖출 수 있다면, 일본선교도 가능성이 있다는 것을 시사하는 것이다.

(3) 초기 선교사들로부터의 교훈

대표적인 초기 선교사인 헵번 부부의 신앙생활과 일본 선교사로서의 활동은 일본선교에 많은 것을 시사해 준다. 여기에서는 그들의 생애를 통한 몇 가지 시사점을 중심으로 정리한다. 첫째로, 하나님의 인도에 대한 확실한 신뢰와 천국으로 향해가는 나그네로서의 신앙관이다. 헵번은 하나님과의 깊은 신뢰관계가 있었기 때문에, 아이 4명을 잃고 가족과 친척들의 반대가 있었음에도 불구하고 일본 선교를 결단할 수 있었다고 생각된다. 앞서 5년 간의 1차 선교 경험도 있었으며, 미국에서의 13년간 성공한 의사로서의 부와 명예도 쌓여 갈 때, 심지어 학교에 다니던 아들을 남겨두고 미지의 세계에 간다는 것은 참으로 어려운 선택이었을 것이다. 헵번의 나그네로서의 자기 인식은 이 세상에서의 축복보다 하늘나라에서의 축복이 더 중요하다고 하는 신앙과도 연결된다. 이 세상에는 많은 크리스챤이 있지만, 헵번 부부와 같이 자신의 모든 것을 바쳐 하나님을 섬기고 주위 사람들을 사랑하는 사람이 적은 것이 현실이다. 이처럼 하나님과의 인격적인 신뢰관계와 천국에 대한 소망이 있었기 때문에, 어떤 어려운 환경에도 굴하지 않고 믿음의 길을 달릴 수 있었다고 생각된다.

두 번째로, 자신의 몸과 가족보다 일본을 사랑함으로써, 성서 속의 이웃사랑을 실천한 점이다.

「선한 행실의 증거가 있어 혹은 자녀를 양육하며 혹은 나그네를 대접하며 혹은 성도들의 발을 씻으며 혹은 환난 당한 자들을 구제하며 혹은 모든 선한 일을 행한 자라야 할 것이요」(디모데전서5 : 10).

헵번과 클라라 부인은 선교생활 동안 성서를 실천했다. 언제나 그들은 궁핍해서 치료를 받을 수 없는 사람들을 위해서 아침 9시부터 12시까지 병원을 열어 그들을 치료했으며, 으후에는 교육과 일영사전이나 성서번역 등의 전도 준비를 했다. 언제는 병원은 환자로 가득찼다고 전해지고 있다. 또한 마을에 버려진 고아들을 데리고 와서 교육시키고 돌보았다. 이와 같이 헌신적으로 일본인들을 사랑했기 때문에, 선교 초기에 여러가지 에피소드가 있다. 예를 들면, 선교사로서 온 지 얼마 안 되었을 때, 어떤 사무라이가 헵번을 죽이려는 사람들에게 고용되었지만, 어느 날 그 사람이 찾아와서 헵번에게 못 죽이겠다고 털어놓았다. 즉, 자신은 죽이고자 하는 목적으로 왔지만, 선생님처럼 진실하고, 사람을 사랑하는 분을 죽일 수 없다고 고백하면서 떠나갔다고 한 유명한 이야기가 있다. 또한 헵번은 4명의 심부름꾼들이 병원의 시료용 알코올을 마셔 의식불명에 빠졌을 때, 헵번 선교사와 부인이 밤새도록 간호해서 생명을 건졌던 것이다. 그리고 결코 다시지 말라고 주의한 것은 생명이 중요했기 때문이라면서, 꾸짖기는 커녕 간곡히 타일렀다고 한다. 그리고 클라라 부인은 일본에서 최초로 여자를 위한 학교를 거설하고, 불평등 속에 고통받던 일본 여성들의 교육에 힘썼다. 차남인 사무엘 이외의 아이는 이 땅에서 장수하는 것을 허락받지 않았던 헵번 부부였지만, 그 가정에는 언제나 타인의 아이가 있었으며, 해군 병사들 뿐 만 아니라 클라라 부인은 모든 부류의 사람들을 손님으로 식탁에 초대했다고 전해지고 있다. 게다가 언제나 집이 없는 동료 선교사들을 틀어 섬기고, 사고로 일찍 천국으로 떠난 선교사 가정의 남겨진 3개월된 갓난아기를 미국의 조부에게 보내는 장면도 편지 속에서 보여진다. 헵번과 클라라 부인은 78세(클라라 부인 75세)라고 하는 고령까지 일본에 남아 전심으로 일본을 사랑했으며, 일본을 위해서 모든 인생을 바쳤던 것이다. 노년 때 헵번은 지병인 류마티스로 고생했으며, 클라라부인도 평생 건강이 좋지 않았지만, 모든 인생을 하나님께 바치고 일본을 끝까지 사랑했던 것이다.

세 번째로, 선교 준비를 위해서 어학 연구에 힘쓴 것이다. 헵번은 기후가 좋으면 주변 탐색도 겸해서 자주 산책하러 나갔다. 헵번 선교사 혼자일 때도 있었지만, 부인을 데리고 나가기도 했었다. 부부가 주변을 걸을 때에는 호위를 겸해서 공무원들이 바짝 따라 다녔다. 그러나 그것도 신경쓰지 않고, 언제나 싱글벙글하면서 인사를 건네면 상냥한 외국인이라고 주민은 적의나 경계심을 풀고 대해 주었다고 한다. 낯선 물고기나 과일을 보면, 「이게 뭡니까?」라고 묻기도 했다고 한다. 헵번은 언제나 주머니에 준비해 둔 카드에 방금 본 물건의 그림을 스케치했으며, 그 말을 로마자로 써서 영어를 병기했다고 추측된다. 헵번은 그러한 형태로 일본어 정복에 힘써, 성서 번역 준비를 했던 것이다. 그 구체적인 열매가 일본 최초의 「일영사전」이며, 그것은 후에 성서 번역으로 이어졌던 것이다.

네 번째로, 헵번은 언제나 어떻게 하면 일본 사람들에게 이익이 될까를 생각했다고 하는 점이다. 에도막부 말기의 혼란기에 일본에 온 선교사들 활동의 대부분은 문화의 영역에서, 개국 초기의 일본사회에 이익을 주었다고 전해지고 있다. 위에서 설명한 것처럼, 헵번은 전도가 금지되어 있던 당시에 우선 궁핍한 사람들의 병을 무료로 치료하면서 그들의 마음을 얻었다. 또한, 헵번 부인도 집에서 영어를 가르치는 학원을 개설해서, 그들의 실제적인 필요를 채워 주었던 것이다. 물론, 영어권에서 온 선교사라는 이점 때문에, 일본사회의 "서양학문"에 대한 지향을 가장 적절히 채울 수 있는 입장에 있었음을 부정할 수 없지만, 그처럼 당시의 일본사회에 실제로 유익이 되는 것을 생각하면서, 장기적인 비전 속에서 오랫동안 준비했던 것이다. 그 결과, 영어교육과 서양의 지식이나 문화교육을 통해서 혼란기에 있던 일본의 젊은 지식층들을 육성하는데 기여했던 것이다. 게다가 헵번식 로마자와 일영사전은 당시 일본의 국어를 이해하는 학술적인 가치가 높다고 현대에 들어서 평가받고 있다. 무엇보다도 보기 드문 일본의 크리스찬 스쿨 속에서, 메이지 학원 대학의 기초를 쌓아, 오늘날 많은 대학생들이 신앙교육을 받을 수 있도록 했던 것도 특기할 만 하다.

다섯 번째로, 헵번선교사의 전도심의 배경에는 시민적 평신도의 활력과 헌신이 있었던 것도 놓칠 수 없는 점이다. 나중에 우치무라 간조 등에게 영향을 주는 삿포르 농업학교의 클라크 선교사, 쿠마모토 밴드에 영향을 준 존즈 선교사도 그러했지만, 헵번도 원래 의사로서 자비로 일본선교 비전을 갖고, 자신을 희생해서 일본 선교를 섬겼던 것이다. 즉, 평신도 선교사로서 자비로 선교를 시작해, 의사로써 일하면서 전도를 했던 것이다. 이것은 쉬운 일이 아니지만, 평신도로서 일하면서 교육이나 의료, 비즈니스 등의 실천적인 장소에서 비신자들에게 모범을 보임으로써 전도할 기회를 얻을 수 있었던 것이다.

여섯 번째로, 헵번과 클라라 부인이 아름답게 동역한 점이다. 앞에서 언급한 것처럼, 그다지 몸의 건강이 좋지 않았던 클라라 부인은 선고지에서 장남을 잃고, 일본에 선교사로서 오기 전에 3명의 아이를 잃는다. 게다가 독생자 사무엘을 미국의 친구에게 맡겨 두고 온 상황이었지만, 아무 것도 불평하지 않고 남편 헵번을 동역하면서 일본 선교사로서 섬겼다. 물론, 건강이 나빠져 일시적으로 귀국한 적은 있지만, 언제나 남편 헵번들 옆에서 도왔다. 71세가 된 헵번은 어느 날의 일기에서 신경통으로 몹시 힘들어 하는 부인 클라라에 대한 사랑을 보여주고 있다. 「클라라는 통풍을 앓고 있습니다. 마음이 아픕니다. 그녀도 매우 많이 늙었습니다. 아픈 것도 어쩔 수 없습니다. 벌써 70살 가까이 되었으니」라고 기록하고 있다.

결론적으로, 헵번의 전 생애를 지탱한 것은 하나님 나라에 도달할 때까지, 그 기간이 짧든 길든 나그네라고 하는 분명한 신앙의 가치관에서 온 것이라고 생각된다. 그 때문에, 이 세상의 부와 명예는 천국에 비하면, 정말로 초라한 것이라는 것을 깨닫고 있었던 것이다. 헵번과 클라라 부인은 세상의 부와 명예, 가족의 반대 뿐만 아니라 이 세상에서 가장 매이기 쉬운 아이문제 마저도 하나님께 맡기고 전 세계에 있는 사람들을 사랑하고, 무엇보다 일본을 진심으로 사랑했다. 때로는 생명까지 위험에 처해져, 언제 살해당할지 모르는 상황이었지만, 십자가의 길을 걸어 가신 예수 그리스도처럼 하나님의 뜻에 따라 자신을 버리고 사람들을 사랑했던 것이다.

3) 성서 속에서 본 일본선교

(1) 인간에게 진정한 자유와 휴식을 주는 하나님의 사랑

앞에서 기술한 것처럼, 일본사회는 모든 사상이 복잡하게 뒤얽혀 시대마다 권력자들에게 이용되어 왔다. 현재, 외관상은 선진국이 되어, 미국에 이어 세계 제2의 경제대국이라고 한다. 그러나, 본서의 일본사회의 토양에서 검토한 것처럼, 현대의 일본인들을 얽매고 있는 그러한 사상들은 에도시대부터 형성되었다고 생각할 수 있다. 즉, 일본사상에 정통한 쿠로즈미 교수의 저작에서 인용한 것처럼, 16세기말에서 17세기에 걸친 정치·사회의 통합에는 절이나 신사도 스스로 적극적으로 거기에 가세함으로써 세속권력을 부여받고 사람들로부터도 받아들여지고 서포트를 받게 되었던 것이다. 또한 정치권력도 절과 신사를 압박하는 것이 아니라, 이들을 통제하면서도 유효하게 활용함으로써 스스로의 정치력을 발휘·정착시키려고 하였다. 그것이 메이지시대 현인신(現人神)으로서의 천황제도로 이어져, 일본인의 사상을 고착시켜 버리는 결과가 되었던 것이다. 그러한 과정 속에서 이미 언급했던 사청제(寺請制)나 종문등록제도(宗門改), 씨족신들에 대한 조상숭배(氏神氏子制) 등이 성립되어, 도든 도시와 마을에 사원과 신사가 세워지고, 집집마다 불단과 신주단지(카미다나=神棚)가 설치되어 현대 일본인들의 라이프사이클까지도 통제하는 시스템이 형성되었다고 말할 수 있을 것이다. 이처럼 기독교의 박해 과정에서 종라의 일본종교들이 정치권력과 타협하며 서로 얼키고 설킨 관계를 유지함으로써, 일본인들은 사상적 혼동 속에 놓여지게 되었다. 일본인은 오늘날에도 자치회나 반상회 등에 속해 있어, 조직 중심의 사회로서 개인의 존엄성과 의견보다는 집단에 대한 충성과 협동, 순응을 중요한 가치관으로 삼고 있다. 그 때문에 개인의 인격보다 집단의 존속이 보다 중요하게 여겨지고 있다.

이러한 사회시스템에 대해서, 일본의 대표적인 사상가인 마루야마 마사오도「내부에서는 폐쇄된 채 외부사회로는 각각 개별적으로 오픈되어 있다」라고 지적했다. 아마도 이러한 일본인의 특징 대문에, 일본인론을 전개하면, 반드시 언급되는 것이「혼네(본심)」와「다테마에(형식)」라는 용어일 것이다.

예수 그리스도는「진리를 알지니 진리가 너희를 자유롭게 하리라」(요한 8:32)라고 말씀하셨다. 성서의 사상은 서양 종교인 기독교를 통해 일본인을 서양사회에 동화시키는 단순한 도구가 아니라는 것을 일본사회에 인식시킬 필요가 있다고 생각한다. 성서를 통해 전해지는 기독교의 메세지는 그들을 진리의 세계로 초청해, 그 진리를 알므로써 진정한 자유의 세계로 이끌고자 하시는「하나님의 사랑과 간절한 소원」이 포함되어 있는 것이다. 이에 대해서 어떤 사람은 이와 같이 대답할지도 모른다.「현실 문제 이외에 생각할 틈도 없고, 무엇이 진리인지를 생각할 여유 마저도 없다. 지금은 단지 열심히 노력할 뿐이다」라고. 그러나, 성서에서는 이에 대해서 그들에게 답을 제공하고 있다. 예수 그리스도는 지쳐있는 일본인을 향해서, 그들에게 진정한 자유를 주려고 하고 있다. 여기서, 안식일에 대해 고찰해 보자. 예수 그리스도가 이 세상에서 활동하던 당시는 오늘의 형해화된 자본주의처럼 안식일 자체가 형식화되어 있었다. 그리스도는 안식일의 진짜 의미에 대해 여러 곳에서 가르치고 있다(마태 12:12 ; 마가 2:27 ; 누가 13:16 ; 누가 14:5 ; 요한 5:9 ; 요한 7:23 ; 요한 9:14). 하나님이 인간에게「안식일을 지키라는 계명」을 주신 것은 인간을 속박하기 위함이 아니라, 오히려 자유롭게 하고 살리기 위함이라는 것이다.

구약시대에도 그것은 분명하게 드러나고 있다. 구약시대에 안식에 관한 규정은 3가지가 제시되고 있다. 그것은 창세기에 나타난 안식일의 규정(창세기 2:1-3 ; 출애굽기 20:8-11 ; 31:17), 7년 째에 안식하는 규정(레위기 25:1-7 ; 출애굽기 23:10, 11)과 안식년을 7번 거듭한 49년째의 다음 해(50년째)를 희년으로 하는 규정(레위기 25:8-34)이 그것이다. 안식일 규정에 더해서, 신이 얼마나 인간을 사랑하며 그들에게 진정한 휴식과 자유를 주려고 했는지가 성서에 잘 나타나고 있다. 우선, 안식일과 관계된 규정으로서 하나님은 신명기 5:14에서「일곱째 날은 네 하나님 여호와의 안식일인즉 너나 네 아들이나 네 딸이나 네 남종이나 네 여종이나 네 소나 네 나귀나 네 모든 가축이나 네 문 안에 유하는 객이라도 아무 일도 하지 못하게 하고 네 남종이나 네 여종에게 너 같이 안식하게 할지니라」라고 하면서, 이스라엘의 사람들 만이 아니라, 가축이나 노예마저도 쉬도록 했던 것이다. BC 2000 무렵의 당시의 시대상황을 생각하면, 선택된 백성 뿐 만 아니라 모든 인간을 사랑하사 노예조차도 같은 대우를 받도록 한 이 규정은 획기적인 규정이라고 생각된다. 인간은 일하는 기계가 아니라는 것을 일본 사람들에게 상기시키고, 인간의 진정한 자유와 휴식을 추구하셨던 성서의 하나님께 희망을 갖도록 해야 할 것이다. 게다가 7년째 안식하는 규정에서는 밭의 이삭으로부터 스스로 난 것을 수확해서는 안 되며, 노예나 외국인 등 궁핍한 사람들, 그리고 가축을 위해서 주도록 했던 것이다. 게다가 7년이 끝날 무렵에는 「그의 이웃에게 꾸어준 모든 부채를 면제하라」고 했던 것이다(신명기 15 : 1 - 3). 또한, 50년째의 희년의 규정에서는 토지 자체도 원 소유자에게 반환해야 하며, 노예 마저도 자유롭게 해주어야 한다고 되어 있다. 이러한 규정은 인간 각각에게 주어진 능력과 함께, 죄의 본성에 의해서 하나님으로부터 주어진 인간의 자유가 속박되는 것을 염려해서 이스라엘에게 주어진 것일 것이다. 하나님은 세세한 규정을 통해서 인간을 속박하기 보다 인간 스스로가 자신의 가치를 찾아내도록 하였으며, 혹시 발생할지도 모르는(아니 죄의 본성 때문에 반드시 발생하는) 사회의 약자마저도 배려하고 있다. 당시의 시대상황을 고려하면, 하나님이 인간을 사랑하사 그들의 약함을 이해하시고, 모든 인간이 자유롭게 되는 것을 얼마나 바라셨는지는 명확하다. 안식의 규정은 이스라엘의 종교 중에서 가장 중요한 규정이었다. 이 규정에 의해서, 세상 사람들은 하나님으로부터 선택된 유대민족의 특별한 모습을 상기하게 되며, 더나아가 하나님이 세계의 창조주인 것을 깨닫게 되었던 것이다. 안식과 자유에 관한 안식 규정은 모든 창조물에게 자유를 주려고 하는 하나님의 간절한 소원이 포함되어 있는 것이다. 아직도 이스라엘 사회에서는 모세의 십계가 굳게 지켜지고 있지만, 하나님이 인간에게 준 제일 중요한 규정은 그들의 창조주 안에서 진정한 안식을 맛보는 것일 것이다.

    앞에서 언급한 것처럼, 오늘날 일본사회에서는 이러한 하나님으로부터 주어지는 진정한 안식과 자유가 보장되어 있지 않다. 단지 형식적인 자본주의 법칙에 의해서, 각자의 능력 발휘와 함께 약자에 대한 배려가 없는 사회가 되어 버렸다. 게다가 몇 천 년 전에 일부의 권력층에 의해서 만들어진 정치와 종교의 공생관계 속에서 정말로 고통받을 수 밖에 없는 것은 그 시스템 속에 있는 국민들인 것이다.

일본의 경제가 성장했던 80년대까지는 이러한 문제는 부각되지 않았지만, 상실된 시대라고 하는 90년 이후 혹독한 일본의 불경기 속에서 많은 젊은이들은 희망을 잃고 위에서 지적한 대로 니트족이 60만 명에 도달하는 상황이 되었다. 기존의 일본 종교와 사상은 이러한 젊은이들에게 희망을 주기는커녕 어느 특정 계층 만을 살찌우게 할 것이다. 일본 사회를 구할 수 있는 유일한 가능성은 일부의 기득권 뿐만 아니라 경쟁으로 패배한 사람들까지도 구할 수 있는 시스템과 사상이 필요할 것이다. 지금까지 살펴온 것처럼, 성서야말로 일본 사람들에게 일할 의욕과 동시에 모든 사람들에게 평등한 휴식과 자유를 주는 시스템 구축에 대한 희망을 줄 것으로 확신한다.

(2) 섬김을 받으려 함이 아니라 도리어 섬기러 오신 그리스도

위에서 언급한 쿠로즈미는 마루야마 마사오의「통치」에 대한 논의에서「일본 파시즘」에 대해 논하면서,「통치」의 본연의 모습 속에 legitimacy와 government의 양면성이 사회적으로 퍼지면서 귀천이라든지 깨끗하고 천박함이라고 하는 가치 서열의 문제가 파생되었다고 지적하고 있다. 즉 종교적인 행사에서 출발한 사상적인 배경이 종교성과 정치성의 양 국면이 연동해서 밑에 있는 사람들이 위에 있는 존재에게 시중드는 존재로 조직화되면서 일본의 시스템이 구축되었다고 보고 있다.

또, 나카무라 하지메도 일본에서 신들의 지위는 인간에 의해서 정해지며,

인간과의 관계에 의해서 지위의 상하가 결정되었다고 지적하고 있다. 즉, 과거의 일본인은 조상·부모·주군·나라·천황 등의 권위를 절대시하면서, 종교를 그것게 종속시켜 봉사시키고 있었던 것이다. 전통적인 일본 사회 시스템(일본식 불교, 신도, 유교의 버팀목에 의해서 형성된 정치적·문화적 시스템)은 하부 사람이 상부에 있는 사람을 시중드는 구조가 되어 있는 것은 오늘날도 여전히 존재하며, 나카네 치에가 말하는 신분관계를 중시하는 사회집단의식을 형성해, 사람들을 속박하고 있다고 생각된다.

그러나, 성서에서는 예수 그리스도가 스스로 섬기는 자세를 취하면서 제자들에게도 그러한 자세를 요구하고 있다(예를 들면, 마태 2 : 26, 28 ; 23 : 11 ; 마가 9 : 35 ; 10 : 43 - 45 ; 누가 22 : 26). 여기에서는 대표적인 예로서 12 제자 가운데 야고보와 요한이 예수 그리스도에게 와서 「주의 영광 중에서 우리를 하나는 주의 우편에, 하나는 좌편에 앉게 하여 주옵소서」(마가 10 : 35 - 37)라고 부탁하는 장면을 소개한다. 이 장면에서 예수 그리스도는 다음과 같이 그들에게 대답하고 있다. 「너희 중에는 그렇지 않을지니 너희 중에 누구든지 크고자 하는 자는 너희를 섬기는 자가 되고 너희 중에 누구든지 으뜸이 되고자 하는 자는 모든 사람의 종이 되어야 하리라 인자가 온 것은 섬김을 받으려 함이 아니라 도리어 섬기려 하고 자기 목숨을 많은 사람의 대속물로 주려 함이니라」(마가 10 : 43 - 45).

예수 그리스도는 이 세상에 온 목적이 「섬김을 받으려 함이 아니라, 도리어 섬기려 하고」라고 분명히 밝히고 있다. 이것이야말로 일본의 전통적인 사회사상 구조에 숨어 있는 위를 섬기는 사상, 이에 따라 귀천이 나뉘는 사회구조에 대한 하나의 답을 제공해 줄 수 있다. 일본의 중세·근세 만이 아니라, 메이지 유신 이후 메이지 천황 시대에서도 강하게 일본사회에 요구된 사상은 일본 국민들이 천황을 섬겨야 한다는 것이다. 그러나, 성서에서 하나님을 섬긴다는 것의 의미를 예수 그리스도는 분명히 하고 있다. 즉, 으뜸이 되는 비결은 섬김을 받기 위한 사회시스템을 구축하는 것이 아니라, 스스로 섬기는 자세를 취하는 데에 있는 것이다. 얼핏 이러한 사상은 역설적으로 들릴지 모르지만, 인도의 캘커타에서「하나님의 사랑의 선교사회」를 창립해, 병든 사람들이나 궁핍한 사람들을 섬겼던 마더 테레사의 인생을 생각하면 잘 이해할 수 있을 것이다. 성서의 섬기는 사상이야말로 오늘날 폐쇄적인 일본 사람들에게 희망을 주며, 그들의 마음을 치유하고 활력을 줄 수 있다는 것을 보여줄 필요가 있다.

4) 한국 기독교와의 비교를 통한 시사

구체적인 선교 전략를 생각할 때에, 한국 선교사에 의한 일본 선교의 전략를 생각하지 않으면 안 된다. 그러기 위해서는 한국 기독교와 일본 기독교는 어떻게 다른지 생각해 보아야 할 것이다.

(1) 전호진의 시점

전호진은 한국과 일본을 비교했을 때에, 일본 교회의 특징을 세 가지로 제시하고 있다. 즉, ① 청년 지성인에서 시작되었으므로 지적인 면이 강하고, ② 신학적으로 독일의 자유신학의 영향을 받고 있으며, ③ 민족적 신학을 갖고 있지만, 최근에는 복음주의 교회에 의한 부흥운동이 시작되고 있다고 지적하고 있다. 이를 볼 때, 일본 기독교는 전통적으로 청년 지성인에 대한 어필 가능성이 높은 것을 알 수 있다. 아직 회사조직에 속박되어 있는 상태가 아니며, 아직 완전하게 사회인이 되기 전 단계에서의 전략이 중요하다고 생각된다.

이어서, 전시하에 대다수가 타협해 버린 일본 기독교의 지도자들과 달리

기독교의 신앙을 관철했다고 평가되는 우치무라 마저도「두 개의 J」와 같이 민족적 기독교를 주창하고 있는 것은 시사하는 바가 있다.

(2) 서정민의 시점

한편, 서정민도 3가지 시점에서 한일 기독교를 비교하고 있다. 우선 첫째로, 정치적 상황에 있어서는 양국 기독교는 모두 시기의 차이는 있지만, 신앙체계의 전래와 수용의 초기 역사에서 국가 공동체에 순응했으며, 그 정치적 전개 추이에 순응하는 존재양식을 취하는데 힘을 쓴 것을 들고 있다. 두 번째로, 신앙의 내연, 즉 내면화의 심도에 대해서는 일본과 한국은 차이가 나는 것을 지적하고 있다. 양국 모두 미국 복음주의의 교과 교회로서 신앙의 부흥, 전도의 열정, 내면적 신앙의 강조, 또 국가관계에 대해서는 이른바 정교분리에 뿌리를 두는 유형이다. 그러나, 한국 교회는 정치적 상황에 적극적 대응하는 민족교회로서의 진로를 걸으면서도, 1907년 한국 대부흥을 기점으로 해서 신앙의 내면화를 거쳤지만, 일본 기독교는 신앙 내면상의 변혁이나 심화의 역사적 기회를 가질 수 없었다고 한다. 세 번째로, 문화적 상응의 구축에 대해서는 양국의 기독교 모두 외래성을 극복하지 못하고, 서구 전통 의식이 중심이 되어, 전례와 전승에 따라 여전히 외래 종교로서의 특징을 가지고 있다는 것을 지적하고 있다.

서정민의 지적은 양극 기독교의 동질성과 이질성을 설명하고 있지만, 한국 선교사에 의한 선교 관점이 들어가지 않아 약간 이론적 논의에 머물러 버렸던 것이다. 다만, 양국의 차이를 지적한 신앙의 내면화에 대한 지적은 일본 선교를 고려할 때에 시사하는 바가 있다. 즉, 지금부터 어떻게 일본 기독교에 있어서 신앙의 내면화를 달성하느냐가 일본 선교에 있어서 하나의 큰 열쇠가 된다고 말할 수 있을 것이다. 일본인 목사 테라다도 일본 기독교가 계승되지 못 했던 큰 요인에 대해서 설명하면서, 부정할 수 없는 하나님의 임재가 분명히 있었다면 확실히 일본에서도 신앙 계승이 이루어졌을 것이라고 날카롭고 일본 기독교를 진단하고 있다.

(3) 후루야 야스오(古屋安雄)의 시점

이어서 일본인에 의한 일본과 한국 기독교의 비교를 소개해 보자. 후루야 야스오의 지적도 서정민의 시점과 거의 같지만, 서정민의 1, 2번 째 시점을 하나로 묶어 내셔널리즘이라고 하는 표현으로 비교하고 있다. 후루야는 몇 가지 이유를 생각할 수 있지만, 결정적인 이유는 양국의 기독교와 내셔널리즘의 관계가 완전히 다르다고 하는 점을 지적하고 있다. 일본의 기독교는 1549년 전래된 이래 내셔널리즘과의 모순으로 어려움을 당했다고 한다. 예를 들면, 토요토미 히데요시, 에도시대에 이어지는 기독교 금지령과 쇄국정책을 통해서 일본을 외국의 침략으로부터 지킨다고 하는 내셔널리즘이 기독교에 대한 사교관(邪敎觀)을 낳았다고 보았다. 이러한 사교관은 1859년 미국 개신교 선교사의 일본 파견 후에도 오랫동안 지속되었으며, 외관상으로는 1873년 기독교 금지령이 철거되었지만, 정치적으로는 메이지 헌법과 교육칙어에 의한 천황 신격화와 국가신도(国家神道)가 그 자리를 취했다고 보았다. 게다가 전후 일본은 헌법에서 신교의 자유와 정교분리가 보장되어 있어 전쟁 전과 같은 박해는 없어졌지만, 일본 총리의 야스쿠니 신사 참배에 대해서 찬동하는 크리스챤은 적으며, 아직도 내셔널리즘 문제로 어려움을 겪고 있다고 보았던 것이다. 즉 2000년의 기독교사에서도, 기독교와 내셔널리즘이 결합되었을 때에는 수적으로는 크리스챤이 증가되었지만, 기독교와 내셔널리즘이 대립하고 있을 때에는 반대로 줄어 들었다는 것을 지적하고 있다.

그러나, 한국에서는 세계대전 전에는 일본제국주의, 전후에는 반공주의의 문제 때문에, 정반대의 입장을 걸어온 것을 들고 있다. 즉, 일본에서는 기독교는 구미의 제국주의 혹은 식민지주의의 첩자가 아닌가 의식받으면서 국가신도(国家神道)의 내셔널리즘과 대립했는데, 한국에서는 그러한 일본의 내셔널리즘에 대항하기 위해서 일어선 한국의 독립운동을 지지하는 내셔널리즘과 기독교가 결합되었다는 것을 지적하고 있는 것이다. 전쟁이 끝난 후에는 북한과 대립하는 역사적 상황 때문에, 한국 기독교는 반공주의와 결합되어 있다고 지적하고 있다.

더나아가 일본과 한국 기독교의 결정적인 차이는 신학의 차이에 있다고 지적하고 있다. 즉, 각 나라에서 온 미국 선교사의 신학적 배경이 다른 것을 지적하고 있는 것이다. 예를 들면, 한국의 최대 교회인 장로파의 경우, 일본에 온 것은 북쪽에서 온 북장로교였지만, 한국은 남장로교였다고 한다. 그 결과, 1920년대의 프린스톤 신학대학의 분열 이후에도, 한국의 장로교회는 여전히 「성서무오설」을 믿는 보수적인 신학의 영향을 받고 있지만, 일본은 일찍부터 성서비평을 인정하면서 결국 바르트 신학의 지배하에 들어갔다고 한다. 게다가, 바르트 본인은 나치스와 싸웠는데, 일본의 경우에는 군국주의와 싸워 순교한 이는 아무도 없으며, 유일하게 민중에 가까운 「성서무오설」을 믿고 있던 성결교파에서 순교자가 나온 것을 지적하면서 행동하지 않고, 머리만으로 논의하는 굳어진 신학주의에 빠져 있는 일본 기독교의 현황을 간접적으로 비판하고 있다. 이 문제는 앞에서 설명한 일본 기독교의 정체의 이유에서 다루어진 일본이라고 하는 역사적 토양의 문제 뿐만 아니라, 형해화된 신학이 얼마나 기독교의 생명력을 빼앗고 있는지를 증명하는 것으로써 일본 선교 전략을 생각할 때에, 매우 중요한 시점이 된다고 생각된다.

(4) 오야마 레이지(尾山令仁)의 시점

오야마 레이지(尾山令仁) 목사도 말의 표현은 다르지만, 동일한 부분을 지적하고 있다. 주로, 일한 기독교를 비교한 오가타 마모루의 논문을 소개하고 나서, 결론적으로 신학적인 문제를 들고 있다. Ⅰ부의 「일본의 토양」에서 소개한 것처럼, 일본인은 정서적인 요소를 가지고 있음에도 불구하고, 종래의 일본 선교에서는 논리적인 기독교 교리를 전하는 데에 시종일관하고 있다고 지적하고 있다. 또한, 일본에서 기독교는 주로 인텔리층에 의해서 받아 들여졌기 때문에, 독일 관념론의 영향을 강하게 받고 있지만, 그들은 상당히 한 쪽으로 치우친 관념론적인 윤리로서 기독교를 받아 들였을 뿐 만 아니라, 이를 사람들에게 전할 때에도 어려운 논리에 의해서 사람들을 설득하려고 하는 경향이 강하다고 지적했다. 이 점은 반드시 지적되는 부분으로서 앞에서 다룬 전호진이나 후루야 야스오도 같은 문제를 지적하고 있다. 후루야는 일본의 교회는 처음에 기독교가 무사 계급에 들어갔기 때문에 지식 계급에 퍼진 교회이며, 의무교육이 재빨리 확산되었기 때문에 지식 계급이 아닌 대중계급이라 할지라도 축차영감설을 믿는 것은 용이하지 않았다고 지적했던 것이다.

이러한 일본의 상황 속에서, 오야마는 구체적으로 일본의 경우와 한국의 경우를 비교하면서 일본 기독교가 지적으로 편중되어 있는 것에 비해, 최길성 논문을 인용하면서 한국 기독교는 감성적·신비주의적인 면이 강하다고 평가하고 있다. 이처럼 한국 기독교가 민중 사이에 널리 수용되고 있을 때, 일본에서는 감정에 호소하는 신흥종교가 민중 사이에 크게 수용되고 있음을 상기시키며, 종교에 대해서는 감성을 무시해서는 좀처럼 전달되지 않는다고 보고 있다. 특히, 일본인이 정서면에서 뛰어난 특성을 가지고 있다는 사실에 주목해서, 일본 선교를 근본부터 바꿔야 한다고 제언하고 있다. 또한, 일본인은 다른 사람들처럼 행동하려고 하는 경향을 강하게 가지고 있으므로, 어느 정도 크리스챤 인구가 늘어나게 되면, 거의 어떤 저항도 없이 교회 문을 두드리게 될 것이라고 예측했다. 1549년 전래된 기독교는 약 60년도 채 안 되는 기간에 전 인구의 거의 3%에 보급된 것을 생각하면, 이 비전은 결코 꿈은 아니라고 생각된다. 오야마가 지적하고 있는 것처럼, 전도의 구체적 행동 없이 머리만으로 논의하는 형해화된 신학 아래에서는 일본 선교는 희망이 없을 것이다. 예수 그리스도도 단지 율법적인 논의에 치중하고 있는 위선적인 율법학자들을 향해서 위선자로써 엄격하게 경고했던 것을 상기하지 않으면 안 된다. 「화 있을진저 외식하는 서기관들과 바리새인들이여 회칠한 무덤 같으니 겉으로는 아름답게 보이나 그 안에는 죽은 사람의 뼈와 모든 더러운 것이 가득하도다 이와 같이 너희도 겉으로는 사람에게 옳게 보이되 안으로는 외식과 불법이 가득하도다」(마태 23 : 27, 28). 앞으로의 일본 선교가 예수 그리스도의 지상명령어 구체적으로 행동해 나간다면 부흥은 반드시 일어날 것이다.

(5) 오가타 마모루(尾形守)의 시점

오가타 마모루는 일한 교회의 성장 비교를 통해 8개의 시점에서 일본 선교에 대한 시사점을 제시하고 있다. 첫째로, 문맥화의 시점, 즉 기독교의 토착화의 문제를 제시하고 있다. 한국과 일본을 비교하면서, 기독교의 토착화 측면에서 볼 때 한국 기독교에는 토착화가 보이지단, 일본에서는 크리스챤이 소수파이며, 기독교도 외국종교라고 하는 인상을 여전히 갖게 된다. 한국에서는 3자의 원칙(자전, 자치, 자급)을 포함한 네비우스 방법이 기독교 토착화에 공헌했던 것이다. 일본에서도 3자의 원칙이 교회에서 실천되었다고는 해도, 여전히 기독교는 외국 종교라는 인식에서 벗어나지 못 한 면도 있다고 지적하면서, 일본에 기독교가 토착화되었다고 여겨지기 위해서는 적어도 기독교가 일본의 문화 속이나 그것을 통해 사는 것을 의미한다고 본 것이다. 그리고 일본의 문화는 여전히 신도, 불교, 선조숭배의 종교 속에 서로 용해되어 있어, 일본 독자적인 향기를 발하는 요소도 강하다는 것을 잊어서는 안 된다고 경고하고 있다. 또한, 기독교가 일본에 토착화하기 위해서는 혼합종교로의 변용의 위험을 피하면서도, 복음의 본질을 유지한채 일본의 토양 속에 용해시켜 가기 위해, 일본문화의 분석, 각 종교의 핵심과 일반문화와의 연결고리에 대한 신중한 조사연구가 요구된다고 제언하고 있다.

두 번째로, 소집단활동을 들고 있다. 한국 교회성장에서 소집단활동을 빼놓고는 설명할 수 없으며, 일본에서도 이러한 소집단 활동은 급격한 교회성장에 중요한 요소라고 지적하고 있다.

창가학회(創価学会)의 좌담회에서 보여지는 것처럼, 기독교도 가정에서의 소그룹활동을 적극적으로 도입해 갈 필요가 있다고 제안하고 있다.

세 번째로, 대중전도를 들고 있는데, 한국에 온 초기 선교사는 교회교육, 사회사업, 전도활동에 의해서 한국 대중에게 원조의 손을 내밀었다고 한다. 즉, 한국의 왕족 뿐만이 아니라 민중에게도 파고들어, 한국 교회는 대중을 포함한 성장을 이룰 수 있었으며, 이윽고 속죄와 상승의 원칙에 따라 크리스챤의 사회 계층은 상승하면서 중류·상류계층도 교회에 참여하게 되었다는 사실을 소개하고 있다. 반면에, 일본의 초기 교사들은 중류 계급이었던 예전의 무사계급의 자제들에게 전도를 개시했으며, 그러한 교사는 교육을 통해 일하면서 결과적으로 교회는 중류·상류계층이 차지하게 되면서 중산·지식계급에 기반을 두게 되었다고 했다. 그러므로 일반대중을 포함한 전도가 필요하다고 제안하고 있다.

네 번째로, 평신도 운동과 제자양성를 들고 있다. 한국에서는 1980년대에 들어서면서 제자양성 운동이 일어나, 일부 교회에서는 제자양성에 의해서 급

성장하였으며, 더나아가 제자양성 운동이 크게 발전하는 경향을 보였다는 사실을 소개했다. 그러나, 일본에서는 오랫동안 교사 중심의 교회가 일반적이었으며, 평신도를 통한 복음역사는 적었다고 한다. 그리고 일본의 교회가 성장하기 위해서는 1교회 1목사 중심의 교회제도를 재검토해서, 평신도 운동을 일으킬 것, 그리고 각 크리스챤들의 영적 달란트를 활용해서 섬길 수 있도록 훈련될 필요가 있다고 제안했다. 구체적으로, 평신도가 전도 및 소그룹 리더로서 훈련되도록 하는 평신도의 제자화가 중요하다는 것을 시사해 주었다.

다섯 번째로, 영적인 힘을 제시하고 있다. 한국 교회에서는 대중은 기독교를 비교적 지식 보다는 힘으로서 받아 들이고 있지만, 일본 교회에서는 관념적, 신학적인 경향에 빠지기 쉽다고 지적하고 있다. 그 때문에, 한국과 달리 일본에서는 악령의 지반을 뿌리에서부터 흔들 정도까지 이르지 못한 영적 상태에 있으며, 일본의 약 99%의 사람들이 악령의 지배를 받고 있기 때문에 선교를 통한 성령의 힘에 의해서, 일본을 뒤덮고 있는 악령을 내쫓을 필요가 있다고 지적하고 있다.

여섯 번째로, 개척 전도를 들고 있다. 한국 교회 성장에 있어서는 개척 전도가 큰 역할을 했다고 한다. 그러나, 일본에서는 개척전도를 선교사에게 맡기는 경향이 과거에 있었으며, 1교회 1목사 중심의 목회가 현저하며, 그 목사는 자신에게 맡겨진 교구에 한정된 목회에 전념했다고 한다. 그 때문에, 개척은 선교사나 신학교를 졸업하는 사람들에게 맡겨 버렸다고 한다. 그 때문에, 일본의 교회도 기존의 좁은 교파주의나 교구주의를 버리고, 도처에 새로운 교회를 세우는 비전이 요구된다고 제안하고 있다.

일곱 번째로, 내셔널리즘을 들고 있다. 이것에 관해서는 서정민이나 후루야 야스오가 지적한 것처럼, 한국 기독교는 초기 선교사의 한국 왕족에 대한 사랑의 행위, 1919년의 3.1 독립운동, 제2차 세계대전 종결 전까지의 일본에 의한 신사참배 강요에 대한 저항운동, 한국전쟁 이후 공산군에 대한 저항 등을 통해서 한국의 내셔널리즘과 하나로 용해되어져 왔다는 사실을 지적하고 있다. 그러나, 전쟁중 일본 기독교는 당시의 일본의 내셔널리즘에 복종하는 길을 선택한 것을 상기시키면서, 현대 일본의 내셔널리즘에 기독교가 타협해 맞추는 것이 아니라 본래의 기독교의 본질을 빛나게 함으로써, 일본의 내셔널리즘에 영향을 주어야 한다고 주장하고 있다. 초대교회가 박해 속에서도 승리해 로마 제국을 뒤집은 것처럼, 박해 받을 가능성이 있지만, 순수한 복음을 일본의 토양에 침투시켜, 내셔널리즘에 영향을 주어야 한다고 강하게 강조하고 있다.

여덟 번째로, 기도에 대해 언급하면서 한국 교회 성장은 기도와 깊은 관계가 있음을 상기시키고 있다. 즉, 한국의 교회는 기도가 구석구석까지 미치고 있어, 기도를 설명하는 수준이 아니라 기도가 실제적으로 철저히 이루어지고 있다는 사실을 소개하면서, 일본 교회의 기도생활이 더욱 활발해져 영적 싸움으로서의 기도를 더한층 인식해 나갈 필요가 있다고 주장하고 있다.

오가타 마모루의 제안은 한국과 일본교회의 성장을 비교하면서, 양국의 토양과 역사에 대한 인식 위에 제시된 것이기 때문에, 일본 선교의 방법론에 있어서 큰 시사가 될 만한 제안이 많다. 한국인 선교사에 의한 21세기 일본 선교를 생각할 때에, 위에 제시된 8가지 항목에 주목해야 할 것이다. 그러나, 한국인 선교사에 의한 일본 선교에 있어서 가장 중요한 요소는 일본인에 대한 깊은 이해일 것이다. 한국에서 성공한 방식이라도 단순한 방법론만을 그대로 이식하려고 한다면, 그것은 내용이 없는 형식에 지나지 않을 것이다. 마지막으로, 지금까지 정리한 것을 기반으로 해서, 가장 중요하다고 할 수 있는 선교 전략을 몇 가지 제시하면서 본서를 마치고자 한다.

5) 구체적인 선교 전략

(1) 접촉점의 발견

앞에서 언급한 것처럼, 시대적인 흐름을 볼 때 한류붐으로 인해 한국 선교사가 예전보다는 성서를 전하기 쉬워졌다. 즉, 문화적 변화도 일본 선교에 긍정적인 조짐을 보이고 있다. 정치적으로는 삐걱거리고 있는 한일관계이지만, 한류붐과 함께 실지적으로 선교사들의 활동의 변화도 좋아졌다고 생각할 수 있다. 전호진은 전후 4000명에 이르던 서양 선교사들의 대부분이 철수하고, 대신에 한국 선교사들이 활동을 강화시키고 있다고 한다. 테라다도 일본 선교에 한국 선교사들의 참가비율이 증가하고 있어, 일본 선교에 새로운 희망의 가능성을 전망하고 있다. 이러한 경향은 앞에서 언급한 코리아기독교평신도세계대회에서도 동일하게 지적된 것으로, 특히 2000년 이후 한국인 선교사가 급격히 증가하고 있기 때문에, 겨울연가로 대표되는 한류붐을 활용할 때 일본선교의 미래는 밝은 것으로 여겨진다.

그러나, 앞서 인용한 것처럼 테라다는 한국선교사가 일본선교를 하기 위해서는, 일본인의 민족주의적 요소를 잘 이해해야 한다고 말하고 있다. 과거 선교사들의 일본 선교의 문제점으로서 교파를 초월해 협력 선교를 실시했지만, 결국 자국의 교파 문제를 일본에 그대로 가져온 것, 두 번째로, 선교사들이 일본 크리스챤들이 안고 있는 문제점(조선숭배)을 파악하지 못하고, 성서적으로 적절히 지도할 수 없었다는 점, 세 번째로, 민족주의적 경향이 강한 일본 크리스챤들이 외국 선교사들에게 얼마나 자신들의 견해를 잘 설명할 수 있었겠는가 하는 의문 등을 제시하고 있다. 세 번째의 문제에 대해서는 일본인의 설명 능력의 문제를 지적하고 있지만, 결국 이에 대한 해결책도 선교사들의 일본인에 대한 이해에 달려 있는 것이다. 필자들도 짧은 기간 일본 선

한류붐을 이용한 전도집회(러브소나타)의 예

교에 임하면서, 일본인의 진정한 모습에 대한 이해가 부족하다는 것을 느끼고 있다. 일본인은 오랫동안 축적된 국민성으로 인해 자신의 의견을 솔직하게 전달하는 것이 서투르다. 즉, 단순한 성서의 전파가 아니라 그들 안에 성서가 뿌리를 내리고, 그리스도의 제자로 성장하도록 돕기 위해서는 일본인의 의식구조 속에서 그들이 무엇을 생각하고 있으며, 무엇을 말하려고 하는지를 캐치하는 능력이 아주 많이 필요하다고 생각된다.

이 점에 대해서는 많은 사람들이 일본 선교 전략으로서 제시하고 있는 접촉점의 발견과도 통하는 것이다. 한국에서는 별로 저항감을 느끼지 않는 연락 없는 방문 전도가 일본에서는 오히려 역효과를 가져오는 것같다. 오히려 일정한 관계성 속에서 그들이 무엇을 생각하며 무엇을 이야기하려고 하는지를 이해하는 노력이 필요할 것이다. 이것이 되지 않으면 어느 정도는 교회에 올지는 모르지만, 어느새인가 교회를 떠나버리는 경우가 많다. 전술한 것처럼, 대중전도는 그 순간은 결실을 본 것처럼 보일지도 모르지만, 일본 기독교 속에 뿌리를 내리고, 성장하는 과정에서는 미약했다고 알려지고 있다. 이를 통해서 볼 때, 일본 선교에서의 전도는 집단 전도, 대중전도보다 착실하게 한 사람과 장기적인 관계성을 맺으며, 그 사람을 이해하고 예수 그리스도의 제자가 될 때까지 돕는 전략이 필요하다고 생각된다. 구체적으로는 초기 미국 선교사들의 접근처럼, 그들의 필요를 채우는 것에서부터 접근할 필요가 있을 것이다. 예를 들면, 한국 선교사로서 가능한 한국어를 가르치는 것, 한국

문화 등의 소개, 김치 만들기, 그 외의 한류붐 등을 활용하는 것도 좋은 접촉점을 만들 수 있다고 생각된다. 최근에 어떤 교회에서는 한국 모교회와의 네트워크 속에서 한국문화를 소개하는 프로그램을 통해서 한국과 일본교회 신자들이 교류할 수 있는 기회를 제공하는 것을 보았는데, 이도 하나의 좋은 접촉점이라고 생각된다. 그리고 일본인들의 정적인 요소를 활용하기 위해 시도한 모 교회의 한류톤을 이용한 전도집회(러브소나타)도 접촉점의 좋은 예라고 생각된다.

(2) 일본인의 정신구조나 풍토, 사회시스템에 대한 이해

이어서 많은 연구자가 지적하고 있는 것은 선교하러 가기 전에 일본인의 정신구조나 풍토, 오랜 역사 속에서 구축된 사회시스템에 대한 깊은 이해가 불가결할 것이다. 그러한 인식없이, 가스펠 콘서트를 열거나 개인전도를 통해서, 한 번은 교회에 올 수 있을지는 몰라도 지속해서 오게 하기는 매우 어려운 것이 현실인 것같다. 앞에서 다루어 온 것처럼, 불교, 신도, 유교의 핵심이 되고 있는 조선숭배에 대한 깊은 이해도 빠뜨릴 수 없는 부분이다. 테라다가 과거의 일본 선교에 대한 과제로서 지적한 것처럼, 일본 선교에 임하는 선교사들이 일본 크리스챤들이 안고 있는 문제점, 즉 조선숭배의 문제를 파악하지 못 하면 성서적으로 적절한 지도를 할 수 없을 것이다. 같은 문화권이 아닌 서양 선교사들에게 있어서 조선숭배의 문제를 이해하는 것은 극히 어려웠다고 생각된다. 그러나 한국은 일본과 같은 동양 문화권이며, 한국에서는 조상숭배가 유교와 결합되어 있는 특징이 있지만 같은 조선숭배의 문제를 안고 고민하고 있는 크리스챤들이 많이 있기 때문에, 한국 선교사들은 과거 구미 선교사들보다 일본인들에 대한 이해의 폭이 있다고 본다. 물론 조상숭배에 대한 성서적 해답의 문제는 무척 민감한 문제이기 때문에, 일본선교사

들이 구체적인 전도과정에서 이러한 문제에 부딪쳤을 때 효과적으로 대응할 수 있는 성서적 근거를 체계적으로 개발할 수 있는 초교파적 연구모임이 필요하다고 여겨진다. 이를 위해 일본선교를 위해 기도하며 관심 갖는 한국 교계의 지원이 필수적이라고 여겨진다.

(3) 일본인에 토착화된 기독교

세 번째로, 오가타 마모루 등이 제시하고 있듯이, 일본인에 토착화된 기독교를 생각해야 하는 것이다. 일본의 신흥종교의 하나인 입정교정회(立正校正会)의 성장 비결은 토착화를 아주 잘 활용했기 때문이라고 한다. 오야마 레이지 목사가 기독교의 토착화 부분에서 지적한 것처럼, 일본인의 정서적·탐미적인 속성을 이해하면서, 이성적인 방식보다는 그들의 감성에 호소하는 선교 방법론이 필요할 것이다. 기독교는 다른 종교들과 달리 생명과 관계되는 진리의 문제이다. 이에 관한 와세다대학의 창설자인 오오쿠마 시게노부와 관계된 실화를 소개하고자 한다. 에도막부 말기에 오오쿠마 시게노부는 나가사키에서 외국인 선교사 후르벡키(Guido H.F.Verbeck)를 만났다. 후르벡키는 방대한 지식과 인덕을 갖추고 있었기 때문에, 그로부터 배운 오오쿠마는 세계의 여러 가지 것들에 눈이 확 트였다. 당시는 정국의 격렬한 회오리바람 속에서, 구미의 신지식이 요구되고 있는 시류도 있어, 오오쿠마는 새롭게 영어학교을 개설해서 젊은이들을 교육시킬 것을 계획한다. 그 계획 속에서, 1882년(메이지 15년) 와세다대학의 전신인 동경전문학교를 창립한다. 오오쿠마는 메이지시대의 위대한 정치가, 교육자이며, 일본에 대한 자부심을 가지고 있었다고 알려지고 있다. 그래서 그는 서양의 외국인을 식사에 초청할 때마다, 언제나 다음과 같은 의견을 물었다고 한다.「여러분의 나라는 기독교국가인데, 기독교의 하나님은 사랑의 신이라고 듣고 있다. 그런데 하나님은 사랑이라고 말하면서, 그러한 기독교국가에서 종교상의 문제로 자주 참혹한 전쟁이 있었다. 일본에서도 종교전쟁은 있었지만, 그것은 종교 내부에서의 전쟁보다, 오히려 정권과 종교권 사이에서의 전쟁이었다. 같은 신을 믿으면서, 그 믿는 사람끼리 신의 이름으로 참혹한 전쟁을 한다고 하는 야비한 짓은 우리 일본에는 없었다. 일본인은 불교에서도, 기독교에서도 모두 좋은 것을 취한다. 그리고 나쁜 것은 버린다. 이러한 대범하고 느긋한 일본의 정신은 이 점에 있어서는 서양의 정신보다 훨씬 더 뛰어나다고 생각합니다」. 하지만, 대개의 사람은 맛있는 음식을 대접받고 있기에, 다리 한 쪽이 없는 유명한 세계적 정치가의 말 앞에, 「Yes also I think so」라고 맞장구를 쳤다고 한다.

그런데, 어느 날 두 명의 미국의 젊은 여자 선교사가 방문했을 때, 오오쿠마는 또 같은 이야기를 꺼냈던 것이다. 그러나, 평상시와 달리 이번에는 「No」라고 하는 대답이 돌아왔던 것이다. 그리고, 젊은 선교사는 이렇게 대답했다고 한다. 「분명히 각하가 말씀하신 대로입니다.

지금이라면 저희 국가에서는 결코 신앙을 위해서 서로 죽인다라고 하는 일은 일어나지 않을 것이지요. 그러나 우리의 조상이 신앙을 위해서 전쟁을 하게 된 최대의 이유는 그들에게 있어서 하나님을 믿는 신앙의 문제는 그야말로 목숨을 걸만한 인생의 최대의 문제라고 믿고 있었기 때문입니다. 그러니까 그들은 자신의 신앙을 위해서 생명을 걸고 싸웠습니다. 그런데 듣고 보니, 후작의 나라에는 그런 일이 없었다고 하는군요. 그것은 몹시 훌륭한지 모르겠습니다. 하지만, 좀 더 깊이 생각해 보면, 그것은 당신 국가 사람들에게는 신앙의 문제는 목숨을 거는 것에 적합하지 않다고 생각하고 있었을지도 모릅니다. 만약 그렇다면, 그것은 후작이여!, 나라의 자랑이라기 보다는 오히려 나라를 위해서 잘 생각하지 않으면 안 되는 중요한 점이라고 생각합니다」라고 했다. 통역을 통해 이 이야기를 전해 들은 오오쿠마는 「정말로 놀랬다. 저런 무서운 사람들이 있으니까, 미국이라고 하는 나라는 바보취급할 수 없다」라고 했다고 한다. 이처럼 선교사의 영향을 받은 오오쿠마마저도 일본인 특유의 종교관을 가지고 있어, 기독교도 종래의 신도·불교·유교 등과 같다고 생각해 버리는 경향이 있다. 그러나, 기독교는 젊은 선교사가 말한 것처럼, 진리의 문제이며, 생명과 관계되는 문제이다. 전호진도 기독교의 서양종교 이미지를 불식시키는 것이 중요하다고 지적했다. 즉, 종교가 아니라 진리의 문제, 정말로 생명과 관계되는 문제라는 것을 호소해야 한다고 하는 제안일 것이다. 게다가 오야마도 제안한 것처럼, 이러한 점을 일본인의 감성과 마음에 호소해야 하는 것이다. 그렇게 하지 않고, 단순히 이론적·과학적·신학적 논의로 일본인에 접하게 되면, 한 명의 일본인도 제자로 삼을 수 없을 것이다. 혹여 제자양성에 성공한다 해도, 과거에 자유신학으로 치달은 사람들과 같은 제자 밖에 세울 수 없다고 생각된다.

　일본 기독교에서는 군국주의 하에서도 타협하지 않았던 몇 명의 크리스챤이 있다. 대표적인 인물로서 성결교단의 나카타 시게하루, 구세군의 야마무로 군페이, 무교회의 우치무라 간조, 하나님나라운동을 일으킨 카가와 토요히코 등을 들 수 있지만, 그들의 공통적인 특징은 성서중심주의라는 사실이다. 그들은 공통적으로 성서무오설을 믿고 일본사회를 향해 나아갔던 것이다. 논의가 성서에서 멀어지는 순간, 벌써 생명력을 상실하고, 거기에는 예수 그리스도 당시의 율법학자들처럼 지식으로서의 성서 밖에 남지 않게 되는 것이다. 가장 일본 전도가 저조한 일본기독교단 소속의 콘도 카즈히코 목사도 성서를 확실히 성서로서, 성서답게 발견하여, 성서가 그 본래의 힘을 우리들 사이에 발휘할 수 있도록 힘쓰는 것이 종교개혁을 실천하는 것이라고 주장하고 있다. 기독교의 사회참가는 다른 종교단체나 사회단체와는 다르다. 즉, 본서의 모델에서도 제시한 것처럼, 한 명의 개인이 예수 그리스도의 십자가의 복음 위에 흔실히 서서, 우선 자신이 신생해야만 사회의 변혁이 가능하다. 일본인에 토착화된 기독교는 생명과 관계되는 진리의 복음이라는 사실을 재인식한 다음에 비로소 이루어질 수 있는 것이다. (4) 일본 전도를 위한 교회 만들기

네 번째로 들 수 있는 것은 일본 전도를 위한 교회 만들기이다. 과거 일본 기독교의 역사와 실제의 크리스챤 인구가 대변하듯이 일본교회는 행동하지 않는 교회가 되어 버렸다. 일본 개신교의 절반을 차지하는 일본기독교단은 전도에 적극적이지 않다고 많은 곳에서 지적되고 있다. 그 때문에, 최근 일본 기독교단의 콘도 교수를 비롯해 많은 지도자들이 전도 신학을 강조하고 있다. 후루야 목사도「일본 전도론」에서 다음와 같이 지적하고 있다.「일본의 교회가 논의하고 생각하는 교회에서,「전도하는 교회」로 개혁되어야 한다. 그 때 일본의 교회는 머리와 몸이 분열되어 있는 교회가 아니라 일본 전도를 위한 신학, 일본 전도를 위한 체제를 가진 교회가 될 것이다. 그럴 때에, 국민 인구의 1% 인 크리스챤을 적어도 10%까지 늘리는 것이 가능해질 것이다」. 앞에서 언급한 것처럼, 일본의 교회는 초기에는 복음주의적인 신학의 영향을 받았지만, 나중에는 과거 조합교회를 쇠퇴시킨 자유신학처럼 자유주의·신정통주의와 같은 신학적인 영향이 강하며, 메이지 시대의 조합교회의 정체, 1970년대 이후의 일본 기독교의 정체도 이러한 신학의 문제에 그 원인을 찾아볼 수 있다. 후루야가 지적한 것처럼 일본은 독일의 바르트신학을 받아들였다고 하더라도, 바르트는 나치스와 싸웠지만, 그 신학을 받아들인 일본의 크리스챤 중에는 군극주의와 싸워 아무도 순교한 사람이 없었다고 하는 사실이다. 즉, 행동하지 않고, 머리만으로 논의하는 굳어진 신학주의에 빠져 있는 일본 기독교의 현홀이 역사적인 사실로서 명백한 것이다. 물론, 지금은

NCC 계열 중심으로, 예를 들면 도이 아키오와 같이 행동하는 크리스챤도 있지만, 전반적인 흐름은 아니라고 생각된다. 그러한 의미에서 복음주의 신학의 영향을 비교적 강하게 받고 있는 한국 선교사들의 복음주의적 전도와 제자양성은 일본 선교에 대한 가능성을 밝게 한다. 그러나, 실제로 제자양성를 통해 일본인 전도자를 세우려고 할 때에, 어떻게 그들을 행동하는 크리스챤으로 세울 것인가는 일본 선교에 종사하는 사람들의 향후 과제일 것이다.

(5) 평신도 운동의 전개

다섯 번째로, 일본의 메이지시대의 선교사들의 전도방법, 혹은 우치무라 간조나 미우라 아야코가 한 것처럼, 평신도운동의 전개도 매우 중요하다고 생각된다. 풀 타임 선교사보다 생활 면에서는 어려움이 많이 있지만, 평신도는 앞서 언급한 접촉점의 발견 측면에서도 장점이 있다(주 : 평신도라는 말에는 성직자들과의 구별을 의미한다고 알려지면서 최근에는 단지 신도로 사용하는 경우도 있지만, 본서에서는 같은 의미로 평신도와 신도를 구별하지 않고 사용한다). 옥한흠 목사는 한국교회의 평신도신학의 중요성에 대해 다음과 같이 말하고 있다. 「본래 종교개혁의 의미는 성서를 평신도의 손에 돌려주는 것에 목적이 있었음에도 불구하고, 한국교회가 이것을 놓치는 것은 종교개혁의 뿌리를 놓치는 것이나 다름이 없다」고 지적하고 있다. 앞에서 다룬 것처럼, 일본 선교의 초기 선교사들의 활약도 평신도 운동이었다. 나중에 우치무라 간조 등에게 영향을 주는 삿포르 농업학교의 클라크 선교사, 쿠마모토 밴드에 영향을 준 존즈 선교사도 그러했지만, 헵번도 원래 의사로서 자비로 일본선교 비전을 갖고, 자신을 희생해서 일본 선교를 섬겼던 것이다. 즉, 평신도 선교사로서 자비로 선교를 시작해, 의사로써 일하면서 전도를 했던 것이다. 이것은 쉬운 일이 아니지만, 평신도로서 일하면서 교육이나 의료,

비즈니스 등의 실천적인 장소에서 비신자들에게 모범을 보임으로써 전도할 기회를 얻을 수 있었던 것이다. 이런 영향을 받아 우치무라 간조를 비롯한 무교회주의자들은 모두 평신도로서 일했으며, 카가와 토요히코도 대표적인 평신도 전도자가 되었던 것이다. 다만 무교회주의가 평신도의 소명의식을 재강조한 것은 높게 평가할 수 있지만, 평신도만의 선교와 목회에는 한계가 있다고 하는 비판도 많이 있는 것도 사실이다. 평신도 운동은 옥한흠목사가 말한 것처럼, 종교개혁의 「만인제사장주의」를 지향하지 않으면 안 되지만, 이를 위해서라도 평신도의 훈련자가 필요하며, 목회신학의 부재는 장기적으로 보면 한계가 있다고 한다. 필자의 논문에서도 지적한 것처럼, 우치무라 이후 일본의 현대무교회는 실제로 전도가 행해지지 않으면서 노령화 상태에 빠져버렸던 것이다.

여기서, 평신도 선교사에 의한 선교의 장점에는 어떤 것이 있는지 살펴보기로 하자. ①평신도 자비량 선교사들은 어느 지역에서든지 아주 자연스럽게 현지인들을 접할 수 있고, 또 동일한 삶의 현장에서 동료로서 만나기 때문에 신뢰의 바탕 위에서 효과적으로 복음을 전할 수 있다. ②목사 자격으로서는 비자를 받을 수 없는 나라에서도 이민, 기술자, 학생, 주재원 등의 신분으로 비자를 받을 수 있으며, 현지 사람들로부터도 환영받는다. ③선교사들을 지원하는 막대한 선교비가 없어도 선교가 가능하다. ④평신도 자비량 선교는 선교사 자원의 풍부함이 큰 장점이다. ⑤평신도 자비량 선교사들은 자립을 위한 직장일, 현지어 정복, 현지인 전도 및 제자훈련 등의 선교사역, 가정을 돌보는 일 등 3중 4중의 십자가를 지고 있기에 이들에게는 언제나 투철한 신앙과 선교의 열정이 넘친다. ⑥평신도 자비량 선고사는 자기 자신의 직업에서 얻는 성취감과 만족을 통해, 복음을 전하기 어려운 지역에서 사역의 실패로 겪는 죄절과 실망을 극복할 수가 있다. ⑦평신도 혹은 자비량 선교사들은 민간 외교관의 역할을 감당할 수 있다. ⑧평신도 혹은 자비량 선교사들은 선교지에서 화해자요 중재자의 역할을 다양하게 감당할 수 있다. ⑨평신도 혹은 자비량 선교사들이 부득이 귀국하게 되었을 때 이들은 본국에서도 훌륭한 지도자들이 되어 교회와 사회에 봉사할 수 있다. ⑩유학생 선교사의 경우, 현지의 대학에서 공부하면서 현지인 학생들에게 선교할 수 있을 뿐 만 아니라, 이들이 학위를 받은 후 현지에서 직장을 얻어 선교할 경우 매우 이상적인 장기 체류 평신도 자비량 선교사가 될 수 있다. 일본 선교에 있어서도, 이러한 평신도 선교사에 의한 선교가 보다 활발하게 이루어지는 것이 바람직하다고 생각된다. 특히, 일본은 과거부터 실학을 중시해, 일하는 것을 당연하게 생각하고 있기 때문에, 평신도 선교운동 뿐 만이 아니라 나중에 제자양성 단계에서도 일본인의 평신도 제자양성 방향은 하나의 좋은 방법론이라고 생각할 수 있다.

(6) 전도 방법의 고안

마지막으로, 구체적으로 어떻게 전도해야할 것인가 하는 방법론과 관계되는 과제가 남겨진다. 전도 방법에는 여러가지 방식이 있을 것이다. 가족 전도, 오픈 예배, 부부 만의 초대 예배, 젊은이끼리의 미팅이나 가스펠 공연의 기획 등 방법론적으로는 수많은 방식을 생각할 수 있다. 예를 들면, 성경공부를 통해 예수 그리스도의 희생의 사랑을 받아들인 사람이 자신의 가족을 섬기면서, 자연스럽게 다른 가족 멤버가 예수 그리스도에 관심을 나타내는 케이스를 상정할 수 있다. 성서에도 예수 그리스도가 겸손과 희생의 사랑으로 사마리아 여인 한 명을 섬겼을 때, 그녀가 살고 있는 사마리아 지역 주민들이 그녀의 간증을 듣고 예수 그리스도를 받아 들이고 믿었던 것이 기록되고 있다(요한 4 : 1-42).

또한, 전술한 것처럼 IT시대에 맞추어 인터넷의 Blog나 전자메일을 통한 전도도 매우 중요하다. 특히 평신도 선교사의 경우, 풀 타임으로 일할 수 없는 것이 현실이다. 그러므로, 필자가 알고 있는 몇 분은 인터넷의 Blog나 홈페이지를 통해 전도하고 있으며, 필자들도 전자메일을 통해서 사람들을 돕고 있다. 특히, 젊은이들은 휴대폰을 이용한 전자메일에 익숙해 있어, 그러한 라이프 스타일에 대응한 전도방법도 매우 중요하다고 생각된다. 즉, IT의 부정적인 요소도 있지만, 긍정적인 요소를 잘 살리면, 생명을 살리는 쪽으로 아주 잘 활용할 수 있을 것이다.

또한, 그 외의 전도 방법으로서 유학생을 통한 전도도 들 수 있다. 한국인 유학생은 단기간 일본어 체재하는 경우도 있지만, 적어도 일본어 학교를 포함해 대학이나 대학원을 끝내기 위해서는 대략 3-5년 이상이 필요하게 되므로, 유학생을 참가시키는 것은 일본 전도에 있어서 하나의 중요한 방법이라고 볼 수 있다.

그러나, 성서의 복음에 대한 깊은 이해 없이 행하는 수단적 전도에 대한 비판도 많기 때문에, 보다 성숙한 전도자를 기르는 것이 먼저 이루어져야 할 것이다. 이러한 준비없이 전도를 행할 때, 오히려 역효과를 부르는 경우도 없지는 않다. 예를 들면, 2006년 봄에 기독교를 빙자한 사이비종파가 대학에 들어가, 댄스클럽이나 스포츠클럽 등을 통해 대학생을 모집한 적이 있어, 큰 사회문제가 되었던 적이 있다. 앞에서 지적한 것처럼, 먼저 손을 내민 예수 그리스도처럼 섬기는 사랑이 수반되지 않은 전도는 수많은 지식과 사상 속에 살고 있는 현대 일본인들에게 영향을 주기는 커녕 오히려 비판을 받을 가능성이 높다. 현대 일본은 경제적으로 풍부해졌을지 모르지만, 종래의 가족 관계 · 이웃 관계는 무너지고 있다. 특히, 도시의 경우, 그 정도는 심하다. 이러한 현대 일본인의 마음을 움직이기 위해서는 그리스도의 희생의 사랑을 가지고 다가가, 먼저 손을 내미는 자세가 동반되어져야 할 것이다. 만약, 상실되고 있는 현대 일본인의 영혼을 흔들고, 말로 표현할 수 없을 만큼의 감동을 줄 수 있는 예수 그리스도와 같은 진정한 목자가 오지 않는다면, 일본인은 언제까지나 마음의 문을 열지 않을 것이다.

즉, 이러한 모든 수단들을 강구한다 할지라도 선교사 자신의 영적인 파워에 기초한 사랑이 없다면 말 그대로 수단에 지나지 않을 것이다. 특히 전술한 일본기독교사를 통해서 볼 때, 중세 카톨릭선교 시절에도 부흥은 있었으며, 개신교 선교 시절에도 두 차례에 걸친 부흥이 있었으며, 전후 연합국 사령관인 맥아더 장군에 의해서 수많은 성경 배부와 수많은 구미 선교사들이 파견되었지만, 일본기독교는 반짝 성장하다가 정체되어 버린 경우가 많았다. 그만큼 일본이라는 땅을 지배하는 어둠의 세력은 강력하다는 것을 의미한다. 그래서 일본선교를 위해서는 이러한 어둠의 세력을 극복할 수 있는 영적인 힘과 오랜 세월 동안 열매가 없어도 인내할 수 있는 선교사가 필요해지고 있다. 모든 민족감정과 영적인 우월감을 버리고, 감독되신 하나님의 명령에서 따라 충실하게 지시를 구현할 수 있는 명배우같은 선교사가 요구되는 것이다. 요나처럼 어쩔 수 없이 하나님께 강제되어 선교하는 것이 아니라, 예수 그리스도의 사랑과 이웃사랑을 실천하는 자발적인 일꾼 선교사가 요구되는 것이다. 그러할 때 일본선교는 단기적인 부흥이 아니라 완전히 새로운 변혁이 일어날 수 있을 것이다. 양과 목자의 비유처럼, 조심성 많은 일본인들은 아주 세밀하면서도 조심스럽게 그들에게 온 이들이 진정한 목자인지 그렇지 않은지 구별해 내며, 이러한 준비가 되어있지 않은 삯군 목자에게는 마음을 터놓지 않고 떠나가는 것이다. 물론 오늘날 정체된 일본기독교에 대한 책임이 일본에 온 선교사들이나 목회자들 책임이라고 볼 수는 없을 것이다. 일본에 온 선교사들이 다른 지역에 갔다면, 많은 열매를 맺을 수 있었을 것이다.

어떤 의미에서는 이처럼 혹독한 영적 토양이기에 많은 실패와 아픔 속에서도 견뎌낼 수 있는 영적인 파워를 갖는 선교사가 요구되는 것이다. 일곱 번 넘어져도 여덟 번 일어날 수 있는 영적인 인내와 포기치 않는 도전정신을 갖는 선교사가 요구되는 것이다. 그러한 선교사들이 일본을 위해 기도하고 섬길 때, 21세기 일본기독교는 반드시 변화되며 성장할 것이라고 확신한다.

글을 마치면서

　Ⅰ부에서는 일본인의 토양, 일본인론과 사회구조와의 관계, 그리고 일본의 오랜 역사 속에서, 일본의 사상·종교와 관계된 천황제에 대해 고찰했으며, 마지막에 일본인의 종교관에 대해 검토했다. 사상·종교의 중층성에서 검토한 것처럼, 일본의 문화와 외래로부터 전래된 종교는 사상적 절충과정을 통해서 외래 종교들은 본래의 특징을 상실하고, 모든 종교가 서로 혼합해서 합쳐져 있는 중층성·복수성의 성격을 가지고 있다는 사실을 알 수 있었다. 거기에는 「섬나라」라고 하는 자연환경의 영향도 있을지 모르지만, 여러 사상과 종교를 받아 들이는 일본인의 독자적인 수용 형태라는 것도 알게 되었다. 그리고, 그 근원에는 고사기에서 출발하는 천황제의 이원성의 구조를 교묘하게 이용하는 권력자들에 의해서 일본의 내셔널리즘은 단단하게 형성되어 반기독교적인 토양을 형성했던 것이 밝혀졌던 것이다.

　Ⅱ, Ⅲ부에서는, 일본의 기독교사와 일본의 사상가들을 소개하고, 일본 기독교를 분류하는 이론적 범위로서 기독교(복음)와 문화의 상호 관계에 대해 4가지 모델을 제시했다. 물론, 4 종류의 모델을 제시하는 과정에서 유형화하는 위험은 있었지만, 기독교와 문화의 관계를 분류할 때, 상황의 차이를 가장 잘 설명할 수 있다고 하는 장점이 있었기 때문에 모델 분류를 시도했다. 이러한 분류에 의해서, 일본 기독교사에 대한 전체적인 전망이 용이해졌으며, 본서에서 언급한 일본 기독교의 역사와 사상가를 분류하는데 큰 장점이 있었다.

우선, 이 모델에 근거해 일본 기독교를 전망 하던, 초기 카톨릭 선교에서 시작된 일본 사회의 토양과 문화에 대한 분리·대립 모델이 일본 기독교의 역사 속에서 깊게 뿌리 내리고 있음을 알 수 있었다. 그러나, 1859년에 복음적인 개신교가 일본에 전래되면서 시작된 교육과 사회 복지 활동에 의한 개인변혁 모델이 나타나, 그 영향을 받은 요코하마 밴드의 일부 교회 리더들과 우치무라 간조에 의한 무교회 운동, 구세군의 야마무로 군페이에 의한 개인의 신생과 성서 연구, 개인 전도운동, 또 전후 정체하고 있는 일본기독교단에 대한 반동으로서 나타난 한국 선교사들을 중심으로 한 복음주의 운동에 의해서 복음주의에 근거한 개인 신생과 사회 기여의 움직임은 계속 되고 있다고 말할 수 있을 것이다.

그러나, 독일의 자유신학의 영향을 받은 도시샤를 중심으로 한 쿠마모토 밴드는 일본의 토양과 혼합해 타협해 버리면서, 그것이 일본 기독교 속에 많은 영향을 미치고 있는 것도 사실이다. 이러한 타협의 움직임은 메이지 시대의 후반 천황제의 부활과 함께 강력해진 군국주의 하에서 정치적으로 타협해 버렸다. 1941년 종교단체법에 의해 통합된 일본기독교단은 이러한 혼합 타협 모델의 대표적인 흐름이 되어 버렸다. 즉, 일본 기독교는 II부에서 검토한 것처럼, 다른 나라와 다른 독특한 일본사회의 토양 때문에, 분리 대립하거나 그렇지 않으면 혼합 타협해 버리는 경향이 강하게 나타나, 오늘날 볼 수 있는 것처럼 전체 인구의 1%에도 못 미치는 크리스챤 비율이라는 결과를 낳았다고 말할 수 있을 것이다.

그렇지만, IV부에서도 제시한 것처럼, 1990년대 이후 한류붐 등의 글로벌화의 움직임과 IT기술의 진보에 의한 인터넷의 등장에 의한 변화, 고령화·저출산에 따른 소자화 문제를 통해서 일본 사회도 급속히 변화하고 있기 때문에, 지금까지 일본사회의 토양 안에 뿌리 내리고 있던 집단주의와 같은 기존 사회 질서는 무너지기 시작하고 있어, 일본 선교에는 새로운 희망의 징조가 나타나고 있다고도 말할 수 있을 것이다. 무엇보다도, 1990년대 이후에는 같은 동양문화권의 한국 선교사들에 의해 활발한 일본선교가 이루어지고 있어 21세기의 진정한 부흥이 기대되는 것도 과장은 아니다.

이러한 전망이 가능한 이유로서는 일본 제국주의 시절과 같은 긴급한 상황 속에서 한국기독교는 극단 보수적인 노선을 취하는 분리·대립적인 경향과 타협하는 두 가지 경향을 주로 띠었지만, 일본 제국주의 시대를 마치고 기독교와 문화의 긴장 상황이 약해지면서 한국기독교는 개인의 변혁을 강조하는 개인변혁적인 흐름과 60년대 이후 경제, 사회, 정치 문제 속에서 사회 변혁을 추구하는 사회변혁적인 흐름이 나타나고 있다. 물론, 전통문화를 중시하면서 전통문화와 기독교를 묶으려고 하는 혼합주의적 경향도 나타나지만, 이와 같이 한국기독교의 역사의 주된 흐름은 복음주의에 근거한 개인변혁의 경향이 강하기 때문에, 상대적인 가치관이 지배하고 있는 일본 사회에 타협하지 않고, 뚜렷한 복음을 전할 수 있다고 하는 잠재성을 가지고 있다고 말할 수 있을 것이다.

● ● ●

다만, 한국 선교사들이 일본선교를 실시하는데 있어서, 주의하지 않으면 안 되는 것은 한국교회의 성장에 대한 자만심 때문에 한국에서 실시하던 전도방식이 일본에도 그대로 통하리라고 생각하는 사고방식이다. 물론 1장에서 언급한 대로 일본선교의 최대의 장해물은 종교를 정치적 수단으로 이용하고자 하는 내셔널리즘을 빙자한 권력추구자들이 있다는 사실을 인식할 필요가 있다. 그리고 그 이면에 일본인들이 생명의 길로 들어서는 것을 방해하는 어둠의 세력이 있다는 것을 인식할 때, 영적인 싸움으로서의 기도의 투쟁이 가장 중요하다는 사실도 부인할 수 없다. 그러나 이는 어디까지나 전쟁에 나서기 전의 사전준비적인 요소이며, 선교현장의 실전에서는 현대 일본인들에 대한 깊은 이해가 무엇보다도 중요하다고 생각한다.

앞에서 언급한 것처럼, 필자들은 한국인 선교사 유형으로 분류해 볼 때, 전형적으로 거의 일본인 만을 대상으로 전도하는 평신도 일본인교회 선교사에 가깝다고 볼 수 있다. 그러나 짧은 선교기간 사이에 수 많은 일본 젊은이들을 만나고 전도했지만, 그들에 대한 충분한 이해가 수반되지 않았을 때, 수 많은 젊은이들을 떠나보낼 수 밖에 없었다. 이를 통해서 우리 자신이 많은 상처를 받기도 했지만, 예수 그리스도는 이 과정을 통해서 우리가 영적으로 성숙해지며, 일본선교사로서 일본인들에 대한 올바른 이해를 갖기를 원하신다는 것을 알게 되었다. 아직도 우리는 한국인으로서의 자아를 버리지 못 하고, 때론 민족감정에 갖히고, 때론 영적 자만심에 빠질 때도 있지만, 이를 통해서 연약한 인간, 죄악된 인간으로서 우리 자신을 발견하며, 같은 연약함 속에 놓여있는 일본인들에 대한 이해의 폭을 넓힐 수 있게 되었다.

실제로 일본선교를 이론이 아니라 현장에서 섬겨보면, 일본 사람들이 한국 사람들보다 훌륭한 장점을 많이 갖고 있다. 세계적으로 잘 알려진 질서의식과 공동체의식 뿐 만 아니라 그들의 친절함과 따뜻한 배려, 한류붐 속에서 보여진 한국인들에 대한 사랑 등을 들 수 있다. 필자는 주위에서 교회에 다니든 다니지 않든 많은 한류 팬들을 만나고 있으며, 동경대학에 근무하시는 어떤 할머니는 다시 태어나면 동의보감의 주인공 허준의 부인이 되고 싶다고 했다.

필자는 그 분과 만나 이야기하며, 전자메일로 대화를 나누면서, 얼마나 많은 일본인들이 누구에게도 말하지 못 하고 홀로 떠안고 왔던 그들 자신의 아픔, 외로움 등을 채워주며, 어루만져줄 수 있는 진정한 그들의 구원자 그리스도를 고대하고 있는지를 느낄 수 있었다. 필자는 그 분에게 예수 그리스도야말로 허준처럼 잃어버린 자, 병든 자를 찾아 이 땅에 오셔서 그들의 아픔과 질병을 치유한 분이라고 소개하였다.

앞에서 언급한 한류붐을 통한 한국교회의 러브소나타 집회를 들었지만, 어쩌면 한국인 못지 않게 일본인들은 감성적으로 사랑받기를 간절히 원하고 있으며, 이러한 사랑을 찾지 못 해서 끝없이 방황하고 있는지도 모른다. 이러한 사랑의 필요성을 충족시키기 위해서는 일본선교를 섬기는 당사자인 우리 자신이 열렬한 사랑의 사도가 되지 않으면 안 된다. 몇 년 전에 필자들을 위해서 기도해 주시는 어느 일본인 선교사로부터 당시 일본에서 한참 유행하던 겨울연가를 소개받고 밤새워 보면서, 남자 주인공이 자신의 눈을 희생하면서까지 여자 주인공을 위해 건축 디자인을 완성하는 장면에 감동을 받은 적이 있다. 겨울연가나, 대장금이나 허준 등은 공통적으로 성서 속의 그리스도를 연상케하는 대표적인 인물들이다. 이들 작품의 주인공들의 공통적 특징은 이웃사랑에 대한 대표적인 모델들이다. 일본인들이 이들에 감동하는 것은 그러한 사랑을 줄 수 있는 이를 그리워하며 찾고 있다는 반증이 아닐까 생각된다.

일본에서는 대부분의 연구자들이 지적하듯이 지적이며 논리적인 전도는 많은 한계에 놓여 있다. 오히려 실패했다고 볼 수 있다. 오야마 레이지 목사가 지적하신 것처럼, 일본인들의 정서적인 측면, 감성적인 측면에 부르짖을 수 있는 복음, 사랑의 복음이야말로 가정과 사회가 피폐해진 일본인들에 감동을 줄 수 있다고 생각된다.

무엇보다도 일본선교를 감당하는 우리 자신이 한류 드라마의 주인공들처럼, 성서 속의 예수 그리스도처럼, 그들을 향한 뜨거운 사랑과 열정을 쏟아낼 수 있는 사랑의 사도로 변화될 필요성이 있다. 그러한 사랑의 사도가 많아질 때에야말로 일본선교는 변화될 것이며, 일본 기독교는 성장하게 될 것이다.

본서는 많은 부분에서 부족하지만, 일본사회와 문화, 그리고 종교에 대한 이해를 통해서, 그들에게 가장 필요한 것이 무엇이며, 일본선교를 준비하며 서포트하는 분들에게 조금이나마 일본선교를 이해하는 도구로 사용되기를 기도할 뿐이다.

【문헌 리스트】

- American Bible Society, The Learning Bible:New International Version, 2003
- Ninian Smart(강돈구역)『현대 종교학』청년사, 1989
- Ruth Benedict(김윤식·오인석역)『국화와 칼』을서문화사, 1991
- 김수진『일본 기독교의 발자국』한국 장로교 출판사, 2003
- 노학희「2008년 개신교역사 150주년을 맞이하는 일본의 영적 현황」
- 제17주년제15회 코리아기독교평신도세계대회(10.9-13) 자료집, 2007
- 로버트·웨바(이승휘역)『기독교 문화관』엠마오, 1995
- 리처드·니버(김재순역)『그리스도와 문화』대한 기독교서회, 1958
- 배동률「일본인의 세계관을 고려한 일본 선교 전략」고신대학 대학원, 2004
- 서정민『한일 기독교 관계사 연구』대한 기독교서회, 2002
- 손대준『일본의 역사와 문화』시사 일본어사, 1998
- 송길섭『한국 신학 사상사』대한 기독교 출판사, 1987
- 옥한흠『평신도를 깨우라』두란노, 1997
- 윤혜원『일본 기독교의 역사적 성격』한국 기독교 역사연구소, 1995
- 이사무엘『평신도를 부른다1』성광문화사, 1999
- 이원규『종교사회학의 이해』사회 비평사, 1997
- 전호진『아시아 기독교와 선교 전략』도서출판 영문, 1999
- 정홍호『복음주의의 입장에서 본 상황화 신학』한국 로고스 연구원, 1996
- JEA記錄誌編集委員会編『21世紀の福音派のパラダイムを求めて』
  いのちのことば社' 2006
- カルロ·カルダローラ『内村鑑三と無教会』新教出版社' 1978
- キリスト教新聞社編『2003　キリスト教年鑑』キリスト教新聞社' 2003
- 阿満利麿『日本人はなぜ無宗教なのか』ちくま新書' 1996
- 芦名定道「キリスト教思想研究から見た海老名弾正」
  『アジア·キリスト教·多元性 現代キリスト教思想研究会第2号』2004年3月
- 遠藤義光『日本人とキリスト教』キリスト新聞社' 1961

- 会田雄次『日本人の意識構造─風土・歴史・社会』講談社,1970
- 海老沢亮『日本キリスト教百年史』日本基督教団出版部,1959
- 丸山真男1『日本文化のかくれた形』岩波書店,1984
- 丸山真男2『日本の思想』岩波新書,1982
- 丸山正男3『「文明論之概略」を読む』(下),1986
- 久野収・鶴見俊輔『現代日本の思想』岩波新書,1956
- 近山金次「暴風・日本・キリスト教-ひとつの歴史的瞑想」岡日純一編『日本の風土とキリスト教』理想社,1965
- 近藤勝彦『日本の伝道』教文館,2006
- 金英男「韓国無教会キリスト教思想の研究」東京大学総合文化研究科博士学位論文,1998
- 金英男・朴英元「現代日本における世代間の人間関係構造-ヨコ社会の広がりの度合いを中心に」東京大学大学院総合文化研究科 日本思想史・思想論研究会 思想史研究 第5号,2006
- 隅谷三喜男『近代日本の形成とキリスト教』新教出版社,1950
- 古屋安雄『日本のキリスト教』教文館,2004
- 黒住真『複数性の日本思想』ぺりかん社,2006
- 黒田四郎『人間賀川豊彦』キリスト新聞社,1973
- 佐藤全弘『矢内原忠雄と日本精神』無教会文庫,1984
- 山折哲夫「キリスト教はなぜ日本に定着しなかったか」(韓国文化院主催-日本文化フォーラム-における講演,1992
- 山折哲雄『三日で分かる宗教』ダイヤモンド社,2003
- 山本秀煌『日本基督教会史』改革社,1973
- 山本和「日本におけるキリスト教と諸宗教」『日本における福音と文化』教文館,1967
- 寺田祐一他『日本宣教の秘密を語る』ベタニ出版社,1995
- 勝本正實『日本人の心に福音をどう伝えるか』いのちのことば社,1999
- 小崎弘道『小崎全集』第三巻,同集刊行会,1938

- 小野静雄(1)『日本プロテスタント教会史上』聖恵授産所出版部' 1990
- 小野静雄(2)『日本プロテスタント教会史下』聖恵授産所出版部' 1990
- 小野静雄『日本プロテスタント伝道史』聖恵授産所出版部' 1989
- 植村正久『植村正久著作集』第1巻' 新教出版社' 1966
- 石原兵永編『内村鑑三50周年記念講演集』新地書房' 1980
- 煎本増夫『島原の乱』教育社' 1980
- 早稲田大学学生部編『現代の大思想家II』早稲田大稲出版部' 1964
- 村井早苗『キリシタン禁制と民衆の宗教』出川出版社' 2002
- 村上文昭『ヘボン物語-明治文化の中のヘボン像』教文館' 2003
- 大村晴雄『日本プロテスタント小史』いのちのことば社' 1993
- 大内三郎『近代日本の聖書思想』日本基督教団出版部' 1960
- 中根千枝『タテ社会の人間関係』講談社' 1967
- 中村元『日本人の思惟方法』春秋社' 1989
- 中村敏『日本における福音派の歴史』いのちのことば社' 2004
- 塚本夏子「21世紀日本宣教におけるパラダイム転換に関する研究」梨花女子大学校大学院' 2004
- 土肥昭夫(徐正敏訳)『日本基督教の史論的理解』韓国基督教歴史研究所' 1993
- 土肥昭夫2『日本プロテスタント・キリスト教史』新教出版社' 2004
- 藤澤全・梅本順子編『田村直臣－日本の花嫁米国の婦人資料集』大空社' 2003
- 同志社大学人文科学研究所編『日本プロテスタント諸教派史の研究』教文館' 1998
- 南博『日本人論の系譜』講談社現代新書' 1980
- 八代崇『世界史とキリスト教』日本聖公会関係学校' 1967
- 挽地茂男『図解雑学キリスト教』ナツメ社' 2005
- 尾形守『日韓教会成長比較－文化とキリスト教史』ホープ出版' 1997
- 尾山令仁『日本人とキリスト教の受容』羊群社' 1995
- 武田清子1『日本文化のかくれた形』岩波書店' 1984

- 武田清子2『土着化と背教』新教出版社'1967
- 文化庁『わが国の文化行政』'2006
- 文化庁編『宗教年鑑』行政'2006
- 米山俊直『日本人の仲間意識』講談社'1976
- 北島正元『江戸時代』岩波新書'1964
- 堀越暢治『日本人の心とキリスト教』いのちのことば社'1993
- 矢島徹朗『宣教ハンドブック』
  共立モノグラフNo4 東京キリスト教学園共立基督教研究所'1991
- 矢内原忠雄『私の歩んできた道』東京大学出版会'1958
- 鈴木秀夫『風土の構造』講談社'1988
- 澤正彦『日本キリスト教史』草風館'2004
- Wikipedia百科事典

일본 문학와 기독교

● ● ● ● ● ● ●

초판발행	2009. 1. 17
지은이	박영원 · 김영남
펴낸이	이사무엘
펴낸곳	(사)대학생성경읽기선교회
주소	110-480 서울 종로구 효제동 54-2
전화	tel 763-7097, 741-2377 fax 741-3350
멋지음	천수연
출력 · 인쇄	이펙피앤피, 현문

저작권자의 허락없이 이 책의 일부 또는 전체를 무단복제, 전재, 발췌하면 저작권법에 의해 처벌을 받습니다.